我国"全纳"特殊教育发展战略研究

WOGUO QUANNA TESHU JIAOYU

FAZHAN ZHANLÜE YANJIU

李尚卫◎著

人民出版社

目　　录

第一章 导 论

　　中国是亚洲东部一个历史悠久、人口众多的发展中国家，相对欧美发达国家而言，中国特殊教育起步较迟。中国现代意义的"特殊教育"起源于 19 世纪 70 年代，第一所有史可考的近代特殊教育机构是 1874 年北京的"瞽叟通文馆"，即"北京市盲童学校"；1887 年，山东登州建立了中国第一所聋哑学校"启喑学馆"，即"烟台市聋哑中心学校"。据统计，1948 年已建公立盲聋哑学校 8 所，私立学校 34 所，在私立学校中，又以教会人士经办的占多数①。可以说，1949 年以前，教会是中国特殊教育的主要奠基者，对特殊教育发展起着先导、范式、主导作用②；特殊教育课程内容"宗教色彩浓厚""职业化倾向明显"③。新中国成立后，中国特殊教育发展迅速，特殊教育体系日趋完善。据统计，2019 年，我国约有 2912 所特殊教育学校，在校特殊儿童 794612 名、专任教师 62358 名④。

　　新中国成立后，我国十分重视特殊教育发展战略的顶层设计。改革开放以来，先后颁布了《关于发展特殊教育的若干意见》（1989 年）、《残疾人教育条例》（1994 年，2017 年）、《关于"十五"期间进一步推进特殊教育改革和发展的意见》（2001 年）、《关于进一步加快特殊教育事业发展的意见》（2009 年）、《特殊教育提升计划（2014—2016 年）》（以下简称《一期特教计划》）、《第二期特殊教育提升计划（2017—2020 年）》（以下简称

---

　　① 杨家骆主编：《民国卅七年份中华年鉴》，鼎文书局 1973 年版，第 1703 页。
　　② 郭卫东：《论中国近代特殊教育的发端》，《教育学报》2007 年第 3 期。
　　③ 郑晓坤：《浅析鸦片战争以来教会特殊教育在中国的导入》，《现代教育科学》2014 年第 8 期。
　　④ 参见教育部《2019 年全国教育事业发展统计公报》。

《二期特教计划》）等一系列特殊教育政策文件（见表1-1）。明确了特殊教育发展的指导思想、总目标、基本任务、主要措施、组织实施情况等，极大地促进了我国特殊教育的改革与发展。但是，我国特殊教育发展战略的体系仍不完善，特殊教育发展仍不充分、不均衡，不能满足日益增长的特殊教育需求。

目前，我国学者越来越重视特殊教育发展战略研究，但相关研究成果数量不多，系统的研究成果较少，而且多侧重于探讨特殊教育发展战略的理论与区域特殊教育发展战略的相关问题①。因此，需加强特殊教育的发展规划研究，突出"问题—实践"、"服务决策"、促进教育公平和法治价值维度等研究取向②。所以，对我国各级各类特殊教育发展战略的顶层设计及实践成效进行探究具有重要的理论价值与现实意义。

一、核心概念界定

特殊教育发展战略研究主要涉及"特殊教育""教育发展战略""特殊教育发展战略""全纳特殊教育发展战略"等核心概念。

（一）特殊教育

"特殊教育"一词是由 A. G. Bell 在 1884 年美国全国教育协会会议上最先提出的③。目前，学者们主要从广义与狭义两个维度来理解特殊教育的内涵④。从广义上说，特殊教育就是有关特殊需要个体的教育。特殊教育就是

---

① 王培峰：《教育发展战略研究：路径、特征与议题——兼及特殊教育发展战略研究综述》，《现代特殊教育》2017 年第 2 期。

② 冯滨鲁、李健、王淑荣：《我国特殊教育发展规划：实践现状与研究取向》，《中国特殊教育》2017 年第 1 期。

③ A.F.Rotatori, F.E.Obiakor, J.P.Bakken, *History of Special Education*, Emerald Group Publishing Limited Howard House, 2011, p. 1.

④ C.Reynolds, E.Fletcher-Janzen, *Concise Encyclopedia of Special Education: A Reference for the Education of the Handicapped and other Exceptional Children and Adults*, New York: John Wiley & Sons, Inc., 2002, p. 196.

借助普通或特殊教学方法，根据特殊儿童的身心特点与教育需要实际，使他们的潜力、知识与技能、品德与适应能力得到最优化①；具体涉及健康障碍、健康不利与社会不利等个体多种特殊需要②；等等。从狭义上说，特殊教育是有关身体障碍个体的教育。比如，特殊教育又称残障教育③，是针对盲、聋、智障、肢体残疾特殊儿童所进行的教育，采用特殊的教学方法，运用特定培训的师资，吸纳各学科的特征来进行最优化教学的一种教育模式④；是为了满足残疾儿童的特殊需要，在教室、家庭、医院和其他机构实施的免费的、特殊的教学设计和体育活动⑤；等等。

基于已有研究成果、结合特殊教育发展现实，认为"特殊教育"就是指为所有特殊需求个体提供的教育，它在教育对象、场所、内容、方式等方面具有自身的特殊性。

1. 特殊教育的对象是所有特殊需要个体

特殊教育对象既包括视力障碍、听力障碍、智力障碍、情绪障碍、学习障碍、多动症、自闭症等群体，也包括智力超常、处境不利等特殊教育需要群体；不仅包括特殊儿童、少年、青年，而且包括成人。"特殊儿童""残疾人"都只是特殊教育对象的一部分。1978 年，英国发布的《沃若克报告》首次提出"特殊需要儿童"（Child with Special Needs）或"特殊教育需要儿童"（Child with Special Education Needs）的概念，认为学生在成长过程中的不同阶段可能有不同的学习困难，既包括轻微、暂时性的学习困难，也包括严重的、永久性的学习困难⑥；以个体身心差异引发的特殊教育需要来划分，既包括超常儿童或某些特殊才能儿童，也包括身心障碍儿童⑦。目前，特殊教育需要已渗透到智力超常、健康障碍、健康不利、社会不利等各个领

---

① 方俊明主编：《特殊教育学》，人民教育出版社 2017 年版，第 3 页。

② D.Vrabcova, P.Vacek, J.Lašek, "Educational Policies that Address Social Inequality Country Report: The Czech Republic", http://www.epa si.eu /Country Report CZ.pdf. 2008-12-30.

③ 王焕勋主编：《实用教育大词典》，北京师范大学出版社 1995 年版，第 444 页。

④ 刘建娥：《湖南省特殊教育学校发展研究》，湖南师范大学硕士学位论文，2013 年。

⑤ M.Friend, *Special Education: Contemporary Perspectives for School Professionals*, Boston: Pearson Education, Inc., 2005, p. 4.

⑥ C.O'Hanlon, *Special Education Integration in Europe*, London: David Fulton Publishers, 1993, p. 39.

⑦ 盛永进：《特殊教育学基础》，教育科学出版社 2011 年版，第 14 页。

域，呈现出性别、年龄、年级、种族等多种差异①。

"残疾人教育"和"特殊教育"是两个不同的概念，二者不能等同。残疾人并不是都需要特殊教育，其主要教育方式是普通教育；特殊教育的对象不只限于残疾人，其发展趋势是面向有特殊教育需要的群体。国际上，通过推广"全纳教育"和制定专门的法律法规来保障和促进残疾人教育与特殊教育的发展。我国应保障残疾人的受教育权，尊重残疾人的自主选择权，营造有利于残疾人公平受教育的环境，建立开放运行的特殊教育体系②。

因此，把"特殊教育"等同于"残疾人教育"或"特殊儿童教育"，窄化了"特殊教育"的外延，违背了特殊教育走向"全纳"之诉求。

2. 特殊教育机构是提供特殊教育的主要场所

目前，世界各国实施"隔离""融合"与"全纳"等多种特殊教育对象的安置方式，特殊教育机构主要包括特殊教育学校、普通学校的特教班、接受特殊需要个体"随班就读"的教育机构等。比如，德国、荷兰等国的特殊需要学生主要被安置在特殊教育学校，意大利、西班牙、挪威等国的特殊需要学生主要被安置在普通学校，英国只有40%的特殊需要学生被安置在特殊教育学校，芬兰特殊教育学校只面向身体与感知障碍（包括聋儿与盲童）的学生③；美国则采用独立设置的特殊教育学校、普通学校中的独立教室、资源教室、普通教室等多元的特殊教育安置形式，教育服务机构则作为满足学生特殊需要的学校之外的补充④。因此，认为特殊教育学校只是由政府、企业事业组织、社会团体、其他社会组织及公民个人依法举办的专门对残疾儿童、青少年实施的义务教育机构⑤，把"特殊教育"仅仅局限于"特殊教育学校"，窄化了特殊需要个体的成长渠道，有背于特殊教育实现"公平性"之追求。

3. 特殊教育是特殊需要学生"成人""成才"之教育

特殊需要学生不仅需要学习人文与自然科学等通识文化基础知识、技能

---

① D.Vrabcova, P.Vacek, J.Lašek, "Educational Policies that Address Social Inequality Country Report: The Czech Republic", http://www.epa si.eu /Country Report CZ.pdf. 2008-12-30.

② 毛赛群、兰继军：《残疾人教育与特殊教育辨析》，《残疾人研究》2013年第4期。

③ S. Ebersold, M. J. Schmitt, M. Priestley, *Inclusive Education for Young Disabled People in Europe：Trends，Issues and Challenges*, ANED：University of Leeds, 2011, p.45.

④ 李泽慧、赵艳霞：《教育体系与多元安置》，《现代特殊教育》2017年第1期。

⑤ 刘建娥：《湖南省特殊教育学校发展研究》，湖南师范大学硕士学位论文，2013年。

与态度，而且需要学习盲文、手语、定向行走与其他专业知识、职业技能与情感。特殊教育既是特殊需要学生"成人"之教育，又是他们"成才"之教育；既包括基础特殊教育，又包括高等特殊教育。前者主要是指为特殊儿童少年提供的基础教育，包括学前特殊教育、初等特殊教育、中等特殊教育（含中等特殊职业教育），目的是为他们成长奠定基本的知识、能力与态度等基础，从而使他们成为合格公民；后者则是为特殊需要个体提供的高等职业教育、普通高等教育与成人教育，目的是使他们学会一技之长、成为专业人士与行业专家。因此，把"特殊教育"局限在幼儿园、中小学获得基础知识、技能与态度，歪曲了特殊教育的内涵，有损于特殊教育"终身化"和促进特殊需要个体终身成长之夙愿。

4. 特殊教育注重个别化教育方式

不同于普通教育，特殊教育涉及不同性质（比如身心障碍、正常与超常个体等）、不同程度（比如轻度、中度、重度或轻频、高频障碍等）、不同群体（比如性别、年龄、年级、种族等，特别是老、弱、病、残等弱势群体）等多方面的特殊需要。由于教育对象的复杂性、教育场所的多样性、教育内容的特殊性，普通教育中常用的班级授课形式受到很大的挑战，特殊教育活动常常需要根据特殊需要学生的不同特点采用多样化、个性化的教学方式；特殊教育教师不仅应掌握班级授课等传统教学形式，而且应学会设计个别化教育计划（Individualized Education Program，简称 IEP），开展"个性化教育"。因此，把特殊教育活动局限于"课堂教学""班级授课"，会扼杀特殊需要个体的应有潜能、削弱特殊教育实现"高效"之旨归。

（二）教育发展战略

目前，我国学界越来越关注教育发展战略问题。不同国家出于不同背景和国家需要，教育发展战略研究所关注的重点和目的不一样，但都较少关注教育发展战略的基本内涵与研究路径[①]。据此，本研究认为有必要明了"教育发展战略""教育发展战略研究"的特质。

---

① 王培峰：《教育发展战略研究：路径、特征与议题——兼及特殊教育发展战略研究综述》，《现代特殊教育》2017 年第 2 期。

1. 教育发展战略是对教育未来发展走向总揽全局式的谋划

"战略"一词自古有之。中国古代"战"与"略"是分别使用的。"战",《说文解字》称:"战,斗也",《小尔雅》中称:"战,交也";"略",《文韵》称:"略,谋略","略,一曰智也"。两种意思合在一起是指有关战争的谋略。《左传》和《史记》都已使用"战略"一词①。

西方"战略"(Strategy)一词源于希腊语 Stratēgia,意为"军队领导艺术",它是在不确定条件下实现一个或多个目标的总的或高级的计划,包括确定目标、制定与实施行为方案,意味着如何通过可用的资源并以非常严格和固定的或可延展的、渐进的和新兴的活动模式,来达到目标,以便群体和个人更好地适应环境或参与竞争②。18、19世纪,西方明确提出"战略"这一概念,并由此成为人类的研究对象;20世纪,"战略"成为世界通用的流行概念,成为一门"指导人们调动一切力量与资源以实现既定政策目标的艺术与科学"③;20世纪中期以后,"战略"概念被逐步拓展到外交、科技、教育、企业等战争事务以外的领域④。目前,世界各国自觉将教育发展战略确定为国家整体战略的重要基础,重点突出"教育的人力资源开发"功能,日益注重"科学化""民主化""法制化",高度关注"优化运行机制""扩大教育机会""丰富教育资源""优化教育目标""强化质量评价机制",日益重视教育的"信息化""国际化"⑤。

据此,我们认为教育发展战略是对教育未来发展走向总揽全局式的谋划,具有"总揽全局""宏观性""长远性"等特点⑥。国家战略是由国家最高权力机关谋划和实施的在较长的一个时期里统筹国家安全和发展的战略,主要包含国家战略"时间""目标""途径""实施步骤",涉及"战略环境(国际与国内)的分析""国家利益的认识与权衡""国家战略力量的

---

① 高书国:《教育战略规划——复杂—简单理论》,教育科学出版社2009年版,第13页。
② Wikipedia, "Strategy", https://en.wikiquote.org/wiki/Strategy, 2018-04-27.
③ 李少军:《论战略观念的起源》,《世界经济与政治》2002年第7期。
④ 孙新彭:《战略概念的演变与国家战略学的建构》,《发展研究》2017年第10期。
⑤ 陈伟:《论教育发展战略的现代特征》,《广东第二师范学院学报》2011年第2期。
⑥ 刘国瑞、王少媛:《区域教育发展战略规划的使命与创新》,《辽宁教育研究》2008年第4期。

认识和把握以及运用"①；其任务是分析和研判国际国内形势，动员和综合运用政治、军事、经济、科技、文化等国家力量，筹划指导国家建设与发展，维护国家安全，达成国家目标②；教育发展必须服务于国家宏观战略、为全球竞争做准备，突出"教育公平"，"在改革中实现公平与效率的最佳平衡"，"关注 STEM 教育"，"培养科技创新人才"③。

改革开放以来，我国教育发展战略经历了几次调整。1985 年提出改革教育体制，1993 年把"基本普及义务教育、基本扫除青壮年文盲"作为工作重点之一，1999 年提出"深化教育改革，全面推进素质教育"，确定"到 2020 年，基本实现教育现代化，基本形成学习型社会，进入人力资源强国行列"④。近年来，体系重建论，以去现代化、反现代化为特征，主张推倒并重建教育体系，已难以适应和平发展新需要；发展提高论，则主张积极适应和平发展的新形势，改进、完善和壮大中国现代教育体系，尝试探索建设适应和平发展战略需求的大国教育体系⑤。相比较而言，中国教育发展战略目标"宏观""抽象""覆盖范围特别广"，而完善的教育发展战略应既有"宏观指导"，又有"具体可施的方案"，具有较强的"方向性""指导性"。因此，我国教育发展战略目标的制定应该做到宏观和微观结合、有具体的指标可导，教育发展必须着眼于时代的要求、加大政府对教育的投入等⑥。

2. 教育发展战略研究是教育发展战略的批判性、建构性思考

教育发展战略研究是对教育发展中带有全局性、根本性和长远性问题的谋划与决策。主要任务是围绕全局性或区域性的教育改革发展的重大问题以及决策方案进行系统而科学的分析、调研和论证，从而提出教育发展的战略

---

①　孙新彭：《战略概念的演变与国家战略学的建构》，《发展研究》2017 年第 10 期。

②　杨小敏、杜育红、高兵：《教育发展的战略应对与"十三五"规划建议》，《中国教育学刊》2016 年第 3 期。

③　杨明全：《"后金融危机时代"美国教育发展战略规划及启示》，《全球教育展望》2012 年第 7 期。

④　汤贞敏：《我国教育规划的基本特性及"十三五"教育规划的制订》，《中国教育学刊》2016 年第 3 期。

⑤　王本陆、霍巍：《论和平发展道路与教育发展战略》，《北京师范大学学报（社会科学版）》2008 年第 1 期。

⑥　贺百花：《中美教育发展战略目标的比较研究》，《现代教育科学》2009 年第 2 期。

选择和教育改革的政策选择①；具有"跨学科""跨部门"和"综合性""全局性"等特点②；重点应放在调整国家教育公共政策价值取向上，要优先考虑到"城乡差距""地区差距""民族差距""性别差距""阶层差距"等重要因素，使不同家庭背景、不同地区、不同民族、不同性别的学生在"教育权利平等"和"教育机会均等"两个基本方面享受公平的教育，处理好加强宏观管理与落实学校办学权利、教育经费公共财政投入与社会投入、教育立法与教育执法、统筹管理与社会参与的关系③。

教育发展战略研究有利于国家在国际竞争中抢占教育发展的主动权、话语权，贯彻落实国家有关重大决策，增进教育发展战略制定与实施的科学性、民主性，推进教育持续健康发展。文献研究发现，西方各国已开始自觉将教育发展战略确定为国家整体战略的重要基础，关注科技创新和创业、教育国际化及其全球话语权、教育信息化、教育质量、教育公平和民主、科学化和法治化诸方面；我国则基于社会需求的路径依赖，侧重关注教育规模、结构、社会职能和资源配置等因素，多聚焦于教育现代化发展战略、高等教育发展战略、区域教育发展战略和特殊教育发展战略的研究。但是，我国教育发展战略研究在价值取向上，没有足够重视和形成"清晰的、系统的、创新的教育国际化视野、国际化治理体系等国家战略框架"；理论研究上，方法较单一，多是政策解读和分析性的研究，很少跨学科的综合研究、实证研究、创新性的理论研究；实践层面上，教育发展战略目标不明确、没特色、战略措施乏力、执行难；研究内容上，对基础教育、学前教育、职业教育、特殊教育发展战略研究以及社会民主参与、教育发展战略法治化等研究不足。因此，我国教育发展战略研究应重视"国家战略需要路径"的研究，增强教育发展研究的"科学性"，加大立法力度，关注"基础教育""学前教育""职业教育""特殊教育"发展战略研究④。

---

① 贺武华：《中国教育发展战略研究的倡导者及其拓荒之作——〈教育·社会·未来：郝克明教育文集〉读后感》，《高校教育管理》2011年第4期。
② 郝克明：《教育·社会·未来：郝克明教育文集》，广东教育出版社2008年版，第9页。
③ 张旺：《用科学发展观指导教育发展战略研究》，《中国教育学刊》2008年第5期。
④ 王培峰：《教育发展战略研究：路径、特征与议题——兼及特殊教育发展战略研究综述》，《现代特殊教育》2017年第2期。

（三）特殊教育发展战略

基于对"特殊教育""教育发展战略"内涵的理解，认为特殊教育发展战略是指基于一定指导思想，从不同层面，对所有特殊需要个体提供特殊教育的发展目标、任务、方法等的总体规划与设想①。残疾人教育发展战略只是特殊教育发展战略的有机组成部分，把特殊教育发展战略局限于"残疾人教育"既不符合特殊教育发展的理论与实践经验实际，也有背于全纳教育理念的推广与有效实施。

特殊教育发展战略可从纵向与横向两个视角进行分类。

1. 纵向结构

按照涉及的范围与影响力大小，特殊教育发展战略可分为宏观、中观与微观发展战略。"宏观"发展战略是立足于国家整体发展需要的特殊教育发展战略，往往由国家机关及其法人制定、发布与实施，比如，中共中央、国务院、教育部、残疾人联合会等制订的有关特殊教育发展总体规划与设计；"中观"发展战略是指区域、省级（包括省、自治区与直辖市政府、教育厅、残联等）制订的有关特殊教育在本区域的发展规划；"微观"发展战略则是指市县政府制订的本地市县的特殊教育发展规划。自"十五"规划以来，教育部每隔五年就发布特殊教育"五年规划"，提出特殊教育发展的战略布局，对特殊教育目标、管理政策、教师政策、财政政策、课程与教学政策、学校管理政策等进行战略部署，对促进特殊教育发展起到了重要作用②。目前，我国学者主要着重于特殊教育发展战略的宏观与中观层面的研究，较少关注微观层面的研究。

按照办学层次，特殊教育发展战略可分为基础特殊教育与高等特殊教育发展战略。前者主要是有关0—18岁特殊儿童的基础教育发展规划，包括学前特殊教育、初等特殊教育、中等特殊教育发展战略，目的是为0—18岁特殊儿童成长奠定知识、能力与态度等基础，从而使他们成为合格公民；后者

---

① 朱传耿、盛永进、王培峰等：《中国特殊教育发展战略的若干问题》，《现代特殊教育》2017年第2期。

② 冯滨鲁、李健、王淑荣：《我国特殊教育发展规划：实践现状与研究取向》，《中国特殊教育》2017年第1期。

则是有关 18 岁以上特殊需要个体的高等教育发展战略，目的是为了使 18 岁以上特殊需要个体成为专业人士与行业专家。

2. 横向结构

按照教育性质，特殊教育发展战略可分为义务特殊教育与非义务特殊教育发展战略。前者主要着眼于义务教育阶段的特殊教育发展战略。目前，我国实施九年义务教育，义务特殊教育发展战略的重点在于提高教育质量和特殊儿童少年的入学率。后者则是着眼于非义务教育阶段的特殊教育发展战略，包括学前、高中和高等特殊教育发展战略。为了实现特殊教育的均衡发展、全面推行"全纳教育"，我国特殊教育发展战略重心需向"两端延伸"。

按照教育区域特点，特殊教育发展战略可分为城市与农村特殊教育发展战略、汉族与少数民族特殊教育发展战略。目前，我国特殊教育发展战略主要集中于城市和汉族特殊教育发展的顶层设计。随着"全纳教育"的全面推进、实现城乡和各个民族特殊教育的均衡发展，我国有必要加大对农村、少数民族特殊教育发展战略的顶层设计、政策倾斜与实践指导。

（四）"全纳"特殊教育发展战略

1. 全纳教育的基本内核

全纳教育可以追溯到文艺复兴、法国启蒙时期西方对平等、自由的追求的一系列社会运动，真正起源于美国 20 世纪 60 年代的民权运动（Civil Rights），它是在批判、反思回归主流教学实践失败的基础上发展起来的[1]。1994 年，世界特殊需要教育会议（The World Conference on Special Needs Education）发表了"萨拉曼卡声明"（Salamanca Statement），首次提出了"全纳教育"的五大基本原则[2]。继后发布了《达喀尔行动纲领》（The Dakar

---

[1] 邓猛、潘剑芳：《关于全纳教育思想的几点理论回顾及其对我们的启示》，《中国特殊教育》2003 年第 4 期。

[2] 全纳教育的五大原则：每一个儿童都有接受教育的权利，必须有获得可达到并保持可接受的学习水平的机会；每一个儿童有其独特的个人特点、兴趣、能力和学习需要；学校必须关注学生的不同特性和需要差异；学校必须接纳所有学生并满足他们的特殊需要；学校应该提供有效教育，反对排斥和歧视学生等（参见 UNESCO, *The Salamanca Statement on Principles*, *Policy and Practice in Special Needs Education*, World Conference on Special Needs Education: Access and Quality Salamanca, on 7-10 June, 1994）。

Framework for Action, 2000 年)、《全纳教育指南：确保全民教育的通路》（Guidelines for Inclusion：Ensuring Access to Education for All, 2005 年)、《全纳教育：未来之路》（Inclusive Education：The Way of the Future, 2008 年)、《全纳教师概述》（Profile of Inclusive Teachers, 2012 年)、《仁川宣言》（Incheon Declaration, 2015 年）等一系列文件，明确了全纳教育的基本内核，即它是"面向所有学生""反对排斥与歧视""差异化""以建构全纳社会为旨归"的教育①。同时，全纳教育是一种持续的教育过程，不可能是一种短期的行为，不是将所有儿童纳入到普通学校就完事了，而是要向所有儿童提供高质量的教育，并且还要改变社会存在的歧视和排斥的现象，创造人人受欢迎的社区和建立一种人人参与的全纳社会②。因此，全纳教育的实施应"因时""因地""因人"制宜，逐步实现全纳、公平、有质量的教育。

2. "全纳"特殊教育发展战略

"全纳"特殊教育发展战略就是基于全纳教育理念，对有关各级各类特殊教育未来发展走向的总揽全局式的谋划，对特殊教育改革发展具有导向作用，能引领特殊教育研究的价值取向与目标指向。其实践诉求是构建"无障碍"特殊教育生态、建立"全纳"特殊教育体系、提供高质量特殊教育服务与形成全纳社会③。自 20 世纪 80 年代开展"随班就读"实践以来，我国学者对全纳教育思想如何"本土化"进行了许多有益的探索，对全纳教育的实质、特点、理论基础、原则、实施环节、困境、挑战与策略等问题做了深入的探讨，提出了许多有益的见解与建议。特别是 2014 年《一期特教计划》明确提出"全面推进全纳教育"，标志着我国"全纳"特殊教育发展战略体系的形成。本研究基于"全纳教育"等国际教育新理念，系统梳理了我国"全纳"特殊教育发展战略的发展历程、特点及实践现实，以期对未来特殊教育发展顶层设计与实践提供决策依据与借鉴。

---

① 李尚卫：《"全纳"视域中的基础教育质量评价》，人民出版社 2019 年版，第 4—8 页。
② 黄志成：《全纳教育——国际教育新思潮》，《中国民族教育》2004 年第 3 期。
③ 李尚卫：《"全纳"视域中的基础教育质量评价》，人民出版社 2019 年版，第 9—10 页。

二、研究缘起

新中国成立以来，我国政府十分重视特殊教育发展战略的顶层设计，特别是改革开放以来，先后颁布了一系列特殊教育政策文件，明确了特殊教育发展的指导思想、总目标、基本任务与主要措施等，对促进特殊教育的改革发展起到了重要作用。目前，我国十分重视特殊教育发展战略的顶层设计，实践成效十分显著。但是，我国特殊教育战略体系仍不完善，各级各类特殊教育发展仍不均衡，对我国特殊教育发展战略的顶层设计与实践成效进行探究具有重要的理论与现实意义。

（一）特殊教育发展战略理论研究有待深化

特殊教育发展战略作为整个教育发展战略的组成部分，既深受教育发展战略整体规划和布局的影响，需要作为教育发展战略中的一部分来整体设计和研究，它也有着不同的要求和使命，需要实施专门的设计和研究[①]。

文献分析表明，我国学者越来越重视特殊教育发展战略研究，主要探讨了我国特殊教育发展面临的形势、国内外发展环境、有利条件和机遇，以及特殊教育发展战略的内涵、主要内容、价值定位、主要任务、局限性、基本策略或路径，论及相关省、自治区、直辖市特殊教育发展战略的顶层设计、实践成效与未来构想，着重分析相关市县特殊教育发展现状及战略构想，等等。但是，已有研究不仅数量少、关注领域较窄，而且研究人员少、研究方法比较单一、理性思考不足[②]，需突出"问题—实践"、"服务决策"的研究取向，突出"以人为本""促进教育公平"的研究旨归，突出"法治价值

[①] 王培峰：《教育发展战略研究：路径、特征与议题——兼及特殊教育发展战略研究综述》，《现代特殊教育》2017 年第 2 期。

[②] 王培峰：《教育发展战略研究：路径、特征与议题——兼及特殊教育发展战略研究综述》，《现代特殊教育》2017 年第 2 期。

维度"的研究取向和"协同合作"的研究理性①。本研究基于已有理论与实践成果，从"发展战略"视角，研究我国各级各类特殊教育发展战略的发展历程、特点，以期为我国未来特殊教育改革发展提供理论支持与决策依据。因此，梳理我国特殊教育发展战略及实施现实状况、深入分析其现实困境与实践策略，能进一步丰富、深化我国特殊教育研究成果，具有重要的理论价值。

（二）特殊教育改革发展的必然要求

特殊教育事业在国家发展中有着独特的地位，它既有教育事业的一般共性，又有"政治意志""社会公平正义"以及残疾人身心发展对教育的特殊要求等鲜明特点。发展特殊教育、构建完善的特殊教育体系，能帮助特殊需要学生"开发潜能"和"补偿缺陷"，树立自尊、自信、自立、自强的精神，增强积极面对人生、全面融入社会的意识和能力。

调查显示，新中国成立 70 多年来，我国各级政府十分重视特殊教育发展战略的顶层设计，先后颁行一系列规章制度，形成了比较完善的特殊教育发展战略体系；同时，不断完善特殊教育保障与支持体系，初步形成全纳、终身化特殊教育体系，中国特色初显。然而，我国特殊教育发展战略体系、特殊教育生态环境仍不完善，特殊教育仍"不充分""欠均衡"，不能有效地满足日益增长的、多样化的特殊教育需要。因此，对我国特殊教育发展战略的顶层设计与实践成效进行回顾和展望，不仅能为我国特殊教育发展提供决策依据，而且有利于我国特殊教育的健康发展与特殊儿童、青少年的快乐成长。

三、研究现状综述

目前，我国学者越来越重视特殊教育研究，然而关于特殊教育发展战略

---

① 冯滨鲁、李健、王淑荣：《我国特殊教育发展规划：实践现状与研究取向》，《中国特殊教育》2017 年第 1 期。

的研究不多、系统的研究成果较少。文献分析表明,我国学者主要从宏观(国家战略)、中观(区域或省、自治区、直辖市战略)和微观(市、县)视角探讨特殊教育发展战略问题①。

(一)宏观层面的特殊教育发展战略研究

学者们主要探讨了我国特殊教育发展面临的形势、国内外环境、有利条件和机遇以及特殊教育发展战略的内涵、主要内容、价值定位、主要任务、局限、基本策略或路径等。

1. 特殊教育发展战略的内涵与基本内容或重大问题

比如,特殊教育发展战略是对特殊教育未来发展而进行的"全局性""根本性"的谋划,需探讨特殊教育"发展机遇""社会环境""战略目标""战略布局""战略路径与方式""特殊教育现代化与国际化""特殊教育宏观政策与支持保障体系"等重大问题②;我国特殊教育发展规划重视目标定位、发展指标体系建设、教师专业发展、特殊教育体系建设③,涉及特殊教育发展面临的问题与挑战、战略与目标、对策与建议④,特殊教育未来发展的战略目标与政策取向⑤,特殊教育对象及其范围,教育公平与政府发展特殊教育的责任,特殊教育体系,特殊教育安置模式,特殊教育质量和特殊教育教师队伍建设⑥,等等。

2. 特殊教育发展战略的目标与任务

比如,特殊教育综合改革是一种"整体性改革""系统性调整""协同性治理",是特殊教育发展转向的重要支撑,支持保障体系建设则是其一个

① 有研究者从理论研究与区域研究方面总结我国特殊教育研究现状,笔者认为从宏观、中观与微观视角进行归纳更为贴切(参见王培峰:《教育发展战略研究:路径、特征与议题——兼及特殊教育发展战略研究综述》,《现代特殊教育》2017年第2期)。

② 朱传耿、盛永进、王培峰等:《中国特殊教育发展战略的若干问题》,《现代特殊教育》2017年第2期。

③ 冯滨鲁、李健、王淑荣:《我国特殊教育发展规划:实践现状与研究取向》,《中国特殊教育》2017年第1期。

④ 王湛、董奇:《基础教育发展战略研究》,《教育研究》2010年第7期。

⑤ 朱永新:《特殊教育的战略目标和政策方向》,《现代特殊教育》2017年第13期。

⑥ 丁勇:《关于我国中长期特殊教育改革与发展几个重大问题的思考》,《中国特殊教育》2010年第10期。

重点领域①。现代化是我国中长期教育改革与发展的重大战略抉择和战略目标，特殊教育将更加"普及化""均衡化""系统化""终身化""制度化""走向融合""注重优质发展和教育质量的提高"，更加"信息化""智能化""个性化"②；面对特殊教育发展的不平衡与不充分问题，相关政策在坚持持续发力的同时，更应着眼于教育现代化的更高目标，积极推动特殊教育政策执行的科学化、政策稳定的法律化、质量提升的现代化，并重构特殊教育中的政府与市场关系③；建设和发展有中国社会主义特色的特殊教育事业和学科，逐渐走出有中国特色、适合我国国情的发展道路④；"医教结合"是我国特殊教育改革发展的一种积极探索⑤。

3. 特殊教育发展战略的价值取向

比如，改革开放以来，我国教育部等有关部门相继出台了多项专门化的政策措施，在价值取向上历经"创设与补偿""发展与攻坚""提升与完善"几个阶段，从根本上保障了残障人士的平等受教育权，充分展示了国家政策在特殊教育事业发展过程中的强大保障和推进作用⑥；党的十七大和十八大以来，我国特殊教育发展观改变了过去注重"工具本位""国家本位"的价值偏向，转向注重"实现残疾人成长发展的人本价值"和"实现残疾人民生改善、生活幸福的民生意义"取向⑦。

4. 特殊教育发展战略面临的现实问题

比如，我国一些特殊教育规划"缺少先进思想的引领""前瞻性不足"，

---

① 王培峰、丁勇：《我国特殊教育发展转向及其改革逻辑与重点领域》，《中国特殊教育》2015 年第 2 期。

② 丁勇：《我国特殊教育现代化的发展趋势和特点》，《中国特殊教育》2017 年第 2 期。

③ 杨克瑞：《改革开放 40 年我国特殊教育政策的顶层设计与战略推进》，《中国教育学刊》2018 年第 5 期。

④ 朴永馨、郝文武、卜凡帅：《融合、共享：本土化特殊教育创新发展——访朴永馨先生》，《当代教师教育》2017 年第 4 期。

⑤ 张伟锋、杜晓新：《特殊教育与医学的关联性考察及启示：基于西方历史进程》，《外国中小学教育》2017 年第 10 期。

⑥ 杨克瑞：《改革开放 40 年我国特殊教育政策的顶层设计与战略推进》，《中国教育学刊》2018 年第 5 期。

⑦ 王培峰、丁勇：《我国特殊教育发展转向及其改革逻辑与重点领域》，《中国特殊教育》2015 年第 2 期。

推进策略可行性、科学性、系统性不足，特别是不同层级政府在财政政策中存在注重资源争夺、轻质量提升问题，上级转移支付抑制下级政府投入，执行机构单一、乏力，综合执行难等①；相对我国整个教育事业的发展，特殊教育仍然明显处于弱势地位，残障儿童依然是普及义务教育的最大瓶颈，存在数量上的不平衡、不充分问题，质量上标准不明确、不完善问题和体制上办学主体过于单一化问题等②。

5. 对特殊教育发展战略的建议

比如，我国应加强特殊教育的发展规划研究，并突出"问题—实践"、"服务决策"、促进教育公平和法治价值维度等研究取向③；特殊教育发展规划应凸显"人本价值""民生意义"，坚持特殊教育综合改革的"方法论""道义论"的政策价值伦理，充分关注不同地区、不同程度和类型的残疾人在学前教育、基础教育和高等教育阶段的不同教育需求，切实把特殊教育作为残疾人应当享有的基本人权和民生福利，推进解决残疾人教育公平、残疾人民生问题④；加快残疾儿童教育保障法的实施进程，加快残疾儿童特殊教育事业发展，完善特殊教育体系，加强宣传教育，提高全民族对特殊教育的认识，加大财政投入，完善残疾儿童教育的财政拨款制度，加强特殊学校师资建设，提升特教教师专业水平，突出教育部门的主管作用，整合特殊教育资源，鼓励民间资本投入⑤；等等。

（二）中观层面特殊教育发展战略研究

现有研究主要论及相关省、自治区、直辖市特殊教育发展战略的顶层设计、实践成效与未来构想。

---

① 冯滨鲁、李健、王淑荣：《我国特殊教育发展规划：实践现状与研究取向》，《中国特殊教育》2017年第1期。

② 杨克瑞：《改革开放40年我国特殊教育政策的顶层设计与战略推进》，《中国教育学刊》2018年第5期。

③ 冯滨鲁、李健、王淑荣：《我国特殊教育发展规划：实践现状与研究取向》，《中国特殊教育》2017年第1期。

④ 王培峰：《特殊教育政策：正义及其局限》，南京大学出版社2015年版，第236—238页。

⑤ 高琳：《我国残疾儿童特殊教育发展现状初探》，新疆大学硕士学位论文，2016年。

1. 地方或区域特殊教育发展战略的特点

调查显示，32 个省级"地方中长期教育改革和发展规划纲要（ 2010—2020 年）"文本对特殊教育内容都进行了设计安排，半数地区特殊教育内容独立成章，近半数纲要文本明确设立了特殊教育重点工程，部分纲要文本中特殊教育内容全面、系统且有所创新①。

2. 地方或区域特殊教育发展战略局限

比如，相当部分单位在制定本地纲要时对特殊教育内容普遍有"简化"处理的倾向、特殊教育的重要性和责任性有所"淡化"、提高残疾学生素质的"着力点"有所忽略、特殊教育体系建设设计有失完整，纲要文本中特殊教育政策内容简单化、特殊教育政策目标口号化、政策执行主体模糊化、政策措施与政策工具的安排设计笼统化②。

3. 地方或区域特殊教育发展战略的新构想

比如，地方特殊教育规划目标要进一步细化，重点要进一步突出，责任要进一步明确，保障体系要进一步完善③。京津冀区域特殊教育一体化发展战略需要明确战略目标，优化和整合政策，运用灵活的市场机制，完善特殊教育体系建设④；区域性指标体系应该定位于"不确定性研究取向"，并且应该满足"区域性""完备性""特殊性"的要求；天津市完备的特殊教育体系的发展指标由分别代表"资源""机会""机构""成就"4 个一级指标和 47 个二级指标、175 个三级指标组成⑤，重点在于适度拓展特殊教育门类、合理建设教师培养机制以及增强特殊教育科学研究实力⑥；江苏特殊教育改革创新必须坚持融合教育原则、提高康复保障水平、动员多方合力办特

---

① 杨润勇：《关于地方特殊教育发展的政策文本分析——以各省市〈中长期教育改革与发展纲要〉为例》，《中国特殊教育》2011 年第 8 期。

② 杨润勇：《关于地方特殊教育发展的政策文本分析——以各省市〈中长期教育改革与发展纲要〉为例》，《中国特殊教育》2011 年第 8 期。

③ 杨润勇：《关于地方特殊教育发展的政策文本分析——以各省市〈中长期教育改革与发展纲要〉为例》，《中国特殊教育》2011 年第 8 期。

④ 刘川：《京津冀区域特殊教育一体化发展对策研究》，《学理论》2016 年第 9 期。

⑤ 刘福泉：《天津市特殊教育指标研究》，《天津市教科院学报》2008 年第 6 期。

⑥ 刘福泉：《提升天津市特殊教育整体水平的发展战略》，《天津市教科院学报》2009 年第 6 期。

教、加强专业支持服务①，坚持"发展、均衡、提高、创新"八字方针，特殊教育与基础教育发展目标同步，以全面建设小康社会为根本方向、以率先实现教育现代化总揽全局，建设高水平、高质量的特殊教育，让每一个残疾孩子都受到优质教育②，让每一个残疾孩子都能接受合适的教育③；山东省特殊教育事业"十三五"规划强调要秉承发展与创新的理念，让所有残疾儿童及青少年都能接受合适的教育，优化特殊教育布局结构、完善特殊教育体系，强化政府公共服务、提升其特殊教育基础能力，加强特教干部和师资队伍建设、提升其专业水平，深化以课程与教学改革为核心的特殊教育内涵发展、提高残疾学生综合素质，完善特殊教育支持保障体系、夯实特殊教育发展基础④；河南省需优化高等特殊教育的财政政策，加大对高等特殊教育的规划、管理，加强高等特殊教育师资队伍建设，制定对贫困残疾大学生的特殊资助政策，完善残疾人就业的保障政策⑤。

（三）微观层面的特殊教育发展战略研究

现有文献着重分析了相关市县特殊教育发展现状及战略构想。

1. 市县特殊教育发展现状

一些市县政策保障逐步完善，办学条件得到改善，办学行为不断规范，师资水平不断提高，教学质量全面提升⑥；一些市县建立了实体性区域特殊教育指导中心，创建了区域医教多学科的资源平台，开发了区域校外终身特殊教育课程，建设了区域特殊学生转衔服务机制，构建了从出生至老年的残疾人终身特殊教育服务体系⑦；一些市县特殊教育发展强化组织保障、项目

---

① 殷雅竹：《江苏特殊教育优质全面发展的推进战略》，《现代特殊教育》2016 年第 10 期。

② 黎红：《与社会发展同步　与普教发展同步》，《现代特殊教育》2003 年第 5 期。

③ 丁勇：《让每一个残疾孩子都能接受合适的教育——关于区域贯彻落实〈特殊教育提升计划（2014—2016 年）〉的思考》，《现代特殊教育》2015 年第 2 期。

④ 冯滨鲁、王淑荣：《略论"十三五"期间山东特殊教育体系的建构》，《山东高等教育》2016 年第 4 期。

⑤ 司福亭：《基于 SWOT 分析的河南省高等特殊教育发展战略研究》，《中州大学学报》2011 年第 3 期。

⑥ 赵亮：《兰州市特殊教育完善对策研究》，西北师范大学硕士学位论文，2014 年。

⑦ 夏峰、徐玉珍：《全民终身学习视野下区域终身特殊教育服务体系建设研究——来自上海市长宁区的探索》，《中国特殊教育》2016 年第 10 期。

建设、经费保障，注重多方联动、扩大规模、质量提升，实施教师能力提升工程、关爱保护工程、舆论引导工程①。

2. 市县特殊教育发展战略缺失

一些市县未入学学龄残疾儿童数量还比较大、地区分布不均衡，残疾人特殊教育法制建设不够健全，残疾儿童入学率、升学率与普通儿童的存在差距，且性别和城乡分布不平衡，特殊教育财政支持不足、分配不公平，特教师资总体数量不足、专业化程度较低、随班就读教学质量欠佳，特殊教育筹资体制缺乏相应配套措施、社会力量激励不足，特殊教育管理政出多门、妨碍特殊教育资源整合，特殊学前教育被忽视、中级教育重视力度不够等②；一些市县对特殊教育的地位、作用和重要性认识不足，特殊教育经费投入不足，特殊教育在城乡之间、区域之间、校际之间开展不平衡，特殊教育学校办学条件有待提高，特殊教育师资队伍需进一步优化③。

3. 市县特殊教育发展战略构想

一些市县终身特殊教育服务体系建设是基于多学科综合服务的系统工作，需要消除行政管理体制机制的障碍，向理想状态不断前进④。需强化政府职能、形成齐抓共管的工作机制，完善经费保障机制、加强基础设施建设，深化教育教学改革、全面提高特殊教育质量和水平，加强师资队伍建设、促进特殊教育教师专业化发展，开展督导检查、确保特殊教育政策落到实处，加大宣传力度、营造关心支持特殊教育发展的良好氛围⑤。

（四）特殊教育发展战略研究回顾与展望

目前，我国学者对特殊教育发展战略研究做了一些反思。比如，有学者认为教育发展战略研究存在"国家战略需要"和"社会需求"路径两个研

---

① 胡继舟：《健全特殊教育体系 增强质量提升水平》，《湖北教育（综合资讯）》2017年第2期。

② 高琳：《我国残疾儿童特殊教育发展现状初探》，新疆大学硕士学位论文，2016年。

③ 赵亮：《兰州市特殊教育完善对策研究》，西北师范大学硕士学位论文，2014年。

④ 夏峰、徐玉珍：《全民终身学习视野下区域终身特殊教育服务体系建设研究——来自上海市长宁区的探索》，《中国特殊教育》2016年第10期。

⑤ 赵亮：《兰州市特殊教育完善对策研究》，西北师范大学硕士学位论文，2014年。

究维度，我国特殊教育发展战略研究主要集中于理论研究与区域研究，没有形成较系统的研究成果①；特殊教育发展规划研究应突出"问题—实践""服务决策"的研究取向，突出以人为本、促进教育公平的研究旨归，突出法治价值维度的研究取向，突出协同合作的研究理性②，等等。

总之，我国学界越来越重视特殊教育研究，但有关特殊教育发展战略问题的研究成果少，学者们没有对我国各级各类特殊教育发展战略做系统深入探讨。本研究是笔者近年来在对我国特殊教育发展战略及不同层次、不同类型特殊教育发展战略的深入探究基础上形成的总结性成果。

四、研究设计

本研究将综合运用文献分析、案例分析与定量分析等方法，探究我国义务、学前、职业、高等特殊教育，民族特殊教育和农村特殊教育，以及特殊教育课程、教师发展战略的顶层设计与实践成效，以期为我国特殊教育发展战略体系与特殊教育改革发展实践提供决策依据与参考。

基本思路是运用混合研究方法，将定性研究与定量分析有机结合。一方面，从"全局"与"局部"视角对我国各级各类特殊教育以及特殊教育课程、教师发展战略的发展历程、特点进行溯源与展望；另一方面，从"理性构想"与"实践成效"维度深入探讨"全纳"特殊教育发展战略的基本特质、要素以及评价标准等理论问题，同时联系实际分析我国"全纳"特殊教育发展战略的实践成效、面临的现实困境与挑战，并提出未来改革发展的对策建议。

---

① 王培峰：《教育发展战略研究：路径、特征与议题——兼及特殊教育发展战略研究综述》，《现代特殊教育》2017 年第 2 期。

② 冯滨鲁、李健、王淑荣：《我国特殊教育发展规划：实践现状与研究取向》，《中国特殊教育》2017 年第 1 期。

第二章　我国特殊教育发展战略的历史沿革

　　改革开放以来，我国经历了几次重大战略性教育规划。1985 年主攻方向是"改革教育体制"，1993 年把"基本普及义务教育、基本扫除青壮年文盲"作为工作重点之一，1999 年提出"深化教育改革，全面推进素质教育"，确定"到 2020 年，基本实现教育现代化，基本形成学习型社会，进入人力资源强国行列"。这几次重大战略性教育规划清晰地确立了我国教育改革发展不同时期的主要目标和任务，明确了完成目标任务需要坚持的原则、路径与条件保障等，凝聚了各级政府和教育行政部门、学校以及社会各界力量，很好地引领了我国不同时期的教育改革发展及人才培养[①]。

　　目前，我国学者越来越重视特殊教育及其政策发展的历史问题，有研究将我国 19 世纪中期以来特殊教育发展分为"学习探索（1874—1910 年）""正式兴起（1911—1949 年）""初步发展（1950—1976 年）""体系完善（1977—1993 年）""质量深化（1994 年至今）"五个不同历史阶段[②]。20 世纪 50 年代至今经历了"形成和调整（1949—1965 年）""混乱（1966—1976 年）""恢复（1977—1985 年）""发展（1985 年至今）"四个时期[③]。特殊教育政策经历了"渐进性（1949—1978 年）""激进性（1979—

---

　　① 汤贞敏：《我国教育规划的基本特性及"十三五"教育规划的制订》，《中国教育学刊》2016 年第 3 期。
　　② 黄建辉：《公平与卓越的追求：美国特殊教育发展与变革研究》，福建师范大学博士学位论文，2015 年。
　　③ 陈云凡：《我国特殊教育发展评估》，《学海》2007 年第 4 期。

2009年）""断裂性（2010—2016年）"三个制度变迁阶段①，"初始建立
（1949—1977年）""迅速发展（1977—1989年）""完善发展（1990—
2001年）""深化发展（2002年至今）"四个阶段②。残疾儿童特殊教育
立法分为"产生（1859—1949年）""缓慢发展（1949—1978年）""快
速发展（1978—1994年）""专项发展（1994年至今）"四个阶段③。"随
班就读"发展过程大体经历了"模糊实施（1949—1986年）""探索
（1986—1990年）""推广（1990年至今）"三个阶段④，等等。借鉴已有
理论与实践成果，我们认为我国特殊教育发展战略经历了"古代特殊教育政
策的萌芽""近代特殊教育政策的产生""现代特殊教育制度的发展""当代
特殊教育发展战略的确立"四个阶段，实现了从"隔离"到"融合"再到
"全纳"的新跨越。

本章试图系统梳理我国特殊教育发展战略的发展沿革及实践成效，以期
为未来特殊教育发展战略顶层设计与实践提供一些借鉴。

一、我国古代特殊教育政策的萌芽

近代之前，我国古代特殊教育政策经历了漫长的萌生过程，为特殊教育
制度的形成与发展积累了丰富的经验。

（一）古代残疾人政策及教育实践

残疾人是与普通人相对而言的，残疾人自有人类以来就存在。我国古代
政府就十分重视残疾人的养护与教育。

---

① 冯元、俞海宝：《我国特殊教育政策变迁的历史演进与路径依赖——基于历史制度主义
分析范式》，《教育学报》2017年第3期。
② 黄淑芳：《广州市特殊儿童教育政策执行中的问题及对策研究》，华南理工大学硕士学
位论文，2016年。
③ 李莎：《残疾儿童特殊教育法律问题研究》，西南大学硕士学位论文，2012年。
④ 李金波：《从全纳教育的视角对我国随班就读现象的探析》，河北大学硕士学位论文，
2008年。

1. 古代残疾人类型

文献分析表明，中国古代残疾人主要有：视力障碍，如"瞽""矇"等；听力障碍，如"聋""聩"等；语言障碍，如"喑""哑"等；身体残疾，如"孑（无右臂）孒（无左臂）""瘸""跛""驼""（佝）偻""侏儒""偏枯"等；智力障碍，如"痴""呆""愚"等；精神障碍，如"癫""疯""狂疾"；等等①。类型多样。

2. 古代残疾人政策

我国古代社会对残疾人比较仁慈与宽容，提出了一些"宽疾""养疾"和"救疾"政策②。

第一，"宽疾"政策。从先秦时代开始，我国历代统治者比较注重实行宽待残疾人的政策，主要体现在国家减免残疾人徭役、赋税和兵役以及残疾人犯罪依法可得到一定宽减两方面。

第二，"养疾"政策就是为残疾人提供住宿和生活资料。春秋战国时期，一些诸侯国采取"收残疾，官给衣食"政策；秦汉时期，灾荒频发，政府对残疾人实施"赈米""赐谷"等政策；宋代创建"福田院"，用以收养残疾人和乞丐，创办收容抚育弃婴的慈善机构。

第三，"救疾"政策主要是指对残疾人进行帮助，使他们在身心和生活上得到一定程度的改善，主要包括"医疗求助"和"生活求助"。特别是自隋唐时期始，政府连续创办"常平仓"，同时政府鼓励民间创办大量的"义仓"，形成比较完善的储粮救荒的"仓廪制度"。

总之，从先秦时代开始，我国历代统治者均注重对残疾人实施"宽""养"等措施，创建了各种救济残疾人的"惠民机构"，创造了一个较为宽松的残疾人生存环境③。但是，在古代社会，残疾人始终是被动的施舍接受者，这既无法使残疾人在人格上具有与他人平等的观念，也无法真正长远地保护残疾人④。

---

① 黄培森：《中国特殊教育史略》，西南交通大学出版社 2015 年版，第 7—10 页。
② 黄培森：《中国特殊教育史略》，西南交通大学出版社 2015 年版，第 10—14 页。
③ 朱宗顺主编：《特殊教育史》，北京大学出版社 2011 年版，第 37 页。
④ 黄培森：《中国特殊教育史略》，西南交通大学出版社 2015 年版，第 4 页。

3. 古代残疾人教育实践

我国学校教育萌芽于氏族公社末期，据说，五帝时期已经出现了"成均""虞庠""明堂"等教育机构①。文献分析表明，西周是我国先秦学校教育体系最完整的时期，其教育机构大致可以分为"国学""乡学"两类，其中，"国学"又分为"大学""小学"两级。在这些机构中，"瞽宗"是天子所设的五所大学之一，这可能是"世界上设立最早的特殊教育机构"②。西周初"制礼作乐"，设立了执行礼乐的机构"大司乐"，由大师、小师、瞽矇等组成一支一千多人的盲人音乐队伍，遇有礼仪大事时就演奏音乐，平时则在大师、小师率领下学习文化和音乐。另外，疳、聋、跛、躄、断者、侏儒等残疾人要能自食其力，必须通过某种形式的教育获得相应的能力；驼、跛之人要能担当巫师，也需教育在前。由此可见，我国先秦时期，视力、听力、肢体障碍教育已经产生。然而，秦汉以后的两千年间，历代统治者虽然从治国安邦的需要出发，推行"宽疾""养疾"等惠民之政，客观上有利于残疾人生存条件的改善，却在残疾人教育方面鲜有超过先秦的举措，以致我国的特殊教育长期处于停滞不前的"萌生状态"③。总之，自先秦至清末，我国特殊教育始终处于萌芽状态，主要融合在普通教育之中，或让残疾人在生产生活实践中接受"自然的"职业教育④。

（二）古代神童选拔制度及教育实践

"神童"是我国古代对特别聪明的超常儿童、天才儿童的称呼。我国古代十分重视天才儿童的培养和选拔，建立了一套严格的神童选拔制度。

1. 古代神童的特点

我国古代神童主要有"君王型""礼义型""谋略型""尚德型""尚文型"五种类型，常常表现为"过目不忘，博闻强记""天将颖慧，思维敏捷""长于想象，关于思考""少年老成，合乎礼制"等特点⑤。

---

① 毛礼锐、沈灌群主编：《中国教育通史》第 1 卷，山东教育出版社 1985 年版，第 46—50 页。

② 喻本伐、熊贤君：《中国教育发展史》，华中师范大学出版社 1991 年版，第 26 页。

③ 朱宗顺主编：《特殊教育史》，北京大学出版社 2011 年版，第 38—39 页。

④ 黄培森：《中国特殊教育史略》，西南交通大学出版社 2015 年版，第 18 页。

⑤ 黄培森：《中国特殊教育史略》，西南交通大学出版社 2015 年版。

2. 古代神童选拔制度

我国古代十分重视神童选拔，建立了严格的童子考选制度。"童子科"产生于汉代，兴盛于唐宋，衰落于元明，终结于清代。我国从汉代开始建立天才儿童的考选制度，通过"荐举童子郎"使天赋聪慧的儿童步入仕途；唐朝时期，正式设立"童子科"，专门选拔神童；五代时期，社会动荡不安，科举考试衰微，童子科优存，但弊端丛生；宋代虽有几次停考，但体制更加完善，皇帝常常亲试奇异童子，宋代后期还将童子科分为上、中、下三等，考试内容与待遇各异；元代承前制，设童子科，历年多有举荐；明代，实行"课业禀给"之制，童子先养读、后考核、再录用；清代，童子科被完全纳入科举考试的第一级"童试"中，童子科退出历史舞台。实践证明，童子科确实选拔出了一批才赋出众的儿童，促进了我国古代天才教育的发展。然而，由于童子科以功名富贵为利诱，考核内容过分注重对经书的记诵，在一定程度上扼杀了神童的天性和潜能的协调发展①。

3. 古代神童教育

我国古代虽然有各种关于超常儿童事迹的记载，但并没有专门的神童教育，超常儿童的教育主要是在家庭、私立小学或蒙学中完成的。我国古代从西周起，就设有小学，但官办小学十分有限，大多数儿童的教育主要通过私立的家塾、家馆、私塾等蒙学机构来进行。蒙学教育主要以识字为基础，以传授伦理道德、自然、历史与文化等基础知识为主，并逐步形成了一系列童蒙学习的教材。先秦时期出现了《仓颉篇》《史籀篇》《爰历篇》等教材；汉代出现了《凡将篇》《急救篇》《元尚篇》等教材，其中，《急救篇》是汉至唐民间流传最广的启蒙教材；魏晋南北朝时期，出现了周兴嗣所编的《千字文》；隋唐到两宋，我国古代的童蒙教材逐步成型，形成了以《三字经》《百家姓》《千字文》等为代表的童蒙教育教材。因此，我国古代神童主要是在家庭或者私立童蒙教育机构中，从学习童蒙教材开始，逐步成长的。同时，超常儿童的教育完全取决于家庭的经济和教育情况，出生于富贵人家或书香门第的天资聪颖的儿童，会得到家庭教师或家中长辈的良好教育

---

① 黄培森：《中国特殊教育史略》，西南交通大学出版社 2015 年版，第 27 页。

和熏陶，而出生于普通家庭的聪慧儿童常常较少得到良好的早期教育①。

由此可见，我国古代已形成了一些宽容的残疾人政策与严格的神童选拔制度，并取得一定的实践成效，在一定程度上催生了古代特殊教育政策的萌芽。

二、我国近代特殊教育制度的产生

我国特殊教育产生于近代，第一所特殊教育学校是由西方传教士创立的，继后，一批知识分子通过发表文章、出国学习等形式宣传、学习西方的特殊教育先进经验，并逐步走上自主办学之路。然而，近代特殊教育法规远远落后于特殊教育实践，在很大程度上阻碍了我国特殊教育事业的发展。

（一）近代特殊教育制度概貌

我国近代特殊教育首先萌芽于西方教会个人或社团的自主行为，特殊教育立法问题并没有引起政府的重视。一些政策法规尽管对特殊教育进行了有限的关注，在一定程度上保护和推动了动荡不安的中国特殊教育的发展，但其重点放在免除特殊儿童上学及其父母的监护义务上，较少涉及如何进行特殊儿童教育②，法规比较笼统和宽泛，缺乏可操作性。

清代末年，西方教会在中国设立了一些特殊教育机构，其主要法律依据是 1844 年中法《黄埔条约》中允许建"学房"的相关规定。但是，相关规定仍然过于模糊，不具有可操作性。

太平天国后期出现的《资政新篇》大力介绍了西方特殊儿童教育，提出兴办"四民院"（专门安置鳏、寡、孤、独）、"四疾院"（跛、盲、聋、哑教育机构）与实行相宜的文化教育与职业教育，首次将兴办特殊儿童教育纳入国家的法律纲领之中。但是，由于战事不断以及各种条件的限制，有关特殊教育的想法未能得到真正落实。

---

① 朱宗顺主编：《特殊教育史》，北京大学出版社 2011 年版，第 38—39 页。
② 李莎：《残疾儿童特殊教育法律问题研究》，西南大学硕士学位论文，2012 年。

清政府尽管建立了比较完整的学校教育制度，但是，关于特殊教育的规定少且零散。《钦定蒙学堂章程》与《钦定小学堂章程》（1902 年）明确规定了进入蒙学堂与小学堂接受教育的入学条件，特殊儿童接受普通教育受到限制。《奏定初等小学堂章程》（1903 年）对特殊儿童接受教育没有明确规定。

（二）近代特殊教育实践

我国近代特殊教育初创于清朝末年至 20 世纪初期。英美等发达国家先后用"坚船利炮"打开了中国国门，中国被迫对外开放，西方文明对古老的中国文明产生了巨大的冲击，对中国近代特殊教育的形成与创立产生了重要影响①。

1. 西方传教士的呼吁与实践

我国近代特殊教育的产生离不开西方传教士的呼吁与实践。一方面，西方传教士通过撰文、演讲等方法大力介绍西方特殊教育思想和实践，大力提倡中国人要开办特殊教育机构，为盲、聋、哑残疾人带来了福音。比如，美国长老会教士丁韪良、林乐知和英国传教士艾约瑟、季理斐等先后发表文章、组织演讲，积极宣传西方特殊教育理论与实践，鼓励中国人开办特殊教育。另一方面，大部分传教士身体力行创办特殊教育机构，成为近代中国宣传和创建"西方范式"特殊教育机构的重要群体。比如，1874 年，传教士威廉·穆瑞在北京创办了中国最早的盲人学校"瞽叟通文馆"；1887 年，梅理士·查理夫妇在登州创办了中国最早的聋哑教育学校"启喑学馆"。在这两所特殊教育机构的影响下，中国先后开办汉口训盲书院（1888 年）、台南训瞽堂（1890 年）、广州明心瞽目院（1891 年）、古田明心盲院（1896年）、福州灵光盲童学校（1898 年）等特殊教育机构。

2. 国人的宣传与推动

我国近代特殊教育的发展离不开国人自己的积极探索。一方面，随着国门的开放，我国开明地主阶层和知识分子开始"放眼看世界"，通过各种途径了解西方，不仅学习西方先进的科学技术，而且开始学习和宣传西方的思

①　黄培森：《中国特殊教育史略》，西南交通大学出版社 2015 年版，第 50—55 页。

想与文化，一些亲历西方文明的中国志士记录、宣传西方特殊教育。比如，《西海纪游草》（林鍼）、《航海述奇》（张得彝）、《环游地球新录》（李圭）、《西洋杂志》（黎庶昌）等都对欧美国家的特殊教育做了不同程度的介绍，对当时知识分子起到了启蒙作用。另一方面，中国一些先进知识分子和驻外使臣积极宣传西方特殊教育理念和实践，倡导并尝试自主开创特殊教育学校。比如，时克荫、刘冠三在山东济南创办盲哑学校（1905 年）、黄国瑄在河北清苑创办盲哑学堂（1908 年）、李志周在河北沧县创办训盲学校（1908 年）等。

总之，我国近代特殊教育尚未纳入政府教育制度体系之内，特殊教育办学主体是私人或教会，办学经费主要来自社会捐赠，特殊教育内容与实践方面带有浓厚的"慈善"和"宗教色彩"①。

三、我国现代特殊教育制度的发展

民国时期，我国先后颁布了一系列教育政策法规，初步阐释了特殊教育体系建设问题，为我国现代特殊教育发展奠定了制度基础。同时，随着新文化运动和五四运动的兴起，社会对特殊人群及其教育的认同度逐步提高，特殊教育逐渐被纳入国民教育体系。

（一）现代特殊教育制度

民国时期，受到世界特殊教育发展潮流的影响，在我国仁人志士的极力鼓动下，我国政府出台了一些保护和推动特殊教育的政策法规，特殊教育逐步被列入国民教育体系，对特殊儿童的入学、残疾鉴定、缓学或免学等事宜作出了较为规范而严格的规定，特殊教育管理制度"基本成型"②。但是，

---

① 黄建辉：《公平与卓越的追求：美国特殊教育发展与变革研究》，福建师范大学博士学位论文，2015 年。
② 黄建辉：《公平与卓越的追求：美国特殊教育发展与变革研究》，福建师范大学博士学位论文，2015 年。

这些特殊教育政策法规"比较零碎"、宏观管理"细弱清晰"①，多停留在"法理层面"，"实践效果较差"②。

1. 民国前期（1912—1922年）的特殊教育政策法规

民国前期先后颁布了一些教育政策法规，对特殊教育发展做了不同程度的规划，标志着我国特殊教育政策初步形成。

《壬子癸丑学制》（1912年）是对《壬子学制》《小学校令》《中学校令》等一系列法规的总称。其中，《小学校令》中的"总纲"明确提出，建立盲聋哑学校，"要按普通学校相应的条文规定办理审批手续"。1914年，民国政府出台的《教育部官制》规定，普通教育司掌管"盲哑学校及其他残废等特种学校事项"；1915年，又颁布了《国民学校令》，对特殊儿童免除或缓期入学做了相应规定；1916年，公布的《国民学校令施行细则》对盲哑学校校长、教员等相关事宜做了规定；等等。

2. 民国后期（1922—1948年）的特殊教育政策法规

民国后期，政府不断完善教育规章，进一步优化了特殊教育相关政策法规。

1922年11月，民国教育部公布了《学校系统改革案》，又称《壬戌学制》或《新学制》，该法案附则中论及特殊教育的对象、意义和目的，明确提出应注重"天才教育和身体与精神缺陷者的教育"；1928年，南京国民政府公布了《修正中华民国大学院组织法》，规定特殊教育由大学院社会教育处管理；1935年7月，教育部公布了《教育部组织法》（1940年和1947年两次修订）提出由社会教育司负责"低能及残废者之教育事项"；1929年初，教育部通过的《学校卫生实施方案》基本涵盖了卫生教育的各个方面，其中包含大量有关特殊儿童教育的条款；1935—1944年，教育部先后公布了《实施义务教育暂行办法大纲》《实施义务教育暂行办学大纲实施细则》《学龄儿童强迫入学暂行办法》《强迫入学条例》，明确了特殊儿童在义务教育阶段免学、学习的相关事宜；20世纪20年代以后，随着民族主义运动的开展，1929年出台了《私立学校规程》，1933年作了修正，为《修正私立学校规程》，1943年和1947年又作了两次修正，逐步将初等教育（包括特

---

① 朱宗顺主编：《特殊教育史》，北京大学出版社2011年版，第215—216页。

② 黄培森：《中国特殊教育史略》，西南交通大学出版社2015年版，第86—87页。

殊教育）创办权收归国有；等等。

（二）现代特殊教育实践

民国时期，我国不仅特殊教育相关政策法规更加完善，而且特殊教育实践也取得明显进步，特殊教育呈现"正规化""世俗化""专业化""中国化"等新特点[①]。

1. 特殊教育逐步"正规化"

1912 年，教育总长蔡元培在工作报告中阐述了政府对教育的责任，专门谈到残疾人教育门类，明确了政府对特殊教育承担的使命[②]。随后政府颁布的诸多法令法规中均涉及特殊教育，政府的管理系统逐渐形成。比如，《教育部官制》（1914 年）明确了普通教育司执掌盲哑学校及其他残废特种学校事项；《省视学规程》和《县视学规程》（1918 年）明确了省、县视学指导应包括幼儿教育及特殊教育；《教育部处务规程》（1944 年）规定社会教育司执掌低能、残废等特殊教育事项。

2. 特殊教育走向"世俗化"

民国时期，教会创办特殊教育学校的慈善功能开始淡化，逐步走向世俗。同时，特殊教育学校的规章制度也日趋完善。比如，1935 年，北平市立聋哑学校制定学校章程，对学校组织、学制及企业年限、入学资格及转学办法、课程、学年学期及放假、成绩考查、留级休学退学及开除、经费等方面做了明确且较为详细的阐述与规定。

3. 特殊教育逐渐"专业化"

民国时期，关于特殊儿童涉及的范围以及特殊教育教师的素质在理论界逐渐达成共识。比如，有研究认为特殊儿童是"在生理、心理上不同于普通儿童者"，包括"天才、低能、聋哑、盲目、瘫跛等"[③]，包括"智慧特高（天才）、智慧特低（低能）、具有特殊才能与专长、残废等"[④]；低能儿童教师除了具有一般良好教师资格外，还应具备"乐观与同情的心态""强健

---

① 黄培森：《中国特殊教育史略》，西南交通大学出版社 2015 年版，第 87—92 页。

② 郭卫东：《中国近代特殊教育史研究》，高等教育出版社 2012 年版，第 255 页。

③ 李万育：《特殊学校》，商务印书馆 1937 年版。

④ 潘大白：《怎样训练特殊儿童和问题儿童》，《浙江教育》1948 年第 12 期。

与稳定的身心素质""训练特殊儿童的能力"等①，具有"同情与乐观的态度""强健而稳定的身心素质""心理学知识""言语上的修养"②；等等。同时，在特殊教育实践中，特殊教育对象得到一定扩大，除盲校、聋哑学校外，还出现了培智学校、天才儿童学校等；特殊教育学校的教师逐渐从非专业的兼职教师转变为专职教师。

4. 特殊教育逐渐"中国化"

随着中国政府对教会学校干预的加强、人们主流心态的逐渐转变和中国新式知识分子群体的兴起，中国人自己创办的公立或私立特殊教育机构逐渐增多。许多特殊教育学校的课程设置及改革更多关注"中国的传统与现实""中国文化传承与国情特点"，中文课程作为主课广泛开设、宗教课程逐步减少。据统计，1948 年，我国已有盲、聋哑学校 42 所，在校学生 2380 人③。

总之，民国时期，我国现代特殊教育的相关制度不仅更加完善，而且实践进步明显，呈现出"规范化""世俗化""专业化""中国化"等特点。但是，由于社会一直处于战乱状态，政府很难顾及特殊教育的发展，没有进行有效的特殊教育行政管理，特殊教育制度的"象征意义"大于"实践意义"④。

四、我国当代特殊教育发展战略的确立

新中国成立后，我国不断完善特殊教育政策法规、积极探索特殊教育改革发展新模式，逐步形成了比较完善的特殊教育发展战略体系，形成了以"普通学校随班就读为主体""特殊教育学校为骨干""送教上门为补充"的特殊教育体系。

---

① 华林一：《低能教育》，商务印书馆 1931 年版。
② 廷柱：《低能儿童的管教问题》，《教育生活》1935 年第 11 期。
③ 朴永馨主编：《特殊教育学》，福建教育出版社 2014 年版，第 35 页。
④ 黄建辉：《公平与卓越的追求：美国特殊教育发展与变革研究》，福建师范大学博士学位论文，2015 年。

（一）当代特殊教育发展战略的历程

我国当代特殊教育战略经历了"萌芽期"（1949—1988 年）、"形成期"（1989—2000 年）、"发展时期"（2001—2013 年）和"成熟期"（2014 年至今）四个阶段，特殊教育实践逐步实现了"隔离"到"融合"再到"全纳"的飞跃①。

1. 萌芽时期（1949—1988 年）

此阶段主要致力于恢复与建立盲童学校（简称"盲校"）、聋哑学校、培智特殊教育学校（以下简称"三类特校"），将特殊教育纳入义务教育体系，明确了特殊教育学校的基本任务与要求，特殊教育发展战略散见于相关规章之中。

第一，确立了特殊教育的合法地位，将特殊教育纳入义务教育体系。一方面，将特殊教育正式纳入国民教育体系，明确了特殊教育的合法地位。1951 年《关于改革学制的决定》明确要求"各级政府应设立聋哑瞽目等特种学校，对有生理缺陷的儿童、青年和成人施以教育"，第一次确立了特殊教育在国家教育体系中的地位，改变了新中国成立前将残疾儿童教育纳入社会教育的做法；《中华人民共和国宪法》（1982 年，以下简称 1982 年《宪法》）第一次在国家的根本大法中对残疾人的教育、生活和劳动问题做了明确规定。另一方面，将特殊教育纳入义务教育体系。《关于普及初等教育基本要求的暂行规定》（1983 年）、《中共中央关于教育体制改革的决定》（1985 年）分别提出加强盲、聋哑和弱智儿童普及教育和特殊教育；《中华人民共和国义务教育法》（1986 年，以下简称《义务教育法》）、《关于实施〈义务教育法〉若干问题的意见》（1986 年）则将特殊儿童教育场所扩大到普通学校的特教班，规定特殊儿童教育与普通儿童教育都是义务教育。

第二，形成了三类特校教学计划，突出教学中心地位。《关于聋哑学校使用手势教学的班级的学制和教学计划问题的指示》（1956 年）明确了聋哑学校的学制与教学计划问题；《关于办好盲童学校、聋哑学校的几点指示》

---

① 李尚卫：《我国特殊教育发展战略的回顾与展望》，《井冈山大学学报（社会科学版）》2020 年第 5 期。

（1957年）阐释了盲校和聋哑学校的基本任务、学制、人员与设施、师资培养、管理等问题；《全日制六年制盲童学校教学计划（草稿）》、《全日制十年制聋哑学校教学计划（草稿）》（1962年）、《全日制六年制聋哑学校教学计划（征求意见稿）》、《全日制八年制聋哑学校教学计划（征求意见稿）》（1984年）、《全日制盲校小学教学计划（初稿）》（1987年）明晰了盲校、聋哑学校的培养目标与任务、学制、课程体系；1987年《全日制弱智学校（班）教学计划（征求意见稿）》则明确了全日制弱智学校（班）的培养目标、学制、招生、教学组织形式、课程体系等。

第三，不断强化特殊教育管理与经费保障。一方面，建立了特殊教育管理机构。1953年，教育部设立盲聋哑教育处；1980年，成立特殊教育处，代替了原有的盲聋哑教育处，特殊教育管理机构实现了从"残疾人教育"到"特殊教育"的新突破；1988年，中国残疾人联合会成立，各级政府将残疾人工作从民政部门分离出来交由各级残联独立管理。另一方面，建立了特殊教育经费投入制度与奖励办法。《关于盲童学校、聋哑学校经费问题的通知》（1956年）、《关于中等专业学校、盲聋哑学校班主任津贴试行办法》（1981年）明确了盲聋哑学校经费及班主任津贴问题；《高等教育自学考试残疾人应考者奖励暂行办法》（1986年）鼓励残疾人"自强自立""自学成才"，充分调动了他们学习科学文化知识的积极性，推动了社会主义物质文明和精神文明建设；等等。这些规章进一步强化了特殊教育的法律地位，明确了特殊教育的管理机构、经费投入与奖励办法，为特殊教育改革发展提供了组织与制度保障。

据此，经过新中国成立后10多年的恢复与重建、改革开放后10年左右的改革与探索，我国特殊教育取得了长足进步。据统计，1988年，已有特殊教育学校577所，在校生57617人，专任教师10777人①。

2. 形成时期（1989—2000年）

本阶段主要致力于扩大特殊教育对象，积极推进"随班就读"，重点发展特殊儿童少年义务教育与职业教育，形成了完整独立的特殊教育改革发展的顶层构想。

---

① 转引自牟映雪：《中国特殊教育演进历程及启示》，《中国特殊教育》2006年第5期。

第一，初步形成特殊教育发展战略体系，明确了特殊教育改革发展的基本思路。《关于发展特殊教育的若干意见》（1989年）第一次系统阐释了我国特殊教育发展的方针政策、目标任务、领导和管理问题，形成了特殊教育改革发展的基本思路，提出特殊教育发展要贯彻"普及与提高相结合""以普及为重点"的原则；《中华人民共和国残疾人保障法》（1990年，以下简称《残疾人保障法》）专章阐释了残疾儿童特殊教育的职责、原则、办学渠道、结构形式、安置方式、师资力量、辅助手段等内容，第一次以法律的形式明确了残疾人的受教育权利以及残疾人教育的实施方针；《残疾人教育条例》（1994年）则是我国第一部特殊教育专项行政法规，明确了残疾人教育的指导思想、基本方针、主要目标、办学形式、各方职责等内容，强调残疾人教育事业应坚持"普及与提高相结合""以普及为重点"，残疾儿童安置形式包括特殊教育学校、特教班与"随班就读"；等等。由此可见，我国不仅将特殊教育纳入法制建设轨道，而且明确了特殊教育改革发展的重点与基本路径，对我国特殊教育制度建设与特殊教育改革发展实践具有重要意义。

第二，明确了特殊教育对象，着重发展义务与特殊职业教育。《关于发展特殊教育的若干意见》明确提出，要积极吸收肢体残疾和有学习障碍、语言障碍、情绪障碍等少年儿童入学，着重抓好初等教育和职业技术教育，积极开展学前教育，逐步发展中等教育和高等教育，到2000年，力争全国多数盲、聋和弱智学龄儿童能够入学；《残疾人保障法》（1990年）明确提出，特殊教育学校的教育对象包括视力残疾、听力残疾、言语残疾、肢体残疾、智力残疾、精神残疾、多重残疾及其他残疾的人，应着重发展义务教育和职业技术教育，积极开展学前教育，逐步发展高级中等以上教育；《残疾人教育条例》（1994年）提出，着重发展义务教育和职业教育，积极开展学前教育，逐步发展高级中等以上教育；《全国残疾儿童少年义务教育工作"八五"实施方案》（1992年）、《残疾儿童少年义务教育"九五"实施方案》（1996年）要求，"八五""九五"期间残疾儿童与其他儿童同步实施义务教育，残疾幼儿学前教育有较大发展；《残疾人职业教育与培训"九五"实施方案》（1996年）则强调，"九五"期间要"大力开展职业培训""积极发展初、中等职业教育""适当发展高等职业教育"；等等。

第三，重视课程与教学改革，不断完善特殊教育课程与教学计划。一方面，十分重视特殊教育课程与教学改革。《关于发展特殊教育的若干意见》提出，各级各类特教学校都应贯彻执行"德智体美劳"全面发展的方针，努力改进教学方法，探索教学规律，"使特殊儿童少年受到适当的特殊教育"；《残疾人保障法》强调，将残疾人教育在课程设置、教材、教学方法方面应根据残疾人的身心特点与需要；《残疾人教育条例》提出，残疾人教育应贯彻国家的教育方针，根据残疾人的身心特性和需要，全面提高其素质，为残疾人平等地参与社会生活创造条件。另一方面，不断完善特殊教育课程（教学）计划。1993—1994年，我国进一步完善了三类特校的学制、课程（教学）计划，形成了《全日制盲校课程计划（试行）》《全日制聋校课程计划（试行）》《全日制弱智学校（班）课程计划（征求意见稿）》（以下三者合称"全日制盲校、聋校、弱智学校（班）课程计划"），开始实施"九年一贯制"，将课程计划分为小学和初中两个部分，强调对残疾学生的"德育教育"，增加了"缺陷补偿课程"，标志着三类特校独立课程体系的形成；《关于开展残疾儿童少年随班就读工作的试行办法》（1994年）系统阐释了残疾儿童少年随班就读工作的意义、对象、入学、教学要求等内容，强调"随班就读"是发展和普及我国残疾儿童少年义务教育的一个主要办学形式；《中等特殊教育师范学校教学计划（试行）》（1989年）、《高等师范院校特殊教育专业教学计划（草案）》（1989年）分别从培养目标、时间安排、课程设置、教育实践、课外活动等方面明确了中师、高师特殊教育专业课程体系内容；等等。无疑，这些文件进一步丰富了特殊教育发展战略的内涵，强化了特殊教育改革发展的"质量"意识。

第四，加强特殊教育保障能力建设。1988年11月，国家教育委员会、民政部、中国残疾人联合会在北京召开了第一次全国特殊教育工作会议，会上不仅讨论修改《关于发展特殊教育的若干意见》（1989年），而且提出从1989年起设立2300万元残疾人教育专项补助费；1994年教育部设立特殊教育办公室，进一步强化了特殊教育管理体制。《关于发展特殊教育的若干意见》明确了残疾儿童少年教育改革发展的责任主体、管理机制、经费来源、师资培养等；《特殊教育补助费使用办法》（1989年）明确了特殊教育补助费的来源与用途；《残疾人保障法》（1990年）强调，国家应"保障残疾人受教育的权利"，"对接受义务教育的残疾学生免收学费"，"鼓励社会力量办学、捐资助学",有计划地培养、培训特殊教育师资;《残疾人教育条例》(1994 年)明确了残疾人教育的责任主体、经费资助、师资队伍建设等,要求各级人民政府应统筹规划和发展残疾人教育事业,逐步增加残疾人教育经费,改善办学条件,家庭、社会各界应当"关心和支持残疾人教育事业";《特殊教育学校暂行规程》(1998 年)第一次系统阐释了特殊教育学校建筑设计标准,明确了特校在办学规模、项目构成、布局、面积诸方面的具体要求;等等。由此,特殊教育在组织结构、理论研究、政策倡导与执行诸方面都开始进入新的发展阶段。

由此,我国特殊教育改革发展有了明确的目标、任务,我国义务特殊职业教育得到迅速发展。据统计,2000 年,我国特殊教育学校已有 1539 所,在校生 37.76 万人,专任教师 3.20 万人,视力、听力、智力残疾儿童入学率达 77.2%;特殊儿童少年普通高中 24 所,在校生数达 1809 人;开设职业初中、职业高中、职业中专的特殊教育学校共有 171 所,251 万名残疾人接受不同程度的职业教育[①]。

3. 发展时期(2001—2013 年)

本阶段主要致力于完善特殊教育发展战略体系,优化特殊教育体系,不断提高特殊儿童少年义务教育普及率,促进"特殊教育"与"普通教育""职业教育"的"密切融合"。

第一,进一步完善特殊教育发展战略顶层设计,特殊教育实现了从"大力"发展到"加快"发展的飞跃。2007 年党的十七大提出"关心特殊教育",2012 年党的十八大提出"支持特殊教育",充分体现了我国政府对特殊教育的重视。《关于"十五"期间进一步推进特殊教育改革和发展的意见》(2001 年)不仅明确了"十五"期间特殊教育改革与发展的目标任务、强调了"随班就读"的重要性,而且进一步丰富了特殊教育发展战略的内涵,充分体现了我国改革发展特殊教育事业的决心;《"十一五"期间中西部地区特殊教育学校建设规划(2008—2010 年)》(2007 年)明确了"十一五"期间特殊教育学校建设的基本要求与举措;《关于进一步加快特殊教育事业发展的意见》(2009 年)进一步阐释了特殊教育未来改革发展的主要任

---

① 参见教育部《2000 年全国教育事业发展统计公报》。

务与措施，战略定位实现了从"大力发展"向"加快发展"的质的飞跃；《国家中长期教育改革和发展规划纲要（2010—2020年）》（2010年）则将我国未来10年特殊教育改革发展的三大任务首次纳入国家重大政策文件中，对特殊教育给予空前重视①，标志着我国特殊教育政策与普通教育政策进入"融合与互嵌性关系"发展阶段，为中国特色的现代特殊教育制度体系的形成奠定了坚实的基础②。

第二，进一步优化特殊教育体系，大力普及残疾儿童义务教育，加快发展残疾人高中、高等教育。《关于"十五"期间进一步推进特殊教育改革和发展的意见》提出，"十五"期间切实将残疾儿童少年教育纳入义务教育体系，积极发展残疾儿童学前教育，充分利用现有教育资源发展残疾人高中阶段教育，努力扩大残疾人接受高等教育的机会；《残疾人职业教育与培训"十五"实施方案》（2001年）第一次系统阐释了残疾人职业教育与培训的目标任务、主要措施、经费保障、检查评估，明确了职业教育对提高残疾人职业技能和整体素质的重要意义；《残疾人教育工作"十一五"实施方案》（2006年）强调，"十一五"期间基本普及残疾儿童少年义务教育，加快高中阶段特殊教育的发展，合理规划残疾人高等教育的发展；《关于进一步加快特殊教育事业发展的意见》提出，继续提高残疾儿童少年义务教育普及水平，加快发展以职业教育为主的残疾人高中阶段教育，加快推进残疾人高等教育发展，因地制宜发展残疾儿童学前教育；《残疾人教育工作"十二五"实施方案》（2012年）提出，"十二五"期间以普及残疾儿童少年义务教育为重点，加快发展残疾人学前教育、以职业教育为主的高中阶段教育和高等教育；《农村残疾人扶贫开发纲要（2011—2020年）》（2012年）提出，2015年农村适龄残疾儿童少年普遍接受义务教育，将积极发展残疾儿童学前康复教育、残疾人职业教育、普通高中教育和高等教育。

第三，着力构建特殊教育质量评价体系，不断提高特殊教育的针对性。一方面，着力构建特殊教育质量评价体系。《特殊教育学校建筑设计规范》

---

① 杨润勇：《关于地方特殊教育发展的政策文本分析——以各省市〈中长期教育改革与发展纲要〉为例》，《中国特殊教育》2011年第8期。

② 冯元、俞海宝：《我国特殊教育政策变迁的历史演进与路径依赖——基于历史制度主义分析范式》，《教育学报》2017年第3期。

（2003 年）、《义务教育阶段盲校（聋校、培智学校）教学与医疗康复仪器设备配备标准》（2010 年）、《特殊教育学校建设标准》（2011 年）明确了特殊教育学校建设标准；《盲校义务教育课程设置实验方案》《聋校义务教育课程设置实验方案》《培智学校义务教育课程设置实验方案》（2007 年，以下三者合称"盲校、聋校、培智学校义务教育课程设置实验方案"）进一步明确了三类特校义务教育课程的培养目标、设置原则、教学进程；《残疾人康复中心建设标准》（2006 年）、《〈全国残联系统康复人才培养规划（2005—2015 年）〉实施细则（试行）》（2006 年）分别阐释了残疾人康复中心建设标准与康复人才培养的基本要求；《0—6 岁儿童残疾筛查工作规范（试行）》（2013 年）明确了 0—6 岁儿童残疾筛查工作的意义、适用范围、工作路径与要求、组织实施等内容；《残疾人中等职业学校设置标准（试行）》（2007 年）系统阐释了残疾人中等职业学校的招生对象、原则、地址选择、规章制度、学校领导素养、管理机构、办学规模、基本建设、师资配备、专业与课程设置、经费投入等内容，对规范残疾人中等职业教育行为、提高残疾人中等职业教育的质量有着重要意义；等等。另一方面，积极推动特殊教育课程与教学改革，不断提高特殊教育针对性与实效性。《关于"十五"期间进一步推进特殊教育改革和发展的意见》提出，深化教学改革，全面推进素质教育，提高特殊教育的质量；2009 年，全国特殊教育会议明确提出，特殊教育改革发展的重心要从"普及与提高结合"转到"全面提高"教育质量上，《关于进一步加快特殊教育事业发展的意见》提出加强特殊教育的针对性，提高残疾学生的综合素质；等等。

第四，进一步优化特殊教育管理机制，不断加强保障能力建设。2005 年中国教育学会成立特殊教育研究会；2006 年全面推行九年免费义务教育，国务院设立残疾人工作委员会；2012 年 11 月，教育部依托特殊教育处成立"特殊教育办公室"，进一步加强了特殊教育的理论研究与行政管理力量。同时，《关于"十五"期间进一步推进特殊教育改革和发展的意见》《关于进一步加快特殊教育事业发展的意见》明确了特殊教育在师资队伍建设、经费投入、办学条件改善、社会支持、督导评估等方面的若干措施；《特殊教育学校建筑设计规范》（2003 年）明确了特殊教育学校建筑设计的基本要求，突出了特殊教育学校基础设施建设的重要性；《中华人民共和国精神卫生法》（2012 年）主要阐释了精神障碍的预防、诊断、治疗、康复、保障措施与法律责任等；《无障碍环境建设条例》（2012 年）明确了无障碍环境建设的基本要求；《关于加强特殊教育教师队伍建设的意见》（2012 年）系统阐释了特教师资队伍建设的目标、原则、基本途径、管理等问题，首次提出探索建立特殊教育教师专业证书制度，并开始注重从学科交叉合作的角度培养复合型特教师资与康复人才；《关于当前发展学前教育的若干意见》（2010 年）提出，建立学前教育资助制度，资助残疾儿童接受普惠性学前教育；《少数民族教育和特殊教育中央补助专项资金管理办法》（2006 年）明确了少数民族教育和特殊教育中央补助专项资金的使用方向、分配原则、申报和审批程序；《农村残疾人扶贫开发纲要（2011—2020 年)》（2012 年）提出，政府采取多种措施，优先保障农村残疾人教育；等等。从此，我国特殊教育在组织结构、理论研究、政策倡导与执行诸方面都开始进入新的发展阶段。

自此，我国特殊教育进入改革发展新时期，各级各类特殊教育得到了迅速发展，特殊教育的办学规模与普及率得到明显提升。据统计，2013 年，我国特殊教育学校已有 1933 所，在校生 36.81 万人，专任教师 4.57 万人，三类残疾儿童入学率达 85 %；已开办特殊教育普通高中班（部）194 个，在校生 7313 人；残疾人中等职业学校（班）198 个，在校生 11350 人，毕业生 7772 人，其中 6200 人获得职业资格证书；全国有 7538 名残疾人被普通高等院校录取，1388 名残疾人进入特殊教育学院学习；为全国家庭经济困难的残疾儿童享受普惠性学前教育提供资助 1 万余人次，各地多渠道争取资金支持对 3489 名残疾儿童给予学前教育资助①。

4. 成熟时期（2014 年至今）

此阶段主要致力于全面提高特殊教育的普及水平、推进特殊教育的均衡发展和提升特殊教育的质量，建立"无障碍"生态与"全纳"特殊教育体系，形成了比较成熟的特殊教育发展战略体系。

第一，进一步凸显特殊教育的战略地位，建立了更加成熟的特殊教育发

---

① 参见教育部《2013 年全国教育事业发展统计公报》，中国残疾人联合会《2013 年中国残疾人事业发展统计公报》。

展战略体系。2017年党的十九大提出"办好特殊教育",显示我国特殊教育决策已被纳入国家最顶层的政策话语体系中。《一期特教计划》系统阐释了未来三年特殊教育的总体目标、重点任务、主要措施与组织领导,提出了"全面推进全纳教育,使每一个残疾孩子都能接受合适的教育",进一步明确了特殊教育在保障残疾人受教育权利、帮助残疾人全面发展和更好融入社会、全面建成小康社会、实现"两个百年"目标和中国梦的进程中的战略意义;《二期特教计划》进一步明确了今后四年特殊教育改革发展的基本原则、总体目标、重点任务、主要措施与组织实施,进一步强调了特殊教育在提升残疾人受教育水平、推进教育公平、实现教育现代化、增进残疾人家庭福祉、加快残疾人小康进程中的战略意义;《残疾人教育条例》(2017年)则进一步阐释了残疾人教育在体系建设、师资队伍建设、条件保障、法律责任等方面的主要任务与策略,明确了残疾人教育在保障残疾人的受教育权利和促进教育公平方面的重要作用。可以说,两期特教计划标志着成熟的、具有中国特色的特殊教育发展战略体系的形成。

第二,全面推进"全纳教育",积极构建"全纳"特殊教育体系。《一期特教计划》提出,未来三年将"基本普及残疾儿童少年义务教育""积极发展残疾儿童学前教育""大力发展以职业教育为主的残疾人高中阶段教育""加快发展残疾人高等教育";《二期特教计划》提出,未来四年将"全面普及残疾儿童少年义务教育""加大力度发展残疾儿童学前教育""加快发展以职业教育为主的残疾人高中阶段教育""稳步发展残疾人高等教育";《关于实施第二期学前教育三年行动计划的意见》(2014年)提出"努力增加残疾适龄儿童的入园机会";《加强残疾儿童少年义务教育阶段随班就读工作的指导意见》(2020年)明确了进一步深化特殊儿童少年义务教育阶段随班就读工作的总体要求与具体措施,提出,坚持科学评估、应随尽随,坚持尊重差异、因材施教,坚持普特融合、提升质量,实现特殊教育公平而有质量发展,促进残疾儿童少年更好融入社会生活;《残疾人职业技能提升计划(2016—2020年)》、《关于加快发展残疾人职业教育的若干意见》(2018年)系统阐释了残疾人职业教育发展的意义、重点、主要举措与组织领导,强调残疾人职业教育是小康社会建设的重要组成部分;《残疾人参加普通高等学校招生全国统一考试管理规定》(2015年,2017年)主要论及如何为（视力）残疾考生参考提供合理便利，对扩大残疾学生的高考参与率以及降低考试障碍方面有着积极作用，也将促进更多残疾学生通过高考进入高校接受高等教育；等等。

第三，进一步完善特殊教育质量评价标准，着力提升特殊教育质量。一方面，建立了更加完善的特殊教育质量评价标准。比如，《特殊教育教师专业标准（试行）》（2015 年）确立了特殊教育教师专业标准；《国家手语和盲文规范化行动计划（2015—2020 年）》明确了国家手语和盲文规范化建设的具体要求；《盲校义务教育课程标准（2016 年版）》《聋校义务教育课程标准（2016 年版）》《培智学校义务教育课程标准（2016 年版）》（以下三者合称"盲校、聋校、培智学校义务教育课程标准"）（2016 年）阐明了三类特校义务教育课程性质、基本理念、设计思路、目标、内容、实施建议；《普通学校特殊教育资源教室建设指南》（2016 年）明确了普通学校特殊教育资源教室建设规范；《高等职业学校康复治疗技术专业顶岗实习标准》（2018 年）明确了高等职业学校康复治疗技术专业顶岗实习的基本要求与规范；《特殊教育专业认证标准》（2019 年）明确了高校特殊教育本科专科专业在课程与教学、合作与实践、师资队伍、支持条件方面的要求，提出了培养目标、毕业要求、课程与教学、合作与实践、师资队伍、支持条件、质量保障和学生发展的合格要求与卓越要求；等等。另一方面，进一步明确了提升特殊教育质量的基本任务与措施。比如，《一期特教计划》提出，"建立特殊教育资源教室（中心）"，配备基本的教育教学和康复设备，为残疾学生提供个别化教育和康复训练，未来三年研究制订三类特校课程标准，健全适合残疾学生学习特点的教材体系，提高特殊教育教师的专业化水平，逐步建立特殊教育质量监测评价体系，提升教育教学质量；《二期特教计划》提出，建立特殊教育专家委员会、特殊教育资源中心，进一步提高特殊教育教师专业化水平，加强特殊教育学校教材和教学资源建设，推进课程教学改革，提高残疾学生评估鉴定、入学安置、教育教学、康复训练的有效性；《残疾人教育条例》（2017 年）提出建立特殊教育专家委员会、特殊教育资源中心，积极推进融合教育，根据残疾人的残疾类别和接受能力采取普通教育方式或者特殊教育方式，不断提升残疾人教育质量；《加强残疾儿童少年义务教育阶段随班就读工作的指导意见》明确了特殊教育专家委员会的工作任务，要求各地要加快建设并实现省、市、县特殊教育资源中心全覆盖，加强对区域内承担随班就读工作普通学校的巡回指导、教师培训和质量评价，注重课程教学调适，培养生活劳动能力，完善残疾学生评价制度；等等。

第四，进一步强化保障能力，积极构建"无障碍"特殊教育生态。一方面，全局上更加注重特殊教育保障能力建设。比如，《一期特教计划》提出，加强条件保障，提高"特殊教育学校生均预算内公用经费标准"，建立健全"覆盖全体残疾学生的资助体系"；《二期特教计划》提出，统筹财政教育支出，加强"无障碍设施"建设，全面改善特殊教育办学条件，健全特殊教育教师编制动态调整机制和待遇保障机制，提高残疾学生资助水平，增强特殊教育保障能力；等等。另一方面，局部颁布了一系列配套措施，强化"无障碍"环境建设。比如，《关于实施卓越教师培养计划的意见》（2014年）、《关于实施卓越教师培养计划2.0的意见》（2018年）系统阐释了卓越教师培养的重要意义、总体思路、目标要求、主要措施等问题；《特殊教育补助资金管理办法》（2015年）主要明确了中央设立特殊教育补助资金及管理的指导思想、基本原则、总体目标、内容与组织实施；《无障碍环境建设"十三五"实施方案》（2016年）明确了"十三五"期间"无障碍"环境建设的目标任务和主要措施；《关于建立残疾儿童康复救助制度的意见》（2018年）主要明确了建立残疾儿童康复救助制度的指导思想、基本原则、总体目标、内容与组织实施；《加强残疾儿童少年义务教育阶段随班就读工作的指导意见》（2020年）提出，健全科学评估认定机制、健全就近就便安置制度、完善资源支持体系、提升教师特殊教育专业能力；等等。这些规章为我国"无障碍"特殊教育生态环境的建立提供了有力的制度保障。

总之，经过70多年不断探索、40多年改革开放，我国已形成了比较成熟的特殊教育发展战略体系，特殊教育改革发展成效显著。据统计，2019年，我国特殊教育学校已有2192所，在校生79.46万人，专任教师6.24万人；特殊教育普通高中班（部）103个，在校生8676人；残疾人中等职业学校（班）145个，在校生17319人，毕业生4337人；12362名残疾人被普通高等院校录取，2053名残疾人进入高等特殊教育学院学习；各地多渠道争取资金支持对 4993 名残疾儿童给予学前教育资助①。

（二）当代特殊教育发展战略实践成效

新中国成立 70 多年来，我国特殊教育发展战略一直坚持以社会需求、服务实践为导向，致力于营造"全纳"特殊教育生态、构建"全纳"与"终身化"特殊教育体系和提供"公平"与"优质"的特殊教育服务，"全纳"特殊教育实践初见成效。

1. 积极营造"全纳"特殊教育生态，构筑"无障碍"教育环境

众所周知，1994 年世界特殊需要教育会议《萨拉曼卡声明》首次提出"全纳教育"的基本原则，2000 年世界教育论坛正式使用该词。它意味着将所有儿童融入正规学校，学校的工作人员应与社区合作，创造条件，以期尽可能地促进他们的全面发展与高质量生活②。70 多年来，我国不断优化特殊教育制度设计，特别是随着《关于进一步加快特殊教育事业发展的意见》《国家中长期教育改革和发展规划纲要（2010—2020 年)》《一期特教计划》《二期特教计划》等一系列文件的出台，特殊教育保障与支持体系日益完善，"全纳"特殊教育生态逐步形成。

第一，初步建立了"全纳"特殊教育管理制度与机制。管理制度与机制是全纳特殊教育改革发展的组织与制度保障。新中国成立以来，我国先后颁布了宪法、教育基本法与单行法、特殊教育行政法规和规范性文件、特殊教育地方性法规和规范性文件等一系列规章制度（见表 1-1），先后成立盲聋哑教育处、特殊教育处、中国残疾人联合会、特殊教育管理办公室等管理机构，形成多层次、"自上而下"的特殊教育制度与管理机制，为特殊教育发展战略的制定、执行与评价以及特殊教育改革发展实践提供了有力的制度与组织保障。

第二，"无障碍"教育环境基本形成。"无障碍"环境是特殊需要个体

---

① 参见教育部《2019 年全国教育事业发展统计公报》，中国残疾人联合会《2019 年中国残疾人事业发展统计公报》。

② J.Kratochvílová, J.Havel, "Application of Individualization and Differentiation in Czech Primary Schools: One of the Characteristic Features of Inclusion", *Procedia-Social and Behavioral Sciences*, 2013 (93).

学习、生活与成长的物质与精神环境，包括特殊教育场地、教学条件、基础设施与社会公共设施、校园文化等。新中国成立以来，我国先后颁布了《残疾人康复中心建设标准》《义务教育阶段盲校（聋校、培智学校）教学与医疗康复仪器设备配备标准》《特殊教育学校建设标准》《无障碍环境建设条例》《特殊教育补助资金管理办法》《普通学校特殊教育资源教室建设指南》和《残疾人参加普通高等学校招生全国统一考试管理规定》（2015 年，2017年）、《关于建立残疾儿童康复救助制度的意见》（2018 年）、《着力解决因残致贫家庭突出困难的实施方案》（2018 年）等一系列规章制度，对特殊教育的经费投入、办学条件与基础设施建设诸方面提出了明确的要求，为特殊教育的基础设施建设与办学条件改善提供了有力的制度与经费保障。目前，我国特殊教育经费投入持续增加（见表 2-1），特殊教育机构办学条件日趋完善，无障碍物理环境初步形成。

第三，初步形成"全纳"特殊教育教师教育体系。全纳教师教育意味着初任教师教育应该将新教师训练成全纳实践者与学科专家，使他们能提供有效教学服务[1]，其主要原则与优势在于社会凝聚力（Social Cohesion）、生活技能（Life Skills）、文化多样性（Multicultural Diversity）、面向所有人（School for All）等[2]；它不仅能丰富受教育者的"全纳"知识与技能，而且能培养他们的"全纳"态度与价值观[3]。新中国成立以来，我国十分重视特殊教育教师的培养与培训，先后颁布了《关于加强特殊教育教师队伍建设的意见》（2012 年）、《特殊教育教师专业标准（试行）》（2012 年）、《教师教育振兴行动计划（2018—2022 年)》等一系列规章制度，为特殊教育教师的专业发展与团队建设提供了有力的制度支持。调查显示，我国现有 60 所高校设立特殊教育学位项目，每年招收特殊教育专业本科、硕士、博士生 3300多名（见表 2-2），许多高校能将全纳教育理论与实践融入特殊教育专业学位方案之中，特殊教育教师的学历层次不断提高（见表 4-1），为特殊教育

---

① A.Watkins, V.Donnelly, "Core Values as the Basis for Teacher Education for Inclusion", *Global Education Review*, 2014（1）.

② I. Strnadová, R. Topinková, " Teacher Education for Inclusion Country Report（Czech Republic）", https://www.european-agency.org/agency-projects/Teacher-Education-for-Inclusion/country-info#country-reports, 2010-04-30.

③ World Health Organisation, *World Report on Disability*, Geneva: WHO Press, 2011, p. 222.

的改革与发展提供了人力保障。

第四，积极构建"全纳"特殊教育质量监测评价体系。70 多年来，我国十分注重特殊教育质量监测评价体系建设，除了《关于发展特殊教育的若干意见》《关于进一步加快特殊教育事业发展的意见》《一期特教计划》《二期特教计划》等对特殊教育质量评价监测做了全局性的规划与部署外，还颁布了《残疾人康复中心建设标准》（2006 年）、《残疾人中等职业学校设置标准（试行）》（2007 年）、《特殊教育学校建设标准》（2011 年）、《关于加强特殊教育教师队伍建设的意见》（2012 年）、《国家手语和盲文规范化行动计划（2015 — 2020 年)》、"盲校、聋校、培智学校义务教育课程标准"（2016 年）等一系列规章，明确了特殊教育学校与康复机构、特殊教育教师、特殊教育课程的质量标准，形成比较系统的特殊教育质量评价监测体系，为特殊教育改革与发展提供了质量保障。

第五，努力营造"全纳"社会支持体系。社会支持体系主要是指社区、社会团体、民间组织、家庭等非政府组织与个人提供的物质、精神支持，它是特殊教育改革发展的重要动力。新中国成立以来，我国政府十分重视特殊教育社会支持体系建设，党的十七大、十八大和十九大先后提出"关心特殊教育""支持特殊教育""办好特殊教育"，特殊教育政策不仅被纳入国家最顶层的政策话语体系中，而且颁布了一系列规章制度，明确了特殊教育发展战略组织实施的职责分工、舆论宣传等相关事宜，明确提出，"积极鼓励与大力支持社区、社会团体、民间组织、家庭与个人参与特殊教育事业的发展"，特殊教育的社会支持体系日趋完善，特殊教育、特殊儿童、特殊教育教师得到越来越多的社会认同。

2. 积极构建"全纳"特殊教育体系，提高特殊教育的普及水平

"全纳教育"（Inclusive Education）思想源于 20 世纪 90 年代。2014 年，我国《一期特教计划》正式将"全纳教育"纳入特殊教育发展战略体系。目前，我国正致力于构建"全纳"特殊教育体系。

第一，不断扩大特殊教育对象，特殊教育儿童少年入学率不断提高。新中国成立以来，我国特殊教育发展战略一直致力于不断扩大特殊教育办学规模、提高特殊儿童少年的入学率。《一期特教计划》明确提出"使每一个残疾孩子都能接受合适的教育"，《二期特教计划》提出，到 2020 年"残疾儿

童少年义务教育入学率达到95%以上",要把未入学的残疾孩子"一个一个找出来","一个一个以适宜的入学方式安置好","一个一个地落实条件保障",让他们都能够接受有质量的教育①,特殊教育对象实现从关注"三类残疾"到注重"多类残疾"再到全纳"所有残疾孩子"的质的飞跃。调查显示,1981年,我国仅有特殊教育学校302所,在校生3.35万人;1989年,特殊教育学校662所,在校生6.39万人,盲、聋学龄儿童入学率不足6%;2000年,已有特殊教育学校1531所,在校残疾生37.76万人,三类残疾儿童少年入学率达77%;2005年,特殊教育学校1593所,在校生36.44万人,三类残疾儿童少年入学率达80%;2019年,特殊教育学校2192所,在校生79.46万人,三类残疾儿童少年义务教育入学率已达90%以上(见表2-3)②。

　　第二,大力推进特殊教育的均衡发展。新中国成立以来,我国十分重视特殊教育的均衡发展,特殊教育发展战略十分关注义务与非义务特殊教育、城乡特殊教育的协调发展。根据发达、中等发达、农村与少数民族地区的实际设计"差异化"战略目标,不同地区、不同类型特殊教育可望实现"差异性"均衡发展。调查显示,2001—2019年,我国义务教育阶段特殊教育学校数量、在校生人数得到快速发展,而且学前、普通高中、职业与高等非义务特殊教育(见表2-4)和农村、少数民族特殊教育得到了较快发展(见表9-1、表10-1)③。目前,我国不断加大对农村、少数民族地区特殊教育的政策支持与倾斜力度,加强农村、民族地区特殊教育研究与实践督导,有效地促进了城乡特殊教育和不同民族地区特殊教育的均衡发展。

　　第三,积极构建终身特殊教育体系。新中国成立以来,我国十分重视特殊教育体系的"终身化",特别是自1995年《中华人民共和国教育法》(以下简称《教育法》)颁布以来,特殊教育发展战略的重心逐渐从"普及初等教育""普及九年义务教育"转移到"义务与非义务教育的协调发展"。统计显示,2019年,我国特殊教育学校有2192所、特殊儿童普通高中103所、

---

　　① 李天顺:《在〈第二期特殊教育提升计划(2017—2020年)〉部署会上的发言》,《中国特殊教育》2017年第8期。

　　② 参见教育部"1989—2019年全国教育事业发展统计公报"。

　　③ 参见教育部"2001—2019年全国教育事业发展统计公报"。

残疾人职业中学 145 所，共有在校生 79.46 万人；另有 18.1 万 0—6 岁残疾儿童得到基本康复服务，1.42 万残疾学生进入高校学习与深造，3.6 万残疾青壮年接受扫盲教育。目前，我国不仅九年义务教育阶段的特殊教育学校数量与规模不断扩大、特殊儿童入学率持续增长，而且学前、普通高中、中职和高校等非义务教育阶段特殊教育的机构数量与规模不断增长，初步实现了特殊教育进程的"终身化"（见表 2-4）。

3. 积极开展特殊教育课程与教学改革，不断提高特殊教育质量

"质量"是"全纳"特殊教育发展战略的终极目标追求。新中国成立 70多年以来，我国特殊教育发展战略十分重视特殊教育课程与教学改革，强调特殊教育的针对性与实效性。目前，我国不断丰富特殊教育安置方式，积极开展个性化教育实践，不断提高特殊教育服务的"全纳"品质。

第一，努力探索多样化的教育安置方式。新中国成立以来，我国特殊教育发展战略十分注重教育形式的多样化，先后提出特殊教育学校、特教班、随班就读、送教上门、资源教室等多种安置方式，提倡"医教结合""普职融通"和在教学过程中应用信息技术、差异化教学、个别化教学（"一人一案"）等多种教学方式，"全日制""半工半读"等学习方式，集体教学、小组教学、个别教学等多种教学组织形式，这在一定程度为特殊教育教学改革提供了制度支持与理念引领。目前，我国正致力于创新特殊教育办学模式、改善基础设施与提升教师素养等多种方式将多样化教育方式落到实处，从而增强特殊教育改革发展的实效。

第二，努力提供"个性化"特殊教育服务。"个性化"是指特殊教育应尊重特殊需要个体的独特个性与人格，为他们提供适宜的个性化教育项目，促进其个性化成长。70 多年来，我国特殊教育发展战略一直坚持"以人为本"，弘扬人道主义精神，十分重视特殊教育改革发展的"特殊性"、特殊教育对象的个体差异性，不仅颁布了《特殊教育学校建设标准》、"盲校、聋校、培智学校义务教育课程标准"、《关于加强特殊教育教师队伍建设的意见》、《普通学校特殊教育资源教室建设指南》、《无障碍环境建设条例》等专项文件，体现了人文关怀、人道主义思想；而且十分重视教育形式的多样性，提倡教学组织形式、教学方法与安置方式的多样化，明确提出，"根据残疾学生的身心特点和特殊需求，加强个别化教育，推进差异化教学和个

别化教学，增强教育的针对性与有效性"，为"个性化"特殊教育实践提供了有力的理论指引。

第三，不断提升特殊教育服务品质。高质量是特殊教育改革发展的生命线与终极目标追求，全纳教育追求优质教育，注重每一个学生的积极参与，最大可能地发展他们的才能[①]；注重所有儿童融入正规学校，学校的工作人员与社区合作，创造条件，尽可能地促进他们的全面发展与高质量生活[②]。新中国成立以来，我国相继出台一系列特殊教育规章，先后发布了"特校标准""特师标准""特校课程标准"等特殊教育好的质量标准，提出"关心""支持""办好"特殊教育的战略构想和"加快""大力""全面"发展特殊教育的战略决策，特殊教育发展战略实现了从"重数量"向"重质量"的转变。目前，我国特殊教育标准化建设取得良好效果，特教教师的数量与整体素质有了较大的提高，特殊需要个体接受各级各类教育的整体水平得到了较大幅度的提升。

总之，经过 70 多年的不断探索、40 多年的改革开放，我国已形成了比较完善的特殊教育发展战略体系，特殊教育改革发展实现了从"重数量"到"重质量"、从"隔离"向"融合""全纳"的新跨越。

---

① 黄志成：《教育公平——全纳教育的基本理念探析》，《比较教育研究》2010 年第 9 期。

② J.Kratochvílová, J.Havel, "Application of Individualization and Differentiation in Czech Primary Schools: One of the Characteristic Features of Inclusion", *Procedia-Social and Behavioral Sciences*, 2013 (93).

第三章　我国特殊教育课程发展战略

　　特殊教育课程发展战略就是决策者基于一定的理论与实践成果，对特殊教育课程改革发展的目标、任务、措施及组织实施的顶层谋划与构想。新中国成立以来，我国十分重视特殊教育课程体系建设，不仅颁发了一系列特殊教育决策方案，对特殊教育改革发展作出总的战略部署，而且发布了特校课程建设专项文件，构建了比较成熟的三类特校课程标准。我国特殊教育学校课程先后经历了五次改革：20世纪50年代中期，教育部颁布了盲校等特教学校教学计划的指导性意见，主要目的是要建立与新中国相适应的特殊教育学校课程体系；20世纪80年代中期，国家教委先后出台了"全日制八年制聋校""全日制盲校小学"和"全日制弱智学校（班）"教学计划，重建三类学校课程体系；20世纪90年代中期，国家教委遵循教育"三个面向"的战略思想，正式颁布"全日制盲校、聋校、弱智学校（班）课程计划"和《特殊教育学校暂行规程》（1998年），把特殊教育纳入九年义务教育阶段，并统一编制和使用义务教育阶段的教材；21世纪初，为进一步加强基础教育课程改革和特殊教育事业发展，2007年教育部出台了"盲校、聋校、培智学校义务教育课程设置实验方案"，要求这三类特校要依据新的实验方案，研制课程标准，编写新的教材；2014年，教育部把组织和研究制定特殊教育学校课程标准体系作为特教事业发展重中之重的任务①。

　　目前，我国特殊教育课程改革研究主要集中于课程理念与方案研究、课

---

　　① 金梅、沈剑辉、胡滨：《我国特殊教育学校体育与健康课程标准的研制》，《课程·教材·教法》2017年第6期。

程设置与开发研究①，较少对特殊教育课程发展战略做系统研究。

本章尝试对我国特殊教育课程建设顶层设计的发展历程、特点以及未来抉择做些探讨，以期对未来特殊教育课程改革发展的顶层设计、改革实践提供一些借鉴②。

一、我国特殊教育课程发展战略的历程

我国特殊教育课程发展战略经历了萌芽期（1949—1987 年）、独立形态期（1988—2000 年）、实验探索期（2001—2013 年）和成熟期（2014 年至今）四个阶段。

（一）萌芽期（1949—1987 年）

此阶段着眼于三类特校教学计划的顶层设计，特殊教育课程方案主要蕴含在特校教学计划之中，特校逐步形成"普通小学教育+职业技术教育"课程体系。

改革开放以前，我国主要致力于特殊教育学校的恢复与重建，十分重视盲校、聋哑学校教学计划的设计，形成了比较完整的盲、聋（哑）学校课程体系。《关于办好盲童学校、聋哑学校的几点指示》（1957 年）明确了盲校、聋哑学校的办学目标和任务，规定盲童、聋哑学生在修完普通小学课程后，还应继续进行职业劳动训练，逐步建立盲校、聋哑学校职业劳动训练的完整体系；《全日制六年制盲童学校教学计划（草稿）》《全日制十年制聋哑学校教学计划（草稿)》（1962 年）则充分总结了过去的实践经验，明确了盲校、聋哑学校的教学目的、课程设置和课时安排，初步形成了"普通小学教育+职业劳动训练"的课程体系；等等。

改革开放以后，我国进一步完善了盲校、聋哑学校教学计划并制订弱智

---

① 王庭照、张群超、韩玉亭等：《我国特殊教育课程改革研究热点与趋势分析》，《教师教育学报》2015 年第 4 期。

② 李尚卫：《我国特殊教育课程发展战略：回顾与展望》，《现代特殊教育》2019 年第 12 期。

学校教学计划，三类特校构建了"普通小学教育＋职业技术教育"课程体系。《全日制六年制聋哑学校教学计划（征求意见稿）》《全日制八年制聋哑学校教学计划（征求意见稿）》（1984年）明确了六（八）年制聋哑学校的培养目标、学制、课程设置等，增设了"思想品德课"，分化了"语文课"，将"自然课""职业劳动课"分别改为"常识课""职业技术课"；《全日制盲校小学教学计划（初稿）》（1987年）确定了盲童学校的培养目标、学制、入学年龄以及课程设置；1987年《全日制弱智学校（班）教学计划（征求意见稿）》明确了全日制弱智学校（班）的培养目标、学制、招生、教学组织形式、课程设置等。

（二）形成时期（1988—2000年）

此阶段逐步推行九年义务教育制度、"随班就读"，积极关注中师、高校和职业教育机构特殊教育课程建设，颁布了三类特校课程计划，初步形成了"特校＋职中＋高校"一体化的特教课程体系。

首先，颁布了特校课程计划，三类特校构建了比较完整的九年义务教育课程体系。《关于发展特殊教育的若干意见》（1989年）第一次系统阐释了我国特殊教育方针政策、目标任务，明确了特殊教育课程改革发展的方向；《全日制盲校课程计划（试行）》《全日制聋校课程计划（试行）》明确了全日制盲校、聋校培养目标、课程设置及相关要求、考试考查、实施要求等，提出盲校、聋校在进行科学文化知识教育的同时，应加强职业技术教育，对原盲校、聋校教学计划作了较大改动，应选择几所盲校、聋校就地方课程的设置、乡土教材的编写、新增课程所需师资的调配与培训、聋校学制从八年到九年过渡等问题进行研究和实验；《中度智力残疾学生教育训练纲要》（1994年）明确了中度智力残疾学生教育训练的目的与任务、对象与学制、内容与方式、教师与家长责任、学业评估等问题；"全日制盲校、聋校、弱智学校（班）课程计划"将九年制盲校、聋校与弱智学校课程计划分为小学和初中两个部分（试行）方案，调整部分课程名称，将劳动技能训练贯穿整个学程，标志着独立的三类特校课程体系的形成；《残疾人教育条例》（1994年）不仅阐释了特校的课程计划、教学大纲和教材建设问题，而且明确了随班就读学生的义务教育课程计划、教学大纲和教材适用问题；《特殊教育学校暂行规程》（1998 年）明确了特校课程实施、评价等相关问题；等等。

其次，积极发展残疾人中等职业教育，逐步建立残疾人职业教育课程体系。《残疾人保障法》（1990 年）提出要着重抓好残疾人职业技术教育，对残疾人实施高级中等以上文化教育、职业技术教育与培训；《残疾人教育条例》（1994 年）提出，"重点发展初等和中等职业教育"，"适当发展高等职业教育"，"开展以实用技术为主的中期、短期培训"，残疾人职业教育学校和培训机构应当根据社会需要和残疾人的身心特性合理设置专业；《残疾人职业教育与培训"九五"实施方案》（1996 年）明确了残疾人职业教育与培训的任务、主要措施与检查督导，要求残疾人职业教育机构应开全课程、开足课时，在传授知识的同时注重实用技术训练；等等。

最后，重视中等师范学校、高校特殊教育专业建设和残疾人高等教育，关注中师、高校特殊教育课程建设。《中等特殊教育师范学校教学计划（试行）》《高等师范院校特殊教育专业教学计划（草案）》（1989 年）比较系统地阐释了中师、高师特殊教育专业的培养目标、时间安排、课程设置、教育实践、课外活动等；《关于发展特殊教育的若干意见》要求普通中等师范学校、幼儿师范学校可根据当地需要适当增加特殊教育内容，高等师范院校应有计划地增设特殊教育选修课程；《残疾人教育条例》提出，有计划地举办各级各类特殊教育师范院校、专业或特教师资班（部），普通师范院校应有计划地设置残疾人特殊教育必修课程或者选修课程；等等。

（三）实验探索阶段（2001—2013 年）

此阶段颁布了三类特校义务教育课程实验方案，进一步完善了残疾人职业教育和高校特殊教育课程体系。

首先，积极探索特校义务教育课程实验方案，不断完善三类特校课程体系。21 世纪以后，我国不断完善九年义务教育制度。2006 年，国务院设立残疾人工作委员会，全面推行免费义务教育，三类特校义务教育课程实验方案应运而生。《关于"十五"期间进一步推进特殊教育改革和发展的意见》（2001 年）明确提出，"十五"期间应"积极改革特殊教育学校课程与教学""调整课程结构",注重课程的"综合性""功能性""实践性"等特点;2007年,"盲校、聋校、培智学校义务教育课程设置实验方案"明确了三类特校义务教育课程目标、原则、结构、内容及实施要求,要求课程设置应力求教育与医疗、康复、训练、心理辅导等相结合,"综合课程与分科课程相结合","以国家课程为主","以地方、学校课程为辅","注重职业技术教育",实现了三类特校课程"计划"向"实验方案"的转变。

其次,切实加强残疾人中等职业学校建设,不断完善残疾人职业教育课程体系。《残疾人职业教育与培训"十五"实施方案》(2001年)提出,积极发展残疾人中、高等职业教育,选择、编写特殊中等职业教育通用教材和符合残疾人特点的专业教材,及时调整高等院校、系(班)特殊教育专业及课程内容;《残疾人中等职业学校设置标准(试行)》(2007年)明确了残疾人中等职业学校的办学原则、管理、基本建设、师资配备、专业与课程设置、经费投入等内容,要求其课程设置应"符合残疾人身心特点""适应就业市场需求";等等。

最后,强化高校特殊教育专业建设和残疾人高等教育,优化高等特殊教育课程体系。21世纪以后,我国高等教育从"精英化"走向"大众化",师范教育从"三级"向"二级"转变,中等特殊教育逐步退出历史舞台,高校特殊教育专业、残疾人高等教育得到进一步发展,高等特殊教育课程建设得到了更多的关注。《关于"十五"期间进一步推进特殊教育改革和发展的意见》提出,"普通师范学院(校)和幼儿师范学校(专业)要有计划地开设特殊教育课程或讲座",在学生中普及特殊教育知识;《残疾人保障法》(2008年)明确提出,有计划地举办各级各类特殊教育师范院校及专业,在普通师范院校附设特殊教育班,普通师范院校开设特殊教育课程或者讲授有关内容,医学院校及其他有关院校应当有计划地开设康复课程、设置相关专业;《关于进一步加快特殊教育事业发展的意见》(2009年)明确要求,"加强特殊教育师范院校专业建设","加大特殊教育或相关专业研究生培养力度",鼓励和扶持各级师范院校与综合性院校举办特殊教育专业或开设特殊教育课程,不断更新高等特殊教育院校教学内容,合理调整专业结构;等等。

（四）成熟阶段（2014 年至今）

此阶段全面推行"全纳教育"，确立了三类特校义务教育阶段课程标准，不断优化残疾人职业教育、高校特殊教育课程体系，积极关注学前特殊教育课程体系建设，不断推进特殊教育课程体系的"终身化"。

第一，研发三类特校课程标准，建立了更加完善的特校课程体系。《一期特教计划》明确提出，全面推进全纳教育，深化特殊教育课程教学改革，制订三类特校课程标准，新编和改编三类特校义务教育课程教材，增加必要的职业教育内容；"盲校、聋校、培智学校义务教育课程标准"（2016 年）系统阐明了三类特校各门课程的性质、基本理念和设计思路，明确提出各门课程的总目标和学段目标、学习内容以及在教学、评价、教材编写、课程资源开发利用等方面的建议，具有很强的针对性和可操作性；《二期特教计划》提出，加强特校教材和教学资源建设，大力推进特教课程教学改革，研制多重残疾、孤独症等学生的课程指南；等等。

第二，大力发展以职业教育为主的残疾人高中教育，形成更加完善的残疾人职业教育课程体系。《残疾人职业技能提升计划（2016—2020 年）》提出，"拓宽残疾人职业技能培训项目"，"丰富培训课程内容"；《关于加快发展残疾人职业教育的若干意见》（2018 年）要求，加大对残疾人职业教育课程、教材建设的指导监督力度，加强残疾人职业教育教材和教学资源建设，组织开发适合残疾人的职业教育教材，鼓励职业院校开发适合残疾人职业教育的校本教材；《二期特教计划》提出，加快发展以职业教育为主的残疾人高中阶段教育，加强残疾人职业教育课程资源建设，各省（自治区、直辖市）集中力量至少办好一所盲人高中（部）、聋人高中（部）和残疾人中等职业学校，使完成义务教育且有意愿的残疾学生都能接受适宜的中等职业教育；等等。

第三，加快高校特殊教育专业建设和残疾人高等教育发展，不断完善高等特殊教育课程体系。《一期特教计划》明确提出，鼓励各省（自治区、直辖市）择优选择师范类院校和其他高校增设特殊教育专业，在师范类专业中开设特殊教育课程；《国家手语和盲文规范化行动计划（2015—2020 年）》提出，加强高等院校现有手语相关专业学科建设，有条件院校的相关学科开展手语和盲文研究方向的研究生培养；《二期特教计划》提出，"加大特殊教育专业硕士、博士研究生培养力度"，普通师范院校和综合性院校的师范专业普遍开设特教课程；等等。

第四，积极发展特殊儿童学前教育，逐步关注学前特殊教育课程体系建设。《残疾人教育条例》（2017 年）提出，积极开展学前教育，残疾幼儿的教育应当与保育、康复结合实施，应当就残疾幼儿的早期发现、早期康复和早期教育为残疾幼儿家庭提供咨询、指导；《二期特教计划》提出，加强学前教育课程资源建设，鼓励有条件的高等学校加强学前特教师资培养；等等。

总之，经过 70 多年的不断探索与创新，我国特殊教育课程发展战略体系日臻成熟，特殊教育课程体系日趋完善。

二、我国特殊教育课程发展战略的特点

综观特殊教育课程体系建设历程，我国特殊教育课程发展战略在文本设计、课程目标、课程内容、课程实施与评价诸方面日趋成熟，中国特色日益彰显。

（一）从"规划"走向"规范"

我国不断完善特殊教育课程发展战略文本，实现了从"规划"到"规范"的飞跃。

首先，注重特殊教育课程体系建设的全局规划、理性构思。一方面，《残疾人保障法》《残疾人教育条例》等阐释了特殊教育学校、职业教育学校、特殊教育师范院校与普通师范院校课程设置问题；另一方面，《一期特教计划》《二期特教计划》等对学前、特校、普通高中、职业院校和高校特殊教育课程建设提出了明确的要求；等等。

其次，建立三类特校课程建设的行业规范、标准。文献分析表明，我国特校课程建设方案经历了"教学计划""课程计划""课程实验方案""课程标准"等文本形态，实现了从"寄生"到"独立"、从"规划"到"规范"的飞跃。可以说，三类特教学校课程标准的研制是迄今为止全国范围内最全面、最广泛的一次基础性工作，是对我国特殊教育事业发展的一次全面提升，为我国特殊教育发展起到了引领作用，也为今后我国特殊教育发展提出了顶层设计目标①。

（二）从"缺陷补偿"到"个性培育"与"全面发展"相结合

我国特殊教育课程发展战略不断优化特殊教育课程目标，特殊教育课程目标实现了从"缺陷补偿"到"全面发展"再到"个性培育"与"全面发展"相结合。

2000年以前，我国特殊教育课程建设十分关注缺陷补偿，注重特殊需要个体的"全面发展"。改革开放以前，我国主要关注盲聋哑儿童"德智体"全面发展。比如，《全日制六年制盲童学校教学计划（草稿）》《全日制十年制聋哑学校教学计划（草稿）》提出，盲校、聋哑学校的办学任务是使盲童、聋哑儿童在德育、智育、体育几方面都得到发展，成为有社会主义觉悟、有文化的劳动者。改革开放以后，我国则逐步扩大了特殊教育对象，注重各类特殊需要学生"德智体美劳"全面发展。比如，"全日制盲校、聋校、弱智学校（班）课程计划"强调，特校应"有效地补偿盲童、聋哑儿童以及弱智儿童智力和适应行为的缺陷"，培养有理想、有道德、有文化、有纪律的社会主义公民和适应社会生活、能够自食其力的劳动者；等等。

2000年以后，我国特殊教育课程建设不仅关注"全面发展"，而且更加注重"个性化成长"。《关于"十五"期间进一步推进特殊教育改革和发展的意见》指出，从残疾学生的实际出发，有针对性地加强德育、体育和美育工作；"盲校、聋校、培智学校义务教育课程设置实验方案"要求三类特校应培养特殊儿童具有"健壮的体魄""良好的心理素质"以及"社会适应能力""就业能力"，培养他们自尊、自信、自强、自立的精神，使他们成为有理想、有道德、有文化、有纪律的一代新人；《一期特教计划》倡导，"使每一个残疾孩子都能接受合适的教育"，"加强个别化教育"，"增强特殊

---

① 金梅、沈剑辉、胡滨：《我国特殊教育学校体育与健康课程标准的研制》，《课程·教材·教法》2017年第6期。

教育的针对性与有效性"；"盲校、聋校、培智学校义务教育课程标准"（2016年）根据特校学生特点，提出不同课程目标，突出"学科特点""学生个体差异性"；《二期特教计划》要求"尊重差异""多元发展"，推进"差异教学""个别化教学"，促进残疾学生的个性化发展；等等。

（三）注重"普职融通""分科+综合""国家+地方+学校"的课程结构

我国特殊教育发展战略不断优化特殊教育课程结构，注重"普职融通"，强调"分科+综合""国家+地方+学校"的课程结构特点。

首先，注重普通教育与职业技术教育相结合。20世纪90年代以前，我国职业技术教育主要是在特殊教育学校高年级实施的，其中，20世纪50、60年代，盲校、聋哑学校在高年级实施职业劳动训练；80年代，盲童小学、聋哑学校将职业技术纳入课程体系，弱智学校不仅将劳动技能纳入课程体系，而且提出中高年级要因地制宜地开展初步的职业技能教育。20世纪90年代以后，我国先后颁布"全日制盲校、聋校、弱智学校（班）课程计划""盲校、聋校、培智学校义务教育课程设置实验方案""盲校、聋校、培智学校义务教育课程标准"，特殊教育课程体系从特校教学计划中独立出来，不仅特校实施"基础文化教育+职业技术教育"课程，而且逐步建立了残疾人初等、中等、高等职业教育体系，在特殊需要学生普通高中教育与高等教育之中融入职业技术教育。

其次，"分科课程+活动课程"走向"分科课程+综合课程"。2000年以前，我国特殊儿童义务教育注重"分科教学"，三类特校注重"学科课程"与"活动课程"的有机结合，其间，20世纪90年代以前，班队会、主体活动、兴趣活动等"活动（课程）"是在课外实施的，没有纳入课程体系；20世纪90年代，则将"活动课程"纳入特校课程体系。21世纪以来，我国进一步优化特校课程理念与结构体系，提出特殊儿童九年义务教育低、中年级主要实施"综合课程"，高年级实施"综合课程"与"分科课程"相结合。

最后，逐步建立"国家+地方+学校"三级特殊教育课程体系。20世纪90年代以前，主要致力于三类特校的恢复与重建，课程建设以"国家课程"

为主；20 世纪 90 年代，把"地方安排课程"纳入特校课程体系。21 世纪以来，我国基础教育开始实施"三级课程"，不仅积极发挥国家在特殊教育课程建设中的主导作用，而且十分注重强调地方与学校的主体性，特校课程建设以"国家课程"为主，以"地方""学校"课程为辅，并将"学校课程"纳入课程体系，实现了国家、地方与学校三级课程的有机结合。

（四）实施"向两端延伸"，强调"统一性+灵活性"和"发展性评价"

我国特殊教育发展战略注重特殊教育课程实施"向两端延伸"，强调"统一性+灵活性"和"发展性评价"。

首先，注重"向两端延伸"。20 世纪 90 年代以前，我国主要致力于特殊教育学校的恢复与重建，先后颁布了三类特校教学计划，侧重于特校课程体系建设；20 世纪 90 年代以后，我国在致力于普及九年义务教育的同时，重点发展残疾人中等职业教育，逐步形成比较系统的残疾人职业教育课程体系，高等特殊教育课程体系也日益受到关注。《一期特教计划》颁布以后，我国全面推进"全纳教育"，不仅进一步完善了特殊儿童少年义务教育与残疾人职业教育课程，而且，日益重视特殊儿童学前教育、残疾人高等教育的发展与高校特殊教育专业建设，高等特殊教育课程体系日益完善，学前特殊教育课程建设受到关注。

其次，注重"统一性+灵活性"。我国特殊教育课程实施遵循"普遍性与特殊性""共性与个性"相结合的原则，既坚持统一标准，又因地制宜。比如，《全日制六年制盲童学校教学计划（草稿）》《全日制十年制聋哑学校教学计划（草稿）》（1962 年）要求各地盲校、聋哑学校课程与教学应"因地制宜、灵活变动"；《全日制六年制聋哑学校教学计划（征求意见稿）》《全日制八年制聋哑学校教学计划（征求意见稿）》（1984 年）和《全日制盲校小学教学计划（初稿）》（1987 年）、《全日制弱智学校（班）教学计划（征求意见稿）》（1987 年）强调各省（自治区、直辖市）在试行教学计划中可根据当地实际情况进行调整；"全日制盲校、聋校、弱智学校（班）课程计划"明确提出，各省（自治区、直辖市）可以结合当地实际情况拟订本地三类特校课程（教学）计划调整方案；"盲校、聋校、培智学校义务教育课程设置实验方案"提出，坚持"统一性与选择性相结合"的原则，既要"坚持面向全体学生"，提出统一的发展要求，又要根据各地区、各校的实际需要和学生的个体差异，提供选择空间；"盲校、聋校、培智学校义务教育课程标准"（2016 年）要求课程实施时，在统筹安排的基础上，充分考虑"学校实际"，尊重"学生个体差异"。

最后，促进"发展性评价"。它是以促进课程主体的发展为旨归。《全日制盲校课程计划（试行）》《全日制聋校课程计划（试行）》要求采用"闭卷""开卷""口试""操作"等多种考试、考查方式，促进学生素质的全面提高和特长的发展；"盲校、聋校、培智学校义务教育课程设置实验方案"强调，应根据"目标多元""方式多样""注重过程"的评价原则，通过考试促进每个学生的进步，帮助学生"认识自我""树立自信"，促进学生整体素质的提高和特长的发展；"盲校、聋校、培智学校义务教育课程标准"（2016 年）要求各门课程评价应以课程目标和课程内容为基本依据，充分体现本课程的基本理念和基本特征，尊重每一个学生在知识与技能、过程与方法、情感态度与价值观方面发展的个体差异与独特性，激励每个学生的发展，促进每个学生的品德发展与生活能力提升。

总之，我国特殊教育课程发展战略强调特校课程应彰显"医教结合"特色，教材内容应具备"整合性""实用性"，注重"育人为本""缺陷补偿""潜能开发""社会融入"，强调让学生形成"积极乐观的人生态度"，采用多元化评估方式[①]。

三、我国特殊教育课程发展战略的对策建议

基于特殊教育课程建设的历程与现实，我国特殊教育课程发展战略的文本结构仍不完善，服务对象与时段有限，"普特"融通不足，未来需加强统筹规划、扩大惠及面、向两端延伸、增强地方特色与促进协同创新，致力于

---

① 李欢、汪甜甜、彭燕：《中国大陆与台湾地区特殊教育课程标准的比较研究》，《教师教育学报》2017 年第 3 期。

建立"全纳""终身"特殊教育课程体系。

（一）优化顶层规划，增强"全局性"

完善的法律体系、战略构想是特殊教育课程改革发展的前提与保障。目前，我国特殊教育课程发展战略体系结构仍不完整，对各级各类特教课程改革的总体目标、主要任务、主要措施与组织实施缺乏统筹规划，未来需进一步完善特殊教育法律体系，强化对各级各类特殊教育课程改革发展的统筹规划与监督指导。

首先，加快特殊教育立法进程，增强特殊教育课程建设方案的法律效力。目前，我国颁布了宪法、教育法、义务教育法、职业教育法、高等教育法、残疾人保障法、残疾人教育条例等一系列法规，但是，仍没颁布特殊教育法，特殊教育立法层次较低。为了进一步提高特殊教育课程决策的威信、人们遵守特殊教育课程标准的自觉性以及执行力，我国需尽快出台特殊教育法，颁布特殊教育课程实施方案，把特殊教育课程发展战略上升到国家法律层面，从而形成体系完善的特殊教育课程发展战略体系，确保特殊教育课程发展战略的有效实施。

其次，加强统筹规划，加快特殊教育课程改革发展配套方案建设。有研究认为，我国特殊教育课程标准主要指向三类特校，关注对象十分有限，急需建立相应的评估系统，以随堂听课、座谈等多种方式来搜集知识内容和能力标准的适切性资料等，从残疾儿童能力发展的水平、特教教师和残疾学生家长的满意度、知识点的难易度和侧重点等方面设定评估指标，并通过长期的跟踪调查，为课程标准的进一步修订完善做准备[1]。目前，我国颁布的特殊教育决策方案没有系统阐释各级各类特教课程体系建设，特殊教育课程计划、实验方案与标准主要针对三类特校课程建设，大部分省（自治区、直辖市）仍没颁布特殊教育课程建设实施方案。因此，我国不仅需要尽快颁布针对性、可操作性强的特殊教育课程建设实施意见与方案，加快视力、听力与智力障碍以外的特殊需要学生教育课程标准的研制，加强对各级各类特殊教育课程改革发展的统筹规划与理论指引，而且急需建立更加完善的特殊教育

---

[1]　黄伟：《特殊教育学校课程标准制订研究》，《中国特殊教育》2017 年第 4 期。

课程评价体系，加强对特殊教育课程改革发展实践的监督指导。

（二）更新观念，增强"全纳性"

1994 年世界特殊需要教育会议《萨拉曼卡声明》首次提出了"全纳教育"的基本原则，我国《一期特教计划》明确提出全面推行"全纳教育"。目前，我国特殊教育课程发展战略惠及对象十分有限，未来需更新观念，不断扩大特殊教育课程体系的普惠性，建立"全纳"特殊教育课程体系。

首先，更新观念，增强特殊教育课程体系的时代性。20 世纪中期，国际先后出现"终身教育""全民教育""全纳教育"思想。21 世纪以后，"教育公平""教育质量""个性发展""大数据"等国际教育理念融入我国教育规划之中，成为各级各类教育规划文本的"高频用词"并被广泛认可和接受[1]。当前国际上的先进特殊教育课程设置取向从"缺陷""差异"转向了"适应""发展"，学校普通课程教学能主动适应特殊学生的发展需求，充分体现了当前其特殊教育融合改革的人本理念[2]。因此，我国特殊教育课程发展战略应自觉融入国际教育新理念，彰显顶层设计的时代性、前瞻性。

其次，加快研制三类特殊需要学生以外的特殊教育课程标准，不断扩大特殊教育课程的惠及对象，建立"全纳"特殊教育课程体系。有研究认为，特校课程发展经历了"隔离式教育""一体化教育""全纳教育"三个阶段，实现了从"注重今生职业教育与感官认知能力训练"到"关注儿童特殊需要的满足"的转变[3]；"全纳教育"的核心是"接纳""归属感""社区感""发展""公平"，倡导通过教育"让每一位残障人士生活得同样精彩"，是对融合教育的突破和超越[4]；"全纳"学校课程是面向所有学生的共同课程，以满足不同学习能力与需要为目的的具有弹性的课程，反对只关注极少数优

---

① 汤贞敏：《我国教育规划的基本特性及"十三五"教育规划的制订》，《中国教育学刊》2016 年第 3 期。

② 黄建辉：《公平与卓越的追求：美国特殊教育发展与变革研究》，福建师范大学博士学位论文，2015 年。

③ 陈蓓琴、谈秀菁、丁勇：《特殊教育理念的嬗变与课程的发展——关于特殊教育学校课程发展的比较研究》，《中国特殊教育》2009 年第 11 期。

④ 董奇、方俊明、国卉男：《从融合到全纳：面向 2030 的融合教育新视野》，《中国教育学刊》2017 年第 10 期。

秀学生发展的"精英主义"教育模式和"一刀切"①。目前,我国特教课程建设方案主要关注三类特校课程建设和服务于视力障碍、听力障碍与智力障碍学生,较少关注多重障碍、孤独症教育课程建设,没有涉及学习障碍、天才儿童等其他特殊需要学生的教学计划或课程标准,特殊教育课程体系服务对象有限,"全纳能力"不足。因此,我国需进一步扩大特殊教育课程的惠及对象,增强特殊教育课程体系的"全纳性"。

(三) 加快非义务教育课程体系建设,强化"终身性"

"终身教育"意味着将个体、社会和专业发展贯穿于人生的全过程,以期促进个体的充分发展和提高个体与社会的整体生活质量②。我国《教育法》正式提出建立终身教育体系。当前,我国特殊教育课程发展战略关注学段有限,不仅需完善义务特殊教育课程体系,而且需强化学前、职业与高等特殊教育课程体系,提升特殊教育课程体系的"终身性"。

首先,进一步优化义务特殊教育课程体系。众所周知,我国 1986 年颁布的《义务教育法》提出实施九年义务教育制度,2006 年全面推行九年免费义务教育制度;《一期特教计划》提出,"积极推进高中阶段残疾学生免费教育"。据考查,我国台湾地区《特殊教育新课纲》的内容包括《基础教育阶段特殊教育课程纲要总纲》《高中教育阶段特殊教育课程纲要总纲》《高职教育阶段特殊教育课程纲要总纲》三个阶段的课纲以及一系列配套措施,包含九年一贯制课程、高中课程、职业教育课程以及特殊需求领域的课程。我国仍需规范特殊教育对象分类,加强"个别化教育理念"和提升特殊教育课程的"人性化""生活化""实用化"③。目前,我国不仅应不断完善特殊儿童少年初等教育、初等职业教育课程体系,进一步丰富九年义务教育阶段特殊教育课程的内涵与资源,而且应加快高中阶段特殊教育课程体系的研制。

其次,加快非义务特殊教育课程建设力度。非义务特殊教育课程是特殊

---

① 邓猛:《关于全纳学校课程调整的思考》,《中国特殊教育》2004 年第 3 期。

② P.Lengrand, *An Introduction to Lifelong Education*, London: Croom Helm Ltd, 1975, p. 21.

③ 李欢、汪甜甜、彭燕:《中国大陆与台湾地区特殊教育课程标准的比较研究》,《教师教育学报》2017 年第 3 期。

教育课程建设的有机组成，目前主要指称学前、高等特殊教育课程。我国尽管先后颁布了《关于制订中等职业学校专业教学标准的意见》（2012 年）、《现代职业教育体系建设规划（2014—2020 年)》、《关于加快发展残疾人职业教育的若干意见》（2018 年）、《关于加强特殊教育教师队伍建设的意见》（2012 年）、《特殊教育教师专业标准（试行）》（2015 年）、《关于实施卓越教师培养计划 2.0 的意见》（2018 年）等相关文件，但是，我国特校职业教育课程设置中课程目标针对性不强，课时设置缺乏客观依据，课序尚需规范，课程实现方式有待优化①；高校特殊教育专业课程体系缺乏开放性，课程结构与内容欠合理②。相比之下，我国学前特殊教育、残疾人高等教育课程体系建设更加缓慢，不仅《幼儿教育指导纲要（试行）》（2001 年）、《3—6 岁儿童学习与发展指南》（2012 年）、《中华人民共和国高等教育法》（1998 年，以下简称《高等教育法》）、《关于深化教师教育改革的意见》（2012 年）、《教师教育振兴行动计划（2018—2022 年)》等相关文件没有论及幼儿特殊教育、残疾人高等教育课程建设，而且《一期特教计划》《二期特教计划》等特殊教育决策方案以及学者也较少关注学前特殊教育课程与残疾人高等教育课程建设。因此，我国需进一步优化残疾人职业教育、高校特殊教育专业课程体系建设，加快学前特殊教育、残疾人高等教育课程建设与课程标准研制步伐，逐步建立"终身化"特殊教育课程体系。

（四）加强部门沟通协作，促进"普特"深度融合

特殊教育课程体系建设是一个系统工程，需要各级政府、部门以及部门内部各处室之间的通力协作。目前，我国特殊教育课程体系建设存在"部门沟通协作不足""普特课程融合不足"等局限，未来仍需强化各级政府与部门之间的沟通与协作，促进特教与普教课程体系的深度融合。

首先，加强各级政府、部门之间的沟通与协作，营造良好的特殊教育课程建设生态。有研究认为，在特殊教育发展规划制订过程中，行政管理者、

---

① 郭文斌、何溪：《特殊教育学校职业教育课程设置现状及对策研究》，《现代特殊教育》2018 年第 13 期。

② 李尚卫：《我国高校特殊教育专业人才培养方案调查研究》，《海南师范大学学报（社会科学版)》2018 年第 3 期。

理论研究者、办学实践者要协同合作，建立起特殊教育发展规划的认同机制①。新中国成立以来，我国十分重视特殊教育协作机制建设，《一期特教计划》明确提出，建立财政为主、社会支持、全面覆盖、通畅便利的特殊教育服务保障机制，基本形成政府主导、部门协同、各方参与的特殊教育工作格局。但是，各级政府、部门之间在特殊教育决策方面沟通、协作不够，"合力"不足。因此，我国各级政府、部门之间需加强信息沟通与协作，建立"自上而下"与"自下而上"相结合的特殊教育管理机制，形成"分工明确""协同创新"的特殊教育课程管理体系，营造良好的特殊教育课程建设生态。

其次，加强教育部门内部各处室之间的协作，促进特教与普教课程体系的有机融合。有研究表明，我国随班就读课程评价还处于探索阶段，随班就读课程目标应符合特殊学生的学习特点、体现学习结果的层次性，课程内容应体现生活化与分层原则，教学策略应体现灵活性与个别化，课程评价方式应凸显多样化与个别化②；应建立特殊教育学校与普通学校定期交流制度，确保每名学生每月至少参加半天普通学校活动，促进融合教育③。目前，我国十分重视特殊教育管理制度建设，教育部门各处室之间分工明晰，但是，缺乏必要的协作，常常导致特殊教育与普通教育课程建设顶层设计相互孤立甚至互不相干。因此，应加强对各级各类教育课程建设的统筹规划，加强教育部门各处室之间的协同创新，促进特教与普教课程体系相互融通。

（五）优化三级课程管理体系，彰显"本土"特色

我国不断完善特殊教育课程管理机制，逐步建立了国家、地方和学校三级特殊教育课程体系，但是，对地方课程、校本课程关注不够，"本土"特色不突出，未来需加强对地方、学校课程研发的力度，不断提升特教课程的

---

① 康翠萍：《"治策"、"知策"、"行策"：教育发展规划决策模式及其选择》，《教育研究》2015 年第 9 期。

② 黄钟河、朱楠：《浅谈随班就读课程改革》，《绥化学院学报》2016 年第 1 期。

③ 冯滨鲁、毕廷延、王波：《构建区域特殊教育新生态》，*Proceedings of* 2016 *International Conference on Education, Management and Applied Social Science (EMASS)*, 2016。

"本土"特色。

首先，加大对地方课程、校本课程研发的支持力度。2001 年，我国《基础教育课程改革纲要（试行）》提出全面推行国家、地方和学校三级课程管理；"盲校、聋校、培智学校义务教育课程设置实验方案"明确提出，三类特校课程实验方案应"以国家课程为主""以地方、学校课程为辅"。目前，我国建立了比较完善的三类特校义务教育国家课程体系，但是，其他类型特殊教育国家课程标准还未建立，各级各类地方、校本课程建设还比较缓慢。有研究认为，盲校课程标准研制以单一视力残疾儿童为对象、评价体系不够完善，各学科的课程评价标准缺乏"权威性""延续性"，地方教育主管部门对特殊学校的特色课程建设推动不大①；聋校校本课程建设需坚持"宏观指导科学化""微观操作具体化"②；教育部门应组织专家团队"巡回指导"，特校需完善教学监督管理制度，积极发挥教师自主性，加强校本课程建设与创新性校本教材的开发③；等等。因此，我国不仅需加快其他障碍类型特殊教育国家课程标准的研制进程，而且需加大对地方、校本特殊教育课程建设的支持与指导力度，大力推进地方、校本特殊教育课程的研制与开发。

其次，密切关注农村、少数民族地区文化传统与特色，加快农村、民族特殊教育课程建设进程。目前，我国大城市和发达地区的盲校基本上能按照国家规定开齐所有课程，并依据学校的优势开设校本课程和丰富多彩的实践活动，而相对落后的城镇或农村地区的一些盲校条件比较差，很难完全按照国家规定开足、开好课程④；少数民族地区特殊教育课程体系"或简单仿照普通学校""或对内地特校课程进行移植"，忽视了少数民族地区特殊儿童的个性特征⑤。因此，我国需深入开展农村特殊教育调查研究，建立"关于

---

① 李龙梅：《盲校课程现状分析及其对策》，《中国特殊教育》2017 年第 7 期。

② 付晋蔚、刘宇晟、范光云：《聋校校本课程开发与建设研究述评》，《教育理论与实践》2018 年第 2 期。

③ 罗娜、吴春艳、秦艳芳：《四川省特殊教育学校校本课程实施现状的调查研究》，《中国特殊教育》2015 年第 8 期。

④ 李龙梅：《盲校课程现状分析及其对策》，《中国特殊教育》2017 年第 7 期。

⑤ 胡伟斌、陈婷：《民族地区特殊教育校本课程开发的价值与对策》，《现代特殊教育》2017 年第 6 期。

农村""基于农村""为了农村"的特殊教育课程体系；密切关注少数民族地区特殊教育发展现状，致力于打造民族特殊教育课程的本土特色，有效地促进民族文化的传承、创新与繁荣。

综上所述，新中国成立以来，我国十分重视特殊教育课程体系建设，已形成了国家、地方、学校三级课程管理制度，建立了比较成熟的三类特校义务教育课程体系。但是，仍需更新理念，加强统筹规划，扩大适用范围，逐步建立"普职"结合、"普特"融通、特色鲜明的"全纳"特殊教育课程体系。

第四章　我国特殊教育教师发展战略

特殊教育教师发展战略就是决策者基于理论与实践成果，对特殊教育教师发展的目标、走向、措施和组织实施的顶层设计与谋划，承载着我国建设与繁荣特殊教育教师队伍的历史使命与时代诉求。新中国成立以来，我国十分重视特殊教育教师队伍建设与专业发展，先后颁布了《中华人民共和国教师法》（1993 年，以下简称《教师法》）、《关于加强特殊教育教师队伍建设的意见》（2012 年）、《特殊教育教师专业标准（试行）》（2015 年）、《关于全面深化新时代教师队伍建设改革的意见》（2018 年）等，对特殊教育教师发展的战略意义、目标任务、主要措施、组织实施做了比较系统的阐释，为我国特殊教育教师发展提供了制度保障与理论指引。

目前，我国学者十分重视特殊教育政策、规划、标准等问题的研究，对特殊教育教师的特点、专业标准、培养与培训体系、发展现状等做了许多有益的探讨，但是，较少对我国特殊教育教师发展战略做专题研究。目前，我国特殊教育教师数量不足、结构不合理、专业化程度低[1]，不能有效满足特殊教育改革发展的现实需求。

本章试图探讨我国特殊教育教师发展战略的历程、特点和未来走向，以期为我国未来特殊教育教师队伍建设的顶层设计与实践提供一些借鉴[2]。

---

[1]　S.W.Li, "Special Education Assurance System in Mainland China: Status, Problems and Strategies", *Journal of Special Education Research*, 2017(1) .

[2]　李尚卫：《我国特殊教育教师发展战略 70 年：回顾与展望》，《教育与教学研究》2019 年第 9 期。

一、我国特殊教育教师发展战略的历程

70多年来，我国特殊教育教师发展战略经历了萌芽期（1949—1989年）、探索期（1990—2011年）与成熟期（2012年至今）三个阶段。

（一）萌芽时期（1949—1989年）

此阶段确立了特殊教育教师的合法地位，主要关注三类特殊学校教师的来源与待遇问题，顶层设计主要散见于相关规章之中。

20世纪80年代中期前，我国主要着眼于盲童、聋哑儿童教育及其学校的恢复与重建，主要关注盲校、聋哑学校教师问题。《关于办好盲童学校、聋哑学校的几点指示》（1957年）首次系统阐释了盲校、聋哑学校教职员工的编制、职责、资质与培养问题，明确提出，盲童学校和聋哑学校教师的比例应比普通小学稍微高一些，教养员一般应具有初等师范或初级中学的文化水平，各地教育行政部门必须"加强组织教师的业余进修工作"，"把现有不及中等师范程度的教师逐步提高到中等师范水平"；《关于1956年全国普通教育、师范教育事业工资改革的指示》明确了盲校、聋哑学校中小学教职员工津贴标准，要求盲聋哑中小学的员工，除按中小学工资标准分别评定外，对教员、校长、教导主任还应按评定之等级工资，另外加15%，以示鼓励；《关于中等专业学校、盲聋哑学校班主任津贴试行办法》（1981年）主要明确了盲校、聋哑学校班主任的任职资格、工作职责、津贴发放标准以及经费来源等问题；等等。

20世纪80年代中后期，我国确立了九年义务教育制度，不断扩大特殊教育对象，三类特殊教育学校教师受到更多的关注。1985年1月，第六届全国人大常委会第九次会议决定，将每年的9月10日定为我国的教师节，教师被誉为"人类灵魂的工程师"，教师职业被誉为"太阳底下最光辉的职业"，极大地推动了尊师重教社会风气的形成；《义务教育法》（1986年）提出实施九年义务教育制度，并将特殊教育教师发展纳入义务教育范畴；《关于发展特殊教育的若干意见》（1989年）论述了特殊教育教师发展的基本途径，要求各地应采取切实措施，"加强特殊教育师资队伍建设"，凡是有条件的省、自治区、直辖市应"设立特殊教育师范学校"或"在师范院校附设特殊教育师范班"，培养特殊教育所需的教师；《中等特殊教育师范学校教学计划（试行）》（1989年）、《高等师范院校特殊教育专业教学计划（草案）》（1989年）系统阐释了特殊教育教师的培养目标、时间安排、课程设置、教育实践、课外活动；等等。

（二）探索时期（1990—2011年）

此阶段将特殊教育教师队伍建设纳入法制建设范畴，顶层设计不仅关注特殊教育教师的资质、待遇、奖励，而且更加关注其培养和专业化。

第一，加强法制建设，凸显了特殊教育教师发展的重要意义与战略地位。《残疾人保障法》（1990年）第一次从法律层面阐释了特殊教育教师培训及津贴问题；《义务教育法实施细则》（1992年）明确了特殊教育教师的培养及责任主体；《教师法》（1993年）第一次以单行法的形式，系统阐释了中小学（包括特殊教育机构）教师的作用与地位、权利与义务、资格与任用、培养与培训、考核与奖励、待遇与法律责任等事宜，并号召全社会应尊重教师；《残疾人教育条例》（1994年）是我国第一部针对残疾人的专项行政法规，比较全面地阐释了残疾人教育教师发展的目标及基本途径；《义务教育法》（2006年）明确了特殊教育教师基本权利与义务、资质与待遇问题；等等。

第二，积极探索特殊教育教师素质标准。《残疾人教育条例》（1994年）明确提出，从事残疾人教育的教师应当"热爱残疾人教育事业""具有社会主义的人道主义精神""关心残疾学生""掌握残疾人教育的专业知识和技能"；《关于开展残疾儿童少年随班就读工作的试行办法》（1994年）阐释了随班就读教师的基本职责及素养要求；《特殊教育学校暂行规程》（1998年）强调特殊教育学校教师应具备国家规定的相应教师资格和任职条件，具有社会主义的人道主义精神，关心残疾学生，掌握特殊教育的专业知识和技能，遵守职业道德，完成教育教学工作，享受和履行法律规定的权利和义务；《特殊教育学校建设标准》（2011年）明确了特殊教育学校教职工人数按照"盲校、聋校师生比1∶3.5""培智学校师生比1∶2"计算；《残疾人中等职业学校设置标准（试行）》（2007年）明确提出，残疾人中等职业学校"须有与学校办学规模相适应、结构合理的专兼职教师队伍"，专任教师须依法具备任职资格，"教学班与教职工比例不低于1：5"，"专任教师数不低于本校教职工数的60%"，"专业课教师数不低于本校专任教师数的60%"；《残疾人康复中心建设标准》（2006年）明确了残疾人康复中心"职工总数与床位比为1：12"，"财政补贴事业编制职工不少于24人"，"业务人员不低于职工总数的80%"，至少配备1名康复医师、2名康复治疗人员（指从事运动治疗、作业治疗人员）和2名特教教师；等等。

第三，加强师资培养培训，提升特殊教育教师素质。《残疾人保障法》（1990年）要求，"国家有计划地举办各级各类特殊教育师范院校、专业，在普通师范院校附设特殊教育班（部），培养、培训特殊教育师资"，"普通师范院校开设特殊教育课程或者讲授有关内容，使普通教师掌握必要的特殊教育知识"；《残疾人教育条例》（1994年）要求，国务院教育行政部门和省、自治区、直辖市人民政府应当"有计划地举办特殊教育师范院校、专业"或"在普通师范院校附设特殊教育师资班（部）"，培养残疾人教育教师，县级以上地方各级人民政府教育行政部门应当"将残疾人教育师资的培训列入工作计划"，采取设立培训基地等形式组织在职的残疾人教育教师进修提高，普通师范院校应当有计划地设置残疾人特殊教育必修课程或者选修课程，使学生掌握必要的残疾人特殊教育的基本知识和技能，以适应对随班就读的残疾学生的教育需要；《关于"十五"期间进一步推进特殊教育改革和发展的意见》（2001年）要求进一步加强特殊教育师资队伍建设，不断提高教师素质，大力加强特殊教育教师的培养、培训工作；《关于进一步加快特殊教育事业发展的意见》（2009年）提出，加强特殊教育师资队伍建设，提高教师专业化水平，加强特殊教育教师培养培训工作；等等。

第四，优化特殊教育教师发展的支持与保障体系，增强职业吸引力。《残疾人保障法》（1990年）规定，"特殊教育教师和手语翻译"享受特殊教育津贴；《残疾人教育条例》（1994年）要求，"国家实行残疾人教育教师资格证书制度"，残疾人特殊教育学校举办单位应当依据残疾人特殊教育学校教师编制标准，为学校配备承担教学、康复等工作的教师，从事残疾人教育的教师、职工"根据国家有关规定享受残疾人教育津贴及其他待遇"；

《义务教育法》强调，特殊教育教师享有特殊岗位补助津贴，在民族地区和边远贫困地区工作的教师享有艰苦贫困地区补助津贴；《关于"十五"期间进一步推进特殊教育改革和发展的意见》要求，各地人民政府要保证特殊教育教职工的工资和特殊教育津贴按时足额发放，有条件的地方可根据本地实际，积极改善特殊教育学校教职工的生活水平；《关于进一步加快特殊教育事业发展的意见》要求，要切实采取措施落实特殊教育教师待遇，加大特殊教育宣传力度，在全社会形成关心支持特殊教育、尊重特殊教育教师和残疾人教育工作者的舆论氛围；等等。

（三）成熟时期（2012 年至今）

此阶段颁布了特殊教育教师发展专项文件，确立了特殊教育教师专业与特殊教育专业认证标准，形成比较成熟的特殊教育教师发展战略体系。

第一，优化顶层设计，形成了比较完善的特殊教育教师发展战略体系。《关于加强特殊教育教师队伍建设的意见》系统阐释了特殊教育教师发展的目标、原则、基本途径等问题，要求特殊教育教师发展应坚持"分类规划、优先建设、突出重点、分步推进"原则，标志着特殊教育教师发展战略的成熟。同时，《一期特教计划》《二期特教计划》客观呈现了我国特殊教育学校教师发展现状，明确特殊教育教师发展的目标及主要措施；《残疾人教育条例》（2017 年）专章论述了特殊教育教师的基本素质、资质、培养、编制、待遇等问题；《关于加快发展残疾人职业教育的若干意见》（2018 年）分析了残疾人职业教育教师发展的必要性及相关途径；等等。

第二，确立了专业标准，明确了特殊教育教师发展的基本目标。《关于加强特殊教育教师队伍建设的意见》明确提出，制订特殊教育学校教师专业标准，到 2015 年，基本形成布局合理、专业水平较高的特殊教育教师培养培训体系，特殊教育教师职业吸引力进一步增强，教师数量基本满足办学需要，到 2020 年，形成一支数量充足、结构合理、素质优良、富有爱心的特殊教育教师队伍；《特殊教育教师专业标准（试行）》系统阐释了特殊教育教师的基本特质及质量评价标准，明确提出，特殊教育教师是指在特殊教育学校、普通中小学幼儿园及其他机构中专门履行残疾学生教育教学职责的专业人员，要经过严格的培养与培训，具有良好的职业道德，掌握系统的专业知识和专业技能；《关于实施卓越教师培养计划的意见》（2014 年）提出，培养一批富有爱心、素质优良、具有复合型知识和技能的卓越特殊教育教师；《关于实施卓越教师培养计划 2.0 的意见》（2018 年）要求，培养造就一批教育情怀深厚、专业基础扎实、勇于创新教学、善于综合育人和具有终身学习发展能力的高素质专业化创新型中小学（含幼儿园、中等职业学校、特殊教育学校）教师；《国家手语和盲文规范化行动计划（2015—2020 年)》将使用国家通用手语或国家通用盲文作为特殊教育学校聋教育教师和盲教育教师的基本要求；等等。

第三，强化师资培养培训，提升特殊教育教师专业化水平。《关于加强特殊教育教师队伍建设的意见》要求，积极支持高等师范院校与医学院校合作，促进学科交叉，培养具有复合型知识技能的特殊教育教师、康复类专业技术人才，支持师范院校和其他高等学校在师范类专业中普遍开设特殊教育课程，培养师范生具有指导残疾学生随班就读的教育教学能力，依托"国培计划"，采取集中培训和远程培训相结合的方式，加大对全国特殊教育学校教师的培训力度；《一期特教计划》要求，扩大特殊教育教师培养规模，加大特殊教育教师培训力度，提高特殊教育教师的专业化水平，支持高等学校特殊教育师范专业建设，扩建教学设施，提高特教教师培养培训能力；《二期特教计划》、《残疾人教育条例》（2017 年）提出，从加强高校特殊教育专业建设、优化培训形式与内容等方面提升师资专业化水平；《关于实施卓越教师培养计划的意见》（2014 年）、《关于实施卓越教师培养计划 2.0 的意见》（2018 年）要求重点探索师范院校特殊教育知识和技能与学科教育教学融合培养、师范院校与医学院校联合培养模式；《教师教育振兴行动计划（2018—2022 年)》强调"支持师范院校扩大特殊教育专业招生规模"，加大特殊教育硕士培养力度，开发中等职业学校特殊教育课程资源；《关于加快发展残疾人职业教育的若干意见》要求各地要加强残疾人职业教育教师的培养培训，为残疾学生配备优质师资；《特殊教育专业认证标准》（2019 年）明确了高校特殊教育专科、本科专业建设与特教师资培养的要求；等等。

第四，加强特殊教育教师管理，提升特殊教育教师发展的保障。《关于加强特殊教育教师队伍建设的意见》要求，"健全特殊教育教师管理制度"，"落实特殊教育教师待遇"，营造关心和支持特殊教育教师队伍建设的浓厚氛围；《一期特教计划》提出，完善教师管理制度，建立特殊教育教师专业证书制度，逐步实行特殊教育教师持证上岗制度；《特殊教育补助资金管理办法》（2015 年）提出，将"送教上门"教师补助纳入一般公共预算安排，这一政策对改善特殊教育资金紧缺与提高"送教上门"教师的积极性产生了积极作用；《普通学校特殊教育资源教室建设指南》（2016 年）要求，加强普通学校资源教师管理，在绩效考核、评优评先和职务（职称）评聘中给予倾斜；《二期特教计划》明确了健全特殊教育教师编制动态调整机制和待遇保障机制，从编制、待遇、绩效考核等方面完善特殊教育教师管理制度；《残疾人教育条例》（2017 年）要求采取措施逐步提高特殊教育教师的地位和待遇，改善他们的工作环境和条件，鼓励其终身从事残疾人教育事业；《关于加快发展残疾人职业教育的若干意见》要求，残疾人职业院校合理配备教师、生活辅导人员和相关专业人员，切实保障从事残疾人职业教育教师的各项待遇；等等。

总之，经过 70 多年的不断探索与创新，我国已建立了比较完善的特殊教育教师发展战略体系，为特殊教育师资队伍建设与专业化水平提升提供有力的制度支撑与理论指引。

二、我国特殊教育教师发展战略的特点

综观特殊教育教师发展战略的发展历程，我国特殊教育教师发展战略在文本形式、总体目标、基本路径、条件保障方面呈现以下特点。

（一）"局部构思"走向"全局规划"

我国十分重视特殊教育师资队伍建设的顶层设计，不仅将师资队伍建设纳入法规之中，而且颁布了专项实施意见。20 世纪 90 年代以前，主要阐释了三类特校教师队伍建设的基本要求，并将特殊教育学校教师发展纳入义务教育体系建设之中。1990—2011 年，不仅《教师法》《残疾人保障法》《残疾人教育条例》等系列法规中对特特殊教育教师发展有了明确的规定，而且特殊教育发展战略总体规划也阐释了各级各类特殊教育教师发展的基本要求

和途径。2012 年以后，颁布了特殊教育教师发展专项文件，确立了特殊教育教师标准与高校特殊教育专业认证标准，系统阐释了特殊教育教师发展的基本原则、目标、主要措施。

（二）"量足""合格"到"质优""卓越"

我国特殊教育教师发展总体目标实现了从重"数量""学历达标"到重"质量""专业素养"的转变。

20 世纪 90 年代以前，主要着眼于培养数量足够、具有中师学历和具备一定专业素养的特殊教育师资。比如《关于发展特殊教育的若干意见》明确提出，"小学、初级中等学校的教师能胜任或基本胜任教育、教学工作"，多数教师具备合格学历（小学教师具备中师毕业及其以上程度，初级中等学校教师具备师专毕业及其以上程度，其余取得所任学科专业合格证书），教师数量足够，专业结构合理。

1990—2011 年，逐步重视特殊教育教师的质量与专业水平，着眼于培养一支数量充足、学历达标、具有一定专业知识和技能的教师队伍。比如，《关于"十五"期间进一步推进特殊教育改革和发展的意见》提出，力争在"十五"期间形成"一支政治业务素质优良、专业和年龄结构合理的骨干教师队伍"；《关于进一步加快特殊教育事业发展的意见》提出，配齐配足教师，确保特殊教育学校正常教学和管理工作。

2012 年以后，着眼于培养"高素质"的卓越专业教师，建设一支数量充足、结构合理、素质优良、师德高尚的特殊教育教师队伍。比如《二期特教计划》明确提出，到 2020 年，建立一支数量充足、结构合理、素质优良、富有爱心的特教教师队伍。据统计，2001 年，我国具有专科及以上学历的特殊教育学校专任教师约占总数的 51%；2011 年，具有专科及以上学历的特殊教育学校专任教师约占总数的 91%，具有本科学历的教师数已超过专科学历的；2019 年，具有专科及以上学历的特殊教育学校专任教师已达总数的 98.5%，且具有本科学历的教师数已是具有专科学历教师的 2.69 倍（见表 4-1）[1]。

---

① 参见教育部"2001—2019 年全国教育事业发展统计公报"。

（三）"师范教育"走向"教师教育"

我国十分重视特殊教育师资的培养与专业水平的提高，并随着社会的发展与特殊教育的需要不断提高学历层次与目标要求。

20 世纪 90 年代前，我国十分注重中等特殊师范教育的发展，特殊教育师资主要由中等师范院校培养，学历以中师为主。90 年代以后，逐步将重心从中等师范教育转向高等师范教育，特殊师范教育体系逐步由三级向二级过渡，特殊教育师资培养逐步由中等师范院校向高等师范教育过渡，特殊教育学校师资专科及以上学历逐步增多。调查表明，黑龙江肇东师范学校于1981 年开办了特殊教育师范部，南京特殊教育师范学校 1984 年开始招生，北京师范大学 1986 年率先举办特殊教育本科专业，开启高等师范院校培养特殊教育师资的先河；1989 年我国特殊教育师范学校有 16 所、特殊教育专业本科仅有 3 所，1998 年建立了 35 个中等特殊教育师范学校、有 7 所高校开设了特殊教育专业[①]。

2000 年以后，我国开始实施二级师范教育，开启教师教育模式主要着力发展高等特殊师范教育，中等特殊师范教育逐渐减少。2018 年，已有 35 所高校设有特殊教育专科专业，57 所高校设有特殊教育专业学位点，每年招收本科生、硕士生与博士生 3200 余名[②]。

（四）"经济支持"到"社会认同"

我国十分重视特殊教育教师发展的支持与保障体系建设。

2008 年以前，我国比较注重从待遇、编制等方面提升特殊教育教师职业的吸引力。比如《关于发展特殊教育的若干意见》《残疾人教育条例》《关于"十五"期间进一步推进特殊教育改革和发展的意见》等要求，"调整特殊教育学校教师编制"，"逐步改善特殊教育学校教师待遇"。

2009 年以来，我国不仅重视特殊教育教师的"经济支持"，而且重视其"社会认同"。《关于进一步加快特殊教育事业发展的意见》《关于加强特殊

---

① 王雁、顾定倩、陈亚秋：《对高等师范特殊教育师资培养问题的探讨》，《教师教育研究》2004 年第 4 期。

② 李尚卫：《我国高校特殊教育专业建设与师资保障》，《教师教育学报》2020 年第 2 期。

教育教师队伍建设的意见》《二期特教计划》等不仅提出“配齐配足特殊教育学校师资”，落实并完善特殊教育教师工资、职称晋升、评优评奖等倾斜政策，而且注重营造尊师重教、关心特殊教育教师的舆论氛围。

总之，我国不断优化特殊教育教师发展的文本形态、基本目标、路径与保障体系，特殊教育教师队伍建设取得了明显进步。

三、我国特殊教育教师发展战略的对策建议

我国特殊教育教师发展战略顶层设计仍存在理念滞后、内容宏观笼统、监督指导不够、保障支持不足等局限，未来需进一步更新设计理念，完善文本结构，强化督导实施，增强社会支持，增强“前瞻性”“可行性”和“执行力”“内驱力”。

（一）更新设计理念，提高“前瞻性”

我国特殊教育教师发展战略关注学术前沿不足，未来需进一步关注学术前沿，更新设计理念，增强前瞻性和时代感。

首先，及时吸纳特殊教育前沿信息。有研究表明，我国 20 世纪 60—70 年代倡导终身教育，90 年代致力于全民教育，90 年代中期正式提出“全纳教育”，教育体系从“体制化教育”向“终身学习”转变，教育实践从“以教为核心”到“以学为核心”转变，教育观念从“学会生存”到“学会共处”转变[1]。特殊教育发展战略是对特殊教育未来发展进行的全局性、根本性谋划[2]。目前，我国未能将“全纳教育”“终身教育”等国际新理念及时持续地融入特殊教育教师发展的决策方案。未来应自觉吸纳“终身教育”“全纳教育”“智慧教育”等国际教育新理念，彰显顶层设计的时代性、前瞻性。

---

[1] 李小波：《从终身教育、全民教育到全纳教育——战后国际教育思潮发展历程研究》，华东师范大学硕士学位论文，2003 年。

[2] 朱传耿、盛永进、王培峰等：《中国特殊教育发展战略的若干问题》，《现代特殊教育》2017 年第 2 期。

其次，全面领会与吸收新时代特殊教育与教师发展新理念。《一期特教计划》系统阐释了未来三年特殊教育的总体目标、重点任务、主要措施与组织领导，明确提出"全面推进全纳教育，使每一个残疾孩子都能接受合适的教育"，标志我国特殊教育发展战略的着眼点逐渐从"数量走向质量"、从"水平走向公平"、正在加快特殊教育的现代化发展①，实现了从"隔离""融合"向"全纳"的新跨越；《关于实施卓越教师培养计划的意见》（2014年）、《关于实施卓越教师培养计划2.0的意见》（2018年）、《关于全面深化新时代教师队伍建设改革的意见》（2018年）等系统阐释了新时代卓越教师培养的重要意义、总体思路、目标要求、主要措施等问题，明确了卓越特殊教育教师的基本标准。因此，我国未来特殊教育教师发展战略应再现新时代的新要求，切实贯彻"全纳"特殊教育发展战略与卓越教师培养计划的精神。

（二）完善文本内容，提高可操作性

我国特殊教育教师发展战略的内容比较宏观笼统，对不同层次、不同区域、不同民族特殊教育教师发展的针对性不强，未来需进一步完善文本结构与内容，提高可操作性。

首先，进一步完善特殊教育教师发展战略体系，提升可行性。目前，我国特殊教育教师发展战略构想主要体现在《关于加强特殊教育教师队伍建设的意见》（2012年）之中。该意见尽管明确了特殊教育教师发展的目标及主要措施，但是不仅目标设计过于宏观、笼统，保障措施略显单薄，而且不能完全适应《关于实施卓越教师培养计划的意见》（2014年）、《关于实施卓越教师培养计划2.0的意见》（2018年）、《关于全面深化新时代教师队伍建设改革的意见》（2018年）等规定的新时代教师队伍建设的新要求。有研究认为，我国应尽快"建立特殊教育教师资格证制度"，师资培养目标应充分体现"社会目标"和"儿童发展目标"的结合，师资培养模式应呈现出"多样化"和"灵活性"，师资培养的课程设置应充分体现"时代性""实

---

① 杨克瑞：《改革开放40年我国特殊教育政策的顶层设计与战略推进》，《中国教育学刊》2018年第5期。

践性""针对性"①；建立特殊师范教育机构发展的制度规范，调整特殊师范教育的招生制度，探索特殊师范教育大学化的培养模式，促进特殊教育教师职前培养与职后培训的一体化，并加强特殊教育教师标准体系建设②。因此，我国未来有必要借鉴特殊教育发展战略的总体构思，从战略意义、总体目标、重点任务、主要措施与组织实施等方面细化特殊教育教师发展的顶层设计，从而增强特殊教育教师发展战略的可行性。

其次，加快制定特殊教育教师队伍建设配套方案，增强针对性。有研究认为，加强特殊教育教师队伍建设是新时代对特殊教育提出的新要求、新任务和新课题，我国应进一步明确特教教师队伍建设的总目标和指导思想，加强师德建设、塑造博爱师魂、创新培养培训机制、提高特殊教育教师专业能力，完善教师发展机制、提高教师待遇③。继《关于加强特殊教育教师队伍建设的意见》颁布之后，我国尽管颁布《特殊教育教师专业标准（试行）》，但是该标准仍显笼统，对不同层次、不同类型、不同区域与民族特殊教育教师缺乏针对性；同时，许多省（自治区、直辖市）至今没有颁布特殊教育教师队伍建设实施方案。因此，我国不仅需加快制定特殊教育教师建设的配套方案，明确各级各类特殊教育教师发展的目标、重点任务、具体措施与保障，而且应加快颁布地方特殊教育师资队伍建设实施方案的步伐，凸显地方特殊教育教师发展的区域特色、民族特色。

（三）促进部门协作，提升决策执行力

我国特殊教育教师发展战略实施的监督机制仍不健全，未来需进一步优化督导机制，扩大地方自主权，增强决策执行力。

首先，完善督导制度与机制，强化特殊教育教师发展战略的监督指导。目前，我国尚未形成完善的特殊教育教师发展监督机制，随班就读师资培养

---

① 郑晓坤：《中国特殊教育师资培养研究》，东北师范大学博士学位论文，2017 年。

② 李拉：《论现代特殊师范教育制度的构建》，《教育理论与实践》2016 年第 29 期。

③ 丁勇：《加强新时代特殊教育教师队伍建设若干问题的思考》，《现代特殊教育》2018 年第 6 期。

的政策法规缺乏对执法的要求和监督，相关规定不够具体和难以评估①；全纳教师教育政策的制定和实施缺乏多方教育利益相关者的协调、合作与统一②；等等。因此，未来需进一步完善特殊教育教师质量评价监测体系与管理机制，优化"自上而下"管理模式，构建"层级贯通""普职融通""医教康结合"的"全纳"特殊教育教师质量评价体系，提升对各级各类特殊教育教师质量评价监测的针对性；加快特殊教育质量评价监测专家团队与专业机构建设，加强对地方特殊教育教师质量评价标准的建设与实施过程的监督与指导，提高特殊教育教师质量评价监测的实效性。

其次，扩大地方决策自主权，增强决策执行力与创造力。地方政府（包括市、县职能部门）既是地方决策方案的制定者，也是国家战略的宣传者、执行者。有研究认为，我国特殊教育发展规划制订过程中应大量吸收理论研究者和办学实践者参与和讨论，不断增强特殊教育发展规划的科学性、有效性和合理性，建立起特殊教育发展规划的认同机制③；努力转变政策目标定位与决策理念，吸纳多元主体参与特殊教育发展战略顶层设计、执行与评估过程，建立"开放决策"与"多元治理"的特教政策理念与模式④。因此，我国未来特殊教育教师发展战略应充分尊重地方政府决策的主体性，不断扩大其决策自主权，增强其决策执行的主动性、积极性与创造性。

（四）增强保障与支持能力，激发内驱力

我国特殊教育教师发展战略支持保障体系仍不健全，社会支持与认同十分有限，未来需进一步提升特殊教育教师发展的保障与支持能力，扩大社会认同与支持力度，激发特殊教育教师专业成长的内驱力。

首先，扩大社会认同与支持，增强职业幸福感。有学者认为，我国应在

---

① 李泽慧：《对随班就读师资培养中现有政策法规的思考》，《教育理论与实践》2013年第5期。

② 宋佳：《全纳教师教育的困境与走向：政策、课程和方法——基于联合国教科文组织〈促进全纳教师教育〉报告的解读》，《教育文化论坛》2014年第2期。

③ 康翠萍：《"治策"、"知策"、"行策"：教育发展规划决策模式及其选择》，《教育研究》2015年第9期。

④ 冯元、俞海宝：《我国特殊教育政策变迁的历史演进与路径依赖——基于历史制度主义分析范式》，《教育学报》2017年第3期。

"全纳教育"精神的烛照下，消除城乡隔阂，坚持教育均等的价值取向，从人员配置、经费来源、沟通方式等方面保障城乡教师的平等对话，采用建立QQ 群、网络中心等方式加强、扩大教师之间的信息交流，充分发挥专业人员的作用，争取全社会的支持①；构建特殊教育教师资格认证体系，提高待遇，提供有质量的在职教育，增加特殊教育专业招生比例，细化特殊教育专业方向，构建特殊教育教师身心健康关怀体系②；建立区域教师综合数据库，吸纳相关人员进入教师队伍，创设良好的校园工作环境，赋予边缘学科教师同等地位③。目前，我国未来不仅应加强特殊教育教师发展顶层设计的舆论宣传，增强社会认同，而且应全面落实特殊教育教师优惠政策，不断提升特殊教育教师的社会待遇与地位，增强特殊教育教师的职业成就感与幸福感。

其次，拓展特殊教育教师专业成长路径，增强其专业发展的主体性与自信力。教师发展分为"以教育为职业的匠师境界""以教育为专业的能师境界""以教育为事业的人师境界"三种境界，教师生命自觉要求教师有思考生命的自觉、尊重生命的自觉、成长生命的自觉④；我国特殊教育教师发展应走"文化觉醒和关怀"之路，以提高专业水平为重点，通过职前培养与职后培训一体化、构建特殊教育教师资格证书制度等形式，促进个体教学能力从"他主"走向"自主"⑤，担负起特殊教育行业发展之责任，提升自我发展的意识和能力，创建支持性环境的能力，培养基于研究的实践能力和合作能力⑥。当前，我国特殊教育师资队伍建设应坚持"外部激励"与"内部驱动"相结合，以促进特殊教育教师的自主成长为旨归。

---

① 李雪：《全纳教育对统筹城乡教师继续教育的启示》，《内蒙古师范大学学报（教育科学版）》2013 年第 6 期。

② 许佳宾、李维：《义务教育阶段特殊教育师资队伍建设的问题及破解思路》，《教育探索》2017 年第 3 期。

③ 易娜伊、熊梅：《美国特殊教育教师补充问题研究述评》，《中国特殊教育》2013 年第 1 期。

④ 岳欣云：《教师发展的最高境界：教师生命自觉》，《华东师范大学学报（教育科学版）》2018 年第 2 期。

⑤ 郑晓坤：《中国特殊教育师资培养研究》，东北师范大学博士学位论文，2017 年。

⑥ 王雁、朱楠、唐佳益：《专业化视域下我国特殊教育教师专业发展思考》，《现代特殊教育》2015 年第 10 期。

综上所述，70 多年来，我国特殊教育教师发展战略体系日趋成熟，特殊教育教师队伍建设与专业成长成效显著。未来仍需不断总结教训，进一步更新理念、完善内容、加强督导、扩大支持，不断提高顶层设计的质量，有效地促进特殊教育教师的自主成长。

第五章　我国义务特殊教育发展战略

　　义务特殊教育是国家规定的、特殊儿童必须接受的国民教育活动，它是义务教育的重要组成部分，是特殊教育的基础工程。新中国成立以来，我国十分重视义务特殊教育发展战略顶层设计，除了《关于发展特殊教育的若干意见》（1989 年）、《关于进一步加快特殊教育事业发展的意见》（2009 年）、《国家中长期教育改革和发展规划纲要（2010—2020 年)》、《一期特教计划》、《二期特教计划》等普适性规章，还颁布了《全国残疾儿童少年义务教育工作"八五"实施方案》（1992 年，以下简称《残教八五方案》）、《残疾儿童少年义务教育"九五"实施方案》（1996 年，以下简称《残教九五方案》）、"盲校、聋校、培智学校义务教育课程设置实验方案"（2007 年）、《特殊教育学校建设标准》（2011 年）、"盲校、聋校、培智学校义务教育课程标准"（2016 年）等专项文件，系统阐释了义务教育阶段特殊教育改革发展的战略构想，对我国义务特殊教育的普及起到重要的指导与推动作用。

　　目前，我国学界越来越重视义务特殊教育和特殊教育政策研究，但是义务特殊教育政策研究成果较少，较少对我国义务特殊教育发展战略做系统梳理与探究。

　　本章试图对我国 70 多年来义务特殊教育发展战略的历程、特点及未来走向做些探讨，以期为我国未来义务特殊教育顶层设计与实践提供一些借鉴①。

---

　　①　李尚卫：《我国义务特殊教育发展战略 40 年：回顾与展望》，《当代教育论坛》2019 年第 6 期。

一、我国义务特殊教育发展战略的历程

新中国成立 70 多年来，我国义务特殊教育经历了萌芽期（1949—1989 年）、形成期（1990—2005 年）、发展期（2006—2013 年）和成熟期（2014 年至今）四个发展阶段。

（一）萌芽时期（1949—1989 年）

本阶段主要致力于特殊教育学校的恢复与重建、义务教育制度的确立，着眼于盲聋哑儿童教育和三类特校的恢复与重建，注重特殊儿童初等教育普及，顶层设计散见于相关规章之中。

第一，确立特殊儿童义务教育的合法性。改革开放以前，我国主要着眼于盲校、聋哑学校的恢复。《关于改革学制的决定》（1951 年）第一次确立了残疾儿童特殊教育在国家教育体系中的地位，改变了新中国成立前将残疾儿童特殊教育纳入社会教育的做法；继后颁布了《关于办好盲童学校、聋哑学校的几点指示》（1957 年）、《全日制六年制盲童学校教学计划（草稿）》、《全日制十年制聋哑学校教学计划（草稿）》（1962 年）等规章，积极推进盲校、聋哑学校的改革发展。改革开放以后，我国逐步将弱智儿童纳入学校教育体系，并确立了义务教育制度。1982 年《宪法》第一次在国家的根本大法中对残疾人的教育、生活和劳动问题作出了明确规定；《中共中央关于教育体制改革的决定》（1985 年）、《义务教育法》（1986 年）和《关于实施〈义务教育法〉若干问题的意见》（1986 年）明确提出"实施九年义务教育制度"，并将残疾儿童特殊教育纳入义务教育范畴。

第二，积极推进特殊儿童初等教育普及。《关于普及小学教育若干问题的决定》（1980 年）、《宪法》（1982 年）明确提出普及初等教育；《关于普及初等教育基本要求的暂行规定》（1983 年）提出，加强盲、聋哑和弱智儿童普及教育和特殊教育；《中国残疾人事业五年工作纲要（1988—1992）》（1988 年）提出，残疾人教育要贯彻"普及与提高相结合""以普及为重点"的原则，要切实把残疾人基础教育纳入九年义务教育的轨道，重点是

"普及初等教育";《关于发展特殊教育的若干意见》（1989 年）提出，"着重抓好残疾儿童少年初等教育和职业技术教育"，"把残疾儿童少年教育切实纳入普及义务教育的工作轨道"；等等。

第三，颁布三类特校教学计划，突出特校教学的中心地位。《全日制六年制盲童学校教学计划（草稿）》《全日制十年制聋哑学校教学计划（草稿）》（1962）明晰了盲校、聋哑学校的培养目标与任务、学制、课程体系；《全日制六年制聋哑学校教学计划（征求意见稿）》《全日制八年制聋哑学校教学计划（征求意见稿）》（1984 年）和《全日制盲校小学教学计划（初稿）》（1987 年）进一步完善了聋哑学校、盲校的培养目标与任务、学制、课程体系；1987 年《全日制弱智学校（班）教学计划（征求意见稿）》明确了全日制弱智学校（班）的培养目标、学制、招生、教学组织形式、课程设置等内容，认为"随班就读是解决轻度弱智儿童入学问题的可行办法"；等等。

第四，注重特校保障能力建设。一方面，建立了专门的特殊教育管理机构。1953 年，教育部设立盲聋哑教育处；1980 年，教育部成立特殊教育处，特殊教育管理机构实现了从"残疾人教育"到"特殊教育"的新突破；1988 年，中国残疾人联合会成立，各级政府将残疾人工作从民政部门分离出来交由各级残联独立管理。另一方面，明确了特殊教育学校的经费来源、师资培养等事宜。《关于盲童学校、聋哑学校经费问题的通知》（1956 年）、《关于中等专业学校、盲聋哑学校班主任津贴试行办法》（1981 年）和《特殊教育补助费使用办法》（1989 年）明确了特校经费来源与管理；《关于实施〈义务教育法〉若干问题的意见》（1986 年）阐释了残疾儿童义务教育的学制、师资培养等；《中国残疾人事业五年工作纲要（1988 — 1992）》（1988 年）、《关于发展特殊教育的若干意见》（1989 年）系统阐释了特殊教育的领导与管理、师资待遇与培养、经费来源等。

（二）形成时期（1990—2005 年）

此阶段，形成了义务特殊教育发展战略的基本框架，以普及残疾儿童九年义务教育为重点，不断优化义务特殊教育的内容与形式、强化组织领导与保障能力。

第一，构建义务特殊教育改革发展实施方案。《残教八五方案》《残教九五方案》系统阐释了"八五""九五"期间残疾儿童义务教育的任务指标、工作要求、主要措施，要求各级人民政府、教育行政部门及其他有关部门应高度重视这项工作，采取有力措施对残疾儿童与其他儿童一样同步实施义务教育，标志着我国义务特殊教育发展战略初步形成。另外，《残疾人保障法》（1990年）、《残疾人教育条例》（1994年）从法律层面明确了残疾人教育的基本原则，并阐释了残疾儿童少年义务特殊教育的相关事宜；《关于"十五"期间进一步推进特殊教育改革和发展的意见》（2001年）明确了残疾儿童少年义务教育的基本原则、目标任务与组织领导，提出将残疾儿童少年义务教育作为特殊教育事业发展的重点；等等。

第二，明确了残疾儿童少年义务教育的目标任务。《义务教育法实施细则》明确提出，因地制宜、分阶段、有步骤地推行九年制义务教育，三类特校（班）实施义务教育；《残教八五方案》要求"八五"期间，依据各地经济发展水平、普及初等教育和残疾儿童少年教育发展的状况，逐步提高三类残疾儿童少年初等教育的入学率；《残教九五方案》提出，2000年三类残疾儿童少年的入学率全国平均达到80%左右；《关于"十五"期间进一步推进特殊教育改革和发展的意见》明确了"十五"期间不同地区三类残疾儿童少年义务教育入学率；2001年，我国第三次特殊教育工作会议将"十五"期间特殊教育工作目标定位于提升三类适龄残疾学生的义务教育"入学率"和"保学率"；《关于进一步推进义务教育均衡发展的若干意见》（2005年）提出，要切实将残疾儿童少年义务教育纳入"两基"攻坚和巩固提高工作之中，不断提高残疾儿童少年义务教育普及程度；等等。

第三，不断丰富残疾儿童少年义务教育的形式与内容。一方面，进一步丰富了残疾儿童少年接受义务教育的形式，全面推进"随班就读"。《残疾人保障法》（1990年）要求残疾儿童少年义务教育应坚持普通教育与特殊教育相结合；《义务教育法实施细则》明确了三类残疾儿童少年可在特校（班）接受义务教育；《残疾人教育条例》（1994年）明确了残疾儿童少年可在特殊教育学校、特教班、普通学校随班就读接受义务教育；《关于开展残疾儿童少年随班就读工作的试行办法》（1994年）系统阐释了残疾儿童少年随班就读工作的意义、对象、入学、教学要求等内容，认为"随班就读"

是发展和普及残疾儿童少年义务教育的主要办学形式;《关于开展建立随班就读工作支持保障体系实验县(区)工作的通知》(2003年)提出,使"随班就读"这个残疾儿童少年接受义务教育的主要形式更加"科学化""规范化""制度化";等等。另一方面,不断完善三类特校课程计划,深化义务特殊教育教学改革。1993—1994年,我国进一步完善了特校学制、课程(教学)计划,形成了"全日制盲校、聋校、弱智学校(班)课程计划",特校开始实施九年一贯制,将课程计划分为小学和初中两个部分(试行)方案,强调对残疾学生的德育教育,新增加了缺陷补偿课程,标志三类特校课程体系的独立;《残教八五方案》提出,要加强残疾儿童少年义务教育调查研究,"建校""办班""随班就读"一起布局,加强课程建设与教学研究;《残教九五方案》要求残疾儿童少年九年义务教育推行"分类教学",认真开展"劳动技能教育""职业教育";《关于"十五"期间进一步推进特殊教育改革和发展的意见》提出,深化教学改革,全面推进素质教育,提高残疾儿童少年义务教育质量;等等。

第四,强化义务特殊教育的组织实施。《残疾人保障法》(1990年)明确了残疾儿童少年义务教育的实施主体、经费来源、师资培养等;《义务教育法实施细则》明确了三类特校师资培养、政府职责;《残教八五方案》系统阐释了"八五"期间残疾儿童少年义务教育的工作要求与主要措施,明确提出应加强经费保障、师资队伍建设、督导评估等工作;《残疾人教育条例》(1994年)明确了残疾儿童少年义务教育的责任主体、经费资助;《残教九五方案》明确了"九五"期间残疾儿童少年九年义务教育的基础设施、师资队伍建设与管理、经费保障、社会助学、奖励办法等内容;《关于"十五"期间进一步推进特殊教育改革和发展的意见》明确了残疾儿童少年义务教育项目建设、督导评估、资助体系建设;《特殊教育学校暂行规程》(1998年)、《特殊教育学校建筑设计规范》(2003年)明确了特校基础设施建设的具体要求;等等。2005年中国教育学会成立特殊教育研究会,进一步强化了特殊教育的理论研究与行政力量。

(三)发展阶段(2006—2013年)

此阶段着眼于全面实施免费义务特殊教育,完善特殊儿童少年义务教育质量评价体系，进一步提高特殊儿童少年义务教育入学率，促进区域义务特殊教育均衡发展。

第一，全面推行九年免费义务教育。2006 年，我国重新修订了《义务教育法》，并着手推行九年免费义务教育；《残疾人保障法》（2008 年）明确提出，对残疾儿童少年义务教育实施"两免一补"政策，并将每年 5 月的第三个星期日确定为全国助残日；《关于进一步加快特殊教育事业发展的意见》明确提出"全面实施残疾学生免费义务教育"；《国家中长期教育改革和发展规划纲要（2010—2020 年）》提出，逐步实施特殊学生免费高中阶段教育，2020 年"残疾儿童少年九年义务教育巩固率达 95%"，"基本实现市（地）和 30 万人口以上、残疾儿童少年较多的县（市）都有一所特殊教育学校"；《残疾人教育工作"十二五"实施方案》（2012 年）提出，以普及残疾儿童少年义务教育为重点，逐步实施残疾学生免费高中阶段教育；等等。

第二，积极推动义务特殊教育的均衡发展。《义务教育法》要求国务院和县级以上地方人民政府应当合理配置教育资源，保障农村、民族地区实施义务教育，保障家庭经济困难的和残疾的适龄儿童少年接受义务教育；《残疾人教育工作"十一五"实施方案》（2006 年）提出，"十一五"期间，适应接受普通教育的残疾儿童少年入学率达到与当地健全儿童少年同等水平，继续推动 30 万人口以上、残疾儿童少年较多、尚未建立特教学校的县建立特殊教育学校；《"十一五"期间中西部地区特殊教育学校建设规划（2008—2010 年）》（2007 年）要求各地要全面落实农村义务教育经费保障机制改革的相关政策，在中西部地区建立 1150 所特殊教育学校，在校生数量显著增加，加快实现区域内义务教育的均衡发展，促进教育公平；《关于进一步加快特殊教育事业发展的意见》强调国家应支持中西部地区特殊教育学校建设；《关于贯彻落实科学发展观进一步推进义务教育均衡发展的意见》（2010 年）提出，把均衡发展作为义务教育的重中之重，高度重视和大力扶持特殊教育，力争在 2012 年实现"区域内义务教育初步均衡"和到2020 年实现"区域内义务教育基本均衡"；《国家中长期教育改革和发展规划纲要（2010—2020 年）》要求加大对家庭经济困难残疾学生的资助力度；《残疾人教育工作"十二五"实施方案》提出，动员和组织农村残疾儿童少年接受义务教育,逐步实现区域城乡之间特殊教育的均衡发展;等等。

第三,完善特殊教育质量评价体系,不断提高残疾儿童少年义务教育质量。一方面,不断完善特殊教育质量评价体系,先后颁布了"盲校、聋校、培智学校义务教育课程设置实验方案"、《义务教育阶段盲校(聋校、培智学校)教学与医疗康复仪器设备配备标准》(2010年)、《特殊教育学校建设标准》等,明确规定义务特殊教育学校建设、课程质量评价标准。另一方面,不断深化课程与教学改革,提高残疾儿童少年义务教育质量。《残疾人教育工作"十一五"实施方案》强调"十一五"期间"基本普及残疾儿童少年义务教育","进一步提高义务教育阶段残疾儿童少年教育质量";《"十一五"期间中西部地区特殊教育学校建设规划(2008—2010年)》提出,努力普及和巩固有学习能力的残疾儿童少年九年义务教育,重点在于提高教育质量;2009年,全国特殊教育会议明确提出特殊教育改革发展的重心要从"普及与提高结合"转到"全面提高"教育质量上;《关于进一步加快特殊教育事业发展的意见》要求全面提高残疾儿童少年义务教育普及水平,加强特殊教育的针对性,提高残疾学生的综合素质;《残疾人教育工作"十二五"实施方案》要求"十二五"期间"以普及残疾儿童少年义务教育为重点","全面提高残疾儿童少年义务教育普及水平和质量";等等。

第四,加强义务特殊教育保障能力建设。《义务教育法》提出"建立义务教育经费保障机制";《残疾人教育工作"十一五"实施方案》要求继续完善残疾儿童少年义务教育支持保障体系,加大扶持力度,加强师资队伍建设,完善经费保障机制,加强年度检查和评估;《少数民族教育和特殊教育中央补助专项资金管理办法》(2006年)要求特殊教育中央补助专项资金主要用于特殊教育学校基础设施建设;《"十一五"期间中西部地区特殊教育学校建设规划(2008—2010年)》明确中央将专项投资约6亿,改善中西部地区特殊教育学校办学条件,要求各地要建立并完善特殊教育学校保障机制;《关于进一步加快特殊教育事业发展的意见》提出"进一步完善特殊教育经费保障机制""强化政府发展特殊教育的责任""加强随班就读支持保障体系、师资队伍、信息化软硬件建设";《国家中长期教育改革和发展规划纲要(2010—2020年)》要求"加大特殊教育投入""加强特殊教育教师队伍建设与管理""健全特殊教育保障机制";《残疾人教育工作"十二五"

实施方案》强调"推进中西部地区特殊教育学校建设""改善办学条件""提高信息化水平""完善配套设施设备";《无障碍环境建设条例》(2012年)要求优先推进特殊教育、康复、社会福利等机构无障碍设施建设;《关于加强特殊教育教师队伍建设的意见》(2012年)明确了特殊教育师资队伍建设的目标与主要措施;等等。另外,2006年,国务院设立残疾人工作委员会,2012年11月,教育部依托特殊教育处成立了"特殊教育办公室",进一步强化了特殊教育管理。

(四)成熟时期(2014年至今)

此阶段主要致力于全面推进"全纳教育",优化义务特殊教育质量评价机制,强化义务特殊教育保障能力建设,不断提高义务特殊教育普及率与质量。

第一,全面实施"全纳教育",不断提升义务特殊教育的普及率。《一期特教计划》明确提出"全面推进全纳教育",到2016年,全国基本普及残疾儿童少年义务教育,三类残疾儿童少年义务教育入学率达到90%以上;《"十三五"加快残疾人小康进程规划纲要》(2016年)提出,为家庭经济困难的残疾儿童、青少年提供包括义务教育、高中阶段教育在内的12年免费教育,2020年三类适龄残疾儿童少年接受义务教育比例达到95%;《残疾人教育条例》(2017年)提出,进一步完善义务特殊教育改革发展的基本思路,实行普及与提高相结合、以普及为重点的方针,保障适龄残疾儿童少年接受义务教育;《二期特教计划》要求,到2020年,残疾儿童少年义务教育入学率达到95%以上,实行家庭经济困难的残疾学生从义务教育到高中阶段教育的12年免费教育;《着力解决因残致贫家庭突出困难的实施方案》(2018年)提出,全面掌握义务教育适龄残疾儿童少年的数量和残疾情况,确保每一名家庭经济困难的残疾儿童少年都能入学;等等。

第二,进一步促进义务特殊教育"优质均衡发展"。《一期特教计划》认为我国特殊教育发展不平衡,农村残疾儿童少年义务教育普及率不高,有必要加快特殊教育发展;《"十三五"加快残疾人小康进程规划纲要》(2016年)提出,既要加强对农村、老少边穷地区和贫困、重度残疾人的重点扶持,统筹推进城乡、区域和不同类别残疾人小康进程,又要充分考虑城乡和地区差异，使残疾人小康进程与当地全面小康进程相协调、相适应；《关于统筹推进县域内城乡义务教育一体化改革发展的若干意见》（2016 年）明确规定，"2020 年九年义务教育巩固率达到 95%"，县域义务教育均衡发展和城乡基本公共教育服务均等化基本实现；《二期特教计划》提出，残疾儿童少年义务教育在中西部农村地区特别是边远贫困地区普及水平仍然偏低，需落实"一人一案"政策，整体提高残疾儿童少年义务教育质量；《县域义务教育优质均衡发展督导评估办法》（2017 年）明确规定，县域义务教育优质均衡发展督导评估的意义、原则、内容和标准、程序和结果，从资源配置、政府保障程度、教育质量、社会认可度四方面建构评估内容与标准；《义务教育学校管理标准》（2017 年）明确提出，促进义务教育学校不断提升治理能力和治理水平，全面提高义务教育质量，促进学生全面发展，促进教育公平，加快教育现代化；等等。2013 年，我国对县域义务教育均衡发展评估认定工作正式启动，截至 2017 年底，全国共有 2379 个县通过了国家义务教育发展基本均衡县认定标准，累计占到全国总县数的 82%，同时，京、沪、浙、苏、皖等 11 个省（市）整体通过了国家评估认定标准①。

第三，进一步完善义务特殊教育质量评价标准，加强质量监控。一方面，先后颁布了《特殊教育教师专业标准（试行）》（2015 年）、"盲校、聋校、培智学校义务教育课程标准"（2016 年）、《普通学校特殊教育资源教室建设指南》（2016 年）、《国家手语和盲文规范化行动计划（2015—2020年)》等，建立特殊教育教师、课程、资源教室、手语盲文与学校管理标准，形成了更加完善的义务特殊教育质量评价标准体系。另一方面，《一期特教计划》《残疾人教育条例》《二期特教计划》《县域义务教育优质均衡发展督导评估办法》《义务教育学校管理标准》等对深入课程与教学改革、建立特殊教育质量监测评价体系、加强义务特殊教育质量监督指导等方面提出了明确的要求。

第四，强化义务特殊教育保障能力建设。《一期特教计划》提出，提高特殊教育学校生均预算内公用经费标准，建立健全覆盖全体残疾学生的

---

① 参见教育部《2017 年全国义务教育均衡发展督导评估工作报告》。

资助体系，改善特殊教育办学条件，加强残疾学生学习和生活无障碍设施建设；《特殊教育补助资金管理办法》（2015 年）要求，中央设立特殊教育补助资金用于全国独立设置的特殊教育学校和招收较多残疾学生随班就读的义务教育阶段学校，"重点支持中西部省份和东部部分困难地区"；《残疾人教育条例》（2017 年）强调，县级人民政府应当为实施义务教育的特殊教育学校配备必要的残疾人教育教学、康复评估和康复训练等仪器设备，按照特殊教育学校生均预算内公用经费标准足额拨付费用，地方各级人民政府用于义务教育的财政拨款和征收的教育费附加，应当有一定比例用于发展残疾儿童少年义务教育；《二期特教计划》提出，健全特殊教育经费投入机制，加强专业化特殊教育教师队伍建设，深化体制机制改革，形成关心和支持特殊教育的良好氛围；《义务教育学校管理标准》提出，不断提升义务教育学校治理能力和治理水平，逐步形成"标准引领、管理规范、内涵发展、富有特色"的良好局面，营造"和谐美丽环境"，建设现代学校制度；等等。

总之，新中国成立 70 多年来，我国十分重视义务特殊教育发展战略的顶层设计，不断深化义务特殊教育改革，极大地推动了义务特殊教育的普及与均衡发展。

二、我国义务特殊教育发展战略的特点

义务教育具有强制性、免费性、普及性，我国义务特殊教育发展战略不仅注重"强制性""免费性""普及性"，还强调"均衡""优质"。

（一）保障教育权利，逐步实施免费教育

我国义务特殊教育发展战略十分重视特殊儿童少年的教育权利，不断延长义务教育年限。

首先，重视与保障特殊儿童少年的义务教育权利。《义务教育法》明确规定，国家、社会、学校和家庭依法保障适龄儿童少年接受义务教育的权利；《残疾人保障法》（1990 年）第一次在法律中明确提出了残疾人有

受教育的权利,《残疾人教育条例》(1994 年)提出着重发展、保障残疾儿童少年义务教育;1997 年,党的十五大将普及九年义务教育作为"科教兴国"和"可持续发展"战略的重要组成部分写进党的文件;《关于发展特殊教育的若干意见》提出把残疾少年儿童教育切实纳入普及义务教育的工作轨道;《关于"十五"期间进一步推进特殊教育改革和发展的意见》要求将残疾儿童少年义务教育作为特殊教育事业发展的重点、切实将残疾儿童少年教育纳入义务教育体系;《残教八五方案》《残教九五方案》要求各级政府要采取有力措施使残疾儿童与其他儿童同步实施义务教育;《关于进一步推进义务教育均衡发展的若干意见》《关于统筹推进县域内城乡义务教育一体化改革发展的若干意见》认为义务教育是教育改革发展的重中之重;《关于贯彻落实科学发展观进一步推进义务教育均衡发展的意见》要求切实将残疾儿童少年义务教育纳入"两基"攻坚和巩固提高工作之中,不断提高残疾儿童少年义务教育普及程度;等等。

其次,逐步实施免费义务特殊教育。20 世纪 80 年代,我国颁布《义务教育法》,确立了义务教育制度,普及残疾儿童初等教育。20 世纪 90 年代以后,我国提出特殊教育应坚持"普及与提高相结合,以普及为重点","因地制宜""分阶段""有步骤"地普及残疾儿童少年九年制义务教育。2006 年,重新修订了《义务教育法》,开始全面实施特殊学生免费义务教育,逐步实施高中阶段免费教育。

(二)以普及为重点,不断提高普及率

我国义务特殊教育发展战略十分重视义务特殊教育的普及,不断提高特殊儿童少年教育的普及率。

首先,坚持普及与提高相结合,以普及为重点。新中国成立初期,我国主要着眼于盲校、聋哑学校的恢复与重建。改革开放以后,我国开始试办培智学校,特殊教育对象由盲聋哑残疾学生扩展到弱智儿童学生。20 世纪 80 年代,我国明确提出普及初等教育,开始实行九年义务教育制度,并将残疾儿童特殊教育纳入义务教育范畴。20 世纪 90 年代,提出坚持普及与提高相结合,以普及为重点,着重发展义务教育,不断完善义务教育制度,逐步延长残疾儿童少年义务教育年限。21 世纪则进一步加大残疾儿童少年义务教

育的普及力度，先后提出大力普及残疾儿童少年义务教育、全面提高残疾儿童少年义务教育普及水平、基本普及残疾儿童少年义务教育、全面提高各级各类特殊教育普及水平的工作目标，充分体现了我国对特殊儿童少年义务教育的高度重视与普及义务特殊教育的信心和决心。

其次，不断提高义务特殊教育的普及率。文献分析表明，20世纪80年代，我国提出到2000年"力争全国多数盲、聋和弱智学龄儿童能够入学"；2001年，我国第三次特殊教育工作会议将"十五"期间特殊教育工作目标定位于提升三类适龄残疾学生义务教育"入学率"和"保学率"，提出，到2020年"基本实现市（地）和30万人口以上、残疾儿童少年较多的县（市）都有一所特殊教育学校"。据统计，1989年，我国有特殊教育学校662所，接受义务教育特殊儿童少年约6.4万人，盲童、聋哑儿童入学率不足6%；2005年，有特殊教育学校1662所，接受义务教育特殊儿童少年约36.44万人，三类残疾儿童少年入学率提高到80%；2013年，有特殊教育学校1933所，接受义务教育特殊儿童少年36.81万人，三类残疾儿童入学率达85%；2016年，接受义务教育特殊儿童少年49.17万人，三类残疾儿童少年义务教育入学率已达到90%①。依据2006年全国第二次残疾人抽样调查报告和2010年全国人口普查数据，2020年，6—14岁三类残疾儿童少年106.78万人、在校生100.50万人、隐性入学率95%，七类残疾儿童少年262.70万人、在校生249.56万人、隐性入学率95%（见表5-1）②。经过几十年的发展，已经确立了以随班就读为主的教育形式，经历了"同校—同班—广覆盖"的发展过程，建立了覆盖不同残疾类型的特殊教育学校，取得了"基本普及"的发展成就③。

（三）尊重地方差异，大力推进优质均衡发展

我国义务特殊教育发展战略十分重视义务特殊教育的均衡发展，在缩小地区差异的基础上，不断促进义务特殊教育的优质均衡发展。

---

① 参见教育部《2019年全国教育事业发展统计公报》，中国残疾人联合会《2019年中国残疾人事业发展统计公报》。

② 参见方俊明：《对我国学龄残疾儿童人数与入学率的分析》，《现代特殊教育》2018年第10期。

③ 陈云凡、周燕：《以需要为中心：中国残疾儿童义务教育政策创新研究》，《贵州师范大学学报（社会科学版）》2018年第3期。

首先，尊重地方差异，分类推进义务特殊教育改革发展。《关于实施〈义务教育法〉若干问题的意见》（1986 年）提出，分地区、有步骤地实施义务教育，有计划、有步骤地解决残疾儿童入学问题；《关于发展特殊教育的若干意见》提出，各地应根据经济、文化发展程度制订本地发展特殊教育的规划目标，发达、中等发达、欠发达地区分步普及残疾人教育；《残教八五方案》提出，"八五"期间，依据各地经济发展水平、普及初等教育和残疾儿童少年教育发展的状况，逐步提高视力、听力语言和智力残疾儿童少年初等教育的入学率；《残教九五方案》提出，根据实现基本普及九年义务教育的情况确定各类地区三类残疾儿童少年入学率指标；《关于"十五"期间进一步推进特殊教育改革和发展的意见》提出，按照分区规划、分类指导、分步实施的原则，确定经济发达地区、农村地区与贫困地区实施残疾儿童少年义务教育发展目标，大力推进中西部地区残疾儿童少年义务教育的发展；《残疾人教育工作"十一五"实施方案》提出，"十一五"期间"中央经费主要用于支持中西部地区发展特殊教育"；《关于进一步加快特殊教育事业发展的意见》强调国家支持中西部地区特殊教育学校建设，已经"普九"的中西部农村地区，其三类残疾儿童少年入学率要逐年提高，未"普九"地区要将残疾儿童少年义务教育作为普及九年义务教育的重要内容，三类残疾儿童少年入学率达到70%左右；《残疾人教育条例》（2017 年）提出，县级人民政府应当根据本行政区域内残疾儿童少年的数量、类别和分布情况，统筹规划残疾儿童少年接受义务教育；等等。

其次，着力缩小差异，大力推进义务特殊教育优质均衡发展。我国义务教育经历了"义务教育非均衡分步推进（1985—2000 年）""义务教育均衡发展初步推进（2001—2009 年）""义务教育均衡发展深入推进（2010年以后）"三个阶段①。2000 年以前，我国基础教育处于严重的非均衡发展状态，农村教育面临着衰退和辍学率上升的严峻现实，为此，国家实行九年义务教育，建立地方负责分级管理制度，形成了"县、乡、村三级办学""以乡、村为主，县、乡两级管理"的格局。《关于发展特殊教育的若干意

---

① 李桂荣、李向辉：《中国义务教育均衡发展政策的演进历程及其制度逻辑》，《河南师范大学学报（哲学社会科学版）》2017 年第 5 期。

见》提出，到 2000 年，力争全国多数盲、聋和弱智学龄儿童能够入学。2000 年，我国"两基"目标基本实现，义务教育人口普及率达到了 85%。但是，由于乡级财政实力不均衡，以"乡、村为主"的经费供给体制造成了农村教育经费严重匮乏，加剧了义务教育在区域、城乡之间的不均衡发展局面，从而开始着眼于义务特殊教育的均衡发展。《关于贯彻落实科学发展观进一步推进义务教育均衡发展的意见》要求把均衡发展作为义务教育的重中之重，力争在 2012 年实现区域内义务教育初步均衡、2020 年实现区域内义务教育基本均衡；《残疾人教育工作"十二五"实施方案》提出，动员和组织农村残疾儿童少年接受义务教育，逐步实现区域、城乡之间特殊教育的均衡发展；《一期特教计划》规定，残疾儿童少年义务教育入学率不达标的县（市、区），不得申报全国义务教育基本均衡县；等等。在实践中出现了"江苏模式""上海模式"等成功的特殊儿童义务教育均衡发展模式①。目前，我国特殊教育均衡发展水平日趋提升，区域内部与区域之间差异影响较小的县趋于缩小，东部地区内部差异居中，中部地区内部差异最小，未来发展需精准扶持西部，东部引领，提升中部②。

（四）深化课程与教学改革，优化人才培养目标

我国义务特殊教育发展战略十分重视课程与教学改革，不断优化人才培养目标，促进特殊儿童少年全面发展与个性成长。

首先，注重课程与教学改革，不断提高义务特殊教育人才培养质量。21 世纪以前，义务教育制度处于相对稳定状态，教育机会均等成为社会主流价值，通过普及义务教育实现适龄特殊儿童少年"有学上"的目标。《残教八五方案》《残疾人教育条例》《残教九五方案》等对残疾儿童少年义务教育的内容与形式提出了许多合理的建议。21 世纪后，伴随"两基"攻坚战略任务的如期实现，九年制义务教育全面普及，义务特殊教育的价值诉求由"有学上"转向"上好学"。2006 年，重新修订《义务教育法》，全面推行

①　周霞：《湖南省特殊儿童义务教育的均衡发展研究》，长沙理工大学硕士学位论文，2012 年。

②　李欢、彭燕、汪甜甜等：《近十年中国特殊教育均衡发展实证分析——基于广义熵指数的测度与分解》，《教育学报》2017 年第 4 期。

免费义务教育；2009 年，全国特殊教育会议明确提出特殊教育改革发展的重心要从"普及与提高结合"转到"全面提高"教育质量；2016 年，颁布了三类特校课程标准。同时，《关于"十五"期间进一步推进特殊教育改革和发展的意见》《关于进一步加快特殊教育事业发展的意见》《一期特教计划》《二期特教计划》等都十分注重特殊儿童少年义务教育课程与教学改革以及提高教育质量。

其次，不断优化义务特殊教育人才培养目标，促进特殊儿童少年健康成长。改革开放以前，我国主要关注盲童、聋哑儿童"德智体"全面发展，《关于办好盲童学校、聋哑学校的几点指示》（1957 年）、《全日制六年制盲童学校教学计划（草稿）》、《全日制十年制聋哑学校教学计划（草稿）》（1962 年）明确提出，盲校、聋哑学校的办学任务就是使盲童、聋哑儿童在德育、智育、体育几方面都得到发展。改革开放以后，我国不断扩大特殊教育对象，注重各类特殊儿童"德智体美劳"全面发展，《关于发展特殊教育的若干意见》要求各级各类特校都应贯彻执行"德智体美劳"全面发展的方针。2000 年以后，义务特殊教育不仅关注特殊儿童的全面发展，而且更加注重他们的个性化成长。《关于"十五"期间进一步推进特殊教育改革和发展的意见》指出，从残疾学生的实际出发，有针对性地加强德育、体育和美育工作；《关于进一步加快特殊教育事业发展的意见》提出，"根据残疾学生的身心特点和特殊需求，加强教育的针对性"；《一期特教计划》倡导，使每一个残疾孩子都能接受合适的教育，"加强个别化教育"，"增强教育的针对性与有效性"；《二期特教计划》强调"尊重差异""推进差异教学和个别化教学""促进残疾学生的个性化发展"；等等。

（五）不断完善质量评价体系，加强质量评估监测

我国义务特殊教育发展战略十分重视义务特殊教育质量评价标准体系与机制的完善，确保义务特殊教育的人才培养质量。

首先，不断完善义务特殊教育质量评价标准体系。改革开放以来，我国先后颁布了一系列规章，形成了比较完善的义务特殊教育质量评价标准体系。比如，《特殊教育学校暂行规程》（1998 年）、《特殊教育学校建筑设计规范》（2003 年）、《义务教育阶段盲校（聋校、培智学校）教学与医疗康

复仪器设备配备标准》（2010 年）、《特殊教育学校建设标准》（2011 年）明确了特校基本建设的规范或标准，《普通学校特殊教育资源教室建设指南》（2016 年）明确了普通学校特殊教育资源教室建设要求；《关于加强特殊教育教师队伍建设的意见》（2012 年）、《特殊教育教师专业标准（试行）》明确了特殊教育师资队伍建设的具体要求及标准；"全日制盲校、聋校、弱智学校（班）课程计划"（1994 年）、"盲校、聋校、培智学校义务教育课程设置实验方案"（2007 年）、"盲校、聋校、培智学校义务教育课程标准"（2016 年）进一步明确了三类特校义务教育课程的培养目标、设置原则、教学进程；等等。

其次，加强义务特殊教育质量评估监测。我国十分注重义务特殊教育质量评估、监测与指导。《残教八五方案》要求加强残疾儿童少年义务教育督导、检查、评估；《关于"十五"期间进一步推进特殊教育改革和发展的意见》提出，加强对残疾儿童少年特别是农村地区残疾儿童少年接受义务教育的督导评估工作；《残疾人教育工作"十一五"实施方案》要求各省、自治区、直辖市要进行年度检查和评估；《一期特教计划》提出，各地要以县（市、区）为单位，对基本普及残疾儿童少年义务教育进行评估验收，将残疾儿童少年入学率、特殊教育教师专业化水平和特殊教育保障水平等作为评估验收的主要指标，评估结果向社会公布；《残疾人教育条例》（2017 年）提出，县级人民政府教育行政部门应建立残疾人教育专家委员会、特殊教育资源中心，指导、评价区域内残疾儿童少年义务教育工作；等等。

总之，我国义务特殊教育发展战略日趋成熟，不仅强调义务特殊教育的"强制性""免费性""普及性"，而且不断加强质量监测与督导，深入推进义务特殊教育的"均衡化""优质化"。

三、我国义务特殊教育发展战略的未来构想

我国义务特殊教育发展战略仍存在"术语欠规范""结构欠完善""职责错位""督导不力"等问题，未来需进一步明确内涵，完善顶层设计结构，强化政府职责与加强督导，争取社会支持。

（一）规范术语，创新理念

我国义务特殊教育发展战略的术语欠规范，关注前沿有限，未来需进一步规范术语，明确内涵，更新观念。

首先，进一步规范术语，明确内涵。"义务特殊教育"或"特殊义务教育"应是为特殊儿童少年提供的义务教育，把"义务特殊教育"等同于"残疾儿童少年教育"，窄化了义务特殊教育的外延、歪曲了义务特殊教育的内涵，更远离了"全纳"特殊教育发展战略的实践诉求。新中国成立70多年来，我国义务特殊教育发展战略不断明确义务特殊教育对象、提高义务特殊教育的普及水平，目前已惠及所有特殊教育需要个体，然而，顶层设计主要使用"残疾儿童少年义务教育"，未使用"义务特殊教育"或"特殊义务教育"一词，不仅窄化了义务特殊教育的内涵与外延，而且与现实不符。因此，我国应明确义务特殊教育的内涵与外延、规范义务特殊教育发展战略的文本术语，尽量减少"残疾""残疾人或学生（幼儿、儿童、青少年）""残疾人教育"的使用频次，避免使用"智力残疾""精神残疾"，增加"特殊需要""障碍""特殊需要学生或儿童少年"的使用频率。

其次，关注前沿，创新理念。众所周知，20世纪60—90年代，国际教育界先后提出"终身教育""全民教育""全纳教育"等，教育体系从"体制化教育"向"终身学习"转变、教育实践从"以教为核心"到"以学为核心"、教育观念从"学会生存"到"学会共处"[1]。我国需重构义务教育财政体制，推进和实现城乡教育一体化，建立健全教育问责制，均衡配置教育资源，缩小城乡义务教育差距，构建"1+9+1"义务教育新模式（"学前一年+九年义务教育+初中后一年职业培训"），树立平等的教育观，消弭教育等级化[2]。因此，我国义务特殊教育发展战略应自觉融入终身教育、全纳教育等国际教育新理念，彰显顶层设计的时代性、前瞻性。

---

[1] 李小波：《从终身教育、全民教育到全纳教育——战后国际教育思潮发展历程研究》，华东师范大学硕士学位论文，2003年。

[2] 李军超：《政府推进城乡义务教育均衡发展的制度逻辑》，华中师范大学博士学位论文，2012年。

（二）优化顶层设计，健全配套方案

我国义务特殊教育发展战略结构欠完善，需进一步优化顶层设计，健全配套方案。

首先，提高特殊教育立法层次，提高义务特殊教育法律效力。义务教育阶段的特殊教育应纳入"国家基本公共教育服务"范畴，应将特殊教育作为优先发展领域，加强立法，进一步明确以人为本的基本理念，完善从学前到高等的特殊教育体系，建立投入稳定增长的财政保障机制，落实扶残助学政策措施，帮助每一个残疾儿童和青少年得到适宜的教育①。目前，宪法是我国根本大法，教育法是教育的母法，特殊教育法规仍停留在条例层面，法律效力十分有限。我国要提高义务特殊教育决策的威信、人们遵守义务特殊教育政策的自觉性和义务特殊教育政策的执行力度，需尽快出台特殊教育法、地方性法规以及各级各类特殊教育规范性文件，把义务特殊教育发展战略上升到国家法律层面，从而形成多层次、体系完善的义务特殊教育发展战略体系，确保义务特殊教育顶层设计的有效实施与法律效力。

其次，优化结构，健全配套。义务教育公共服务均等化制度应坚持全纳、公平、优质、良序，坚持底线公平、利益均衡、增量改革、统筹兼顾，优先面向老少边穷地区儿童、随迁儿童、留守儿童、残疾儿童和学困儿童②；地方特殊教育政策应规定具体的任务指标以及时间限制、针对重点任务制定配套的项目实施方案、明确具体任务的执行主体及其责权范围，内容应具体化、具有可操作性③，提升地方特殊教育相关配套立法的可操作性、专业性和创新性④。当前，我国不仅需完善义务特殊教育发展战略的文本结构，明确义务特殊教育改革发展的总体目标、主要任务、主要措施、组织实施，而且应进一步加强区域或地方义务特殊教育发展战略的顶层设计，加快区域或地方义务特殊教育改革发展实施方案的出台，提升实施方案的针对性。

---

① 郭春宁：《特殊教育应是国家基本公共教育服务优先保障的领域》，《中国特殊教育》2011 年第 5 期。

② 柳欣源：《义务教育公共服务均等化的制度构建》，华东师范大学博士学位论文，2017 年。

③ 李静郦、孙玉梅：《地方贯彻〈特殊教育提升计划（2014—2016）〉的政策文本分析》，《绥化学院学报》2017 年第 4 期。

④ 赵小红：《地方特殊教育立法的进展、问题与建议》，《中国特殊教育》2018 年第 7 期。

（三）明确职责范围，强化政府主体地位

我国义务特殊教育发展战略比较关注地方办学责任，未来需进一步明细，明确主体职责，强化政府主体责任。

首先，进一步明确各级政府组织在发展义务特殊教育方面的职责范围。义务特殊教育是免费的、强制的，基本条件建设主要应是中央及省（自治区、直辖市）政府的职责，县、村（镇）政府主要应负责上级政策的落实与提高特殊教育质量。我国应进一步明确划分各级政府的责任，为推进义务教育均衡发展提供刚性保证，切实防止政府过于集中的财权而事实上义务教育供给责任不对称的格局的出现，明确中央政府应当承担的供给责任，建立由中央、省、市、县和乡共同分担义务教育经费的供给机制，"以确保各级财政对于义务教育经费的具体分担有法可依、稳定可期、公开透明，以便公众对于政府以及各级政府相互之间能够依法监督、依法问责"①；理顺特殊教育行政管理体制，理顺教育部内部特殊教育行政管理体制，明确相关司（处）特殊教育职责归属，赋予特殊教育办公室的职能和权限，明确将特殊教育纳入直属事业单位工作范畴，强化特殊教育督导和教育执法，相关政府机构增设残疾人事务管理人员。加强县级政府开展特殊教育工作的执行能力，县级政府设立残疾人事务办公室，县级教育行政部门设立专职特教行政管理人员，设立县级残疾人教育专家指导委员会，设立县级特殊教育管理中心，实施普通学校"零拒绝"申请入学制度②；县级残联组织应明确自身职能定位，通过建立定期交流制度、落实数据调查机制、强化康复机构功能、加大经费投入等，充分发挥职能作用，协力推进融合教育③。目前，我国一些相关文件对义务特殊教育的组织实施的职责缺乏全局规划，因此，需进一步优化义务特殊教育改革发展的保障机制，明确中央与省（自治区、直辖市）政府的主导作用，强化县（市、区）教育局统筹协调与有效实施职责。

---

① 吴康宁：《及早谋划省域义务教育基本均衡发展的国家战略》，《教育研究与实验》2015年第2期。

② 彭霞光：《实现特殊教育现代化的主要障碍及政策建议》，《中国特殊教育》2016年第11期。

③ 宋荣庆：《融合教育背景下县级残联组织的职能发挥》，《现代特殊教育》2017年第23期。

其次，提升中央与省（自治区、直辖市）级政府主体地位。目前，我国义务特殊教育发展战略过多强调县、村（镇）级政府在发展义务特殊教育方面的职责。国家是义务教育中最主要的义务主体，也是最大的义务履行方，应该遵循在必须提供物质资源、内容资源和制度资源以帮助或便利适龄的少年儿童接受义务教育的利益得以实现。学校在不违背国家的教育理念、教育方针的前提下，可以自主行使学校的教育权①。因此，为完善义务教育均衡发展政策，实现教育公平，必须优化城乡教育的制度环境，打破对原有制度的路径依赖，加强中央和省级政府的主导作用，投资主体和重心逐渐上移至省级，明确各级政府的义务教育职责。形成科学合理的保障机制是义务教育均衡发展政策的必然选择②。

（四）加强督导宣传，提升社会认同与支持

我国义务特殊教育发展战略实施督导机制仍不健全，社会认同与支持有限，未来需进一步加强督导与舆论宣传，提升社会认同与支持力度。

首先，健全评价体系，强化实践督导。质量评价体系是义务特殊教育改革发展及绩效评估的行动指南，监督指导是特殊教育质量评价体系有效实施的保障。完善义务教育发展监测制度，应确立"丰富充分的多元价值取向"，"完善监测制度体系"，"创新执行机制"，"强化结果使用与问责"③；建立有效的民主监测机制，应"引入外部的监督力量"，"以自评、社会中介组织和利益相关群体为主体"，"科学评估政策实施的效果"，"推动政策的变革和完善"，确保义务教育均衡发展政策"公平""科学""有效"④。目前，我国尽管先后颁布了特殊教育学校建设标准、特校课程标准、特教教师标准等，重视义务特殊教育"督导评估"，但是，课程标准主要针对三类

---

① 陈晓伟：《教育的义务与义务教育——论我国〈义务教育法〉的义务配置》，中共中央党校博士学位论文，2017 年。

② 李桂荣、李向辉：《中国义务教育均衡发展政策的演进历程及其制度逻辑》，《河南师范大学学报（哲学社会科学版）》2017 年第 5 期。

③ 杨令平、司晓宏、魏平西：《浅议义务教育监测制度的发育》，《教育研究》2018 年第 12 期。

④ 王星霞：《义务教育发展政策变迁：制度分析与政策创新》，《河南大学学报（社会科学版）》2017 年第 2 期。

特校，特教教师专业标准比较宽泛，质量评价标准体系对各级各类义务特殊教育的改革发展及质量评价针对性不强，督导评估体系、机制仍不健全。有研究认为，全面普及残疾儿童少年义务教育是特殊教育工作的重中之重，争取运用多种形式增加入学机会是提高残疾儿童少年义务教育普及水平的重要抓手，拓展特殊教育资源总量是提高残疾儿童少年义务教育普及水平的重要举措，健全经费保障机制是提高残疾儿童少年义务教育普及水平的必要条件[①]；特殊教育未来工作要围绕95%入学率的这个指标，从"找出来、安置好、强保障、有质量"四个方面开展，"要把未入学的残疾孩子一个一个找出来"，"一个一个以适宜的入学方式安置好"，"一个一个地落实条件保障"，"让他们都能够接受有质量的教育"[②]；义务教育均衡发展要按"三步走"，通过规划"一体化"保障城乡义务教育均衡发展，通过政策"倾斜化"推动区域义务教育均衡发展[③]。因此，我国不仅需进一步完善义务特殊教育质量评价监测体系，构建"层级贯通""普职融通""医教康结合"的"全纳"义务特殊教育质量评价体系，提升义务特殊教育评价的针对性；而且需加快义务特殊教育质量评价监测专家团队与专业机构建设，加强对地方义务特殊教育质量评价标准建设与实施过程的监督与指导，提高义务特殊教育质量评价监测的实效性。

其次，强化舆论宣传，提高社会合力。社会支持是义务特殊教育改革发展的力量源泉。目前，我国不仅对义务特殊教育发展战略缺乏充分的舆论宣传，而且尚未形成健全的社会支持管理机制与体系，义务特殊教育社会认同与支持不足。有研究认为，我国需加强对义务教育均衡发展政策以及教育法治、教育民主、教育公平等现代教育理念的宣传和推广工作，提高各相关利益群体对义务教育均衡发展政策的认同度，营造文明的文化氛围，为义务教

---

① 彭霞光：《"攻坚克难"提高残疾儿童少年义务教育普及水平》，《中国特殊教育》2017年第8期。

② 李天顺：《在〈第二期特殊教育提升计划（2017—2020年）〉部署会上的发言》，《中国特殊教育》2017年第8期。

③ 李军超、樊慧玲：《实现中国义务教育均衡发展的模式构建——战略部署、路径选择与机制创新》，《教育学术月刊》2011年第6期。

育均衡发展政策的顺利实施清除思想障碍①；强化正确的意识形态宣传和教育，使教育管理者纠正原有的发展思路，在义务教育中牢固树立均衡发展观和素质教育观，充分认识到只有促进义务教育均衡发展和学生素质全面发展，才能提高义务教育资源的整体效率和效用②；通过政策宣传、评价督导、公民参与协商等机制，广泛听取政策对象的意见和建议，使政府的教育管理模式由"单向指令控制"模式转向"多向协商治理"模式，加强制度的融合与交流③。据此，我国需进一步加强顶层设计的舆论宣传与指导，提高义务特殊教育的社会认同，营造"全纳"义务特殊教育舆论生态；进一步优化义务特殊教育社会支持管理制度与机制，建立地方政府、高校、特教机构、社会组织与个体联动机制，明确社区、社会团体、民间组织、家庭与个人参与义务特殊教育支持与服务的权利与义务，从而构建"全纳"社会支持体系与实现"全纳"社会合力。

总之，新中国成立 70 多年来，我国十分重视义务特殊教育发展战略的顶层设计，有力地促进了特殊儿童少年义务教育的普及与均衡发展。但是，仍需进一步更新理念，完善结构，强化政府主体地位，加强督导宣传，提高义务特殊教育改革发展效果。

---

① 王星霞：《义务教育发展政策变迁：制度分析与政策创新》，《河南大学学报（社会科学版）》2017 年第 2 期。

② 夏茂林：《我国义务教育资源配置差距的制度述源及变革研究》，西南大学博士学位论文，2014 年。

③ 李桂荣、李向辉：《中国义务教育均衡发展政策的演进历程及其制度逻辑》，《河南师范大学学报（哲学社会科学版）》2017 年第 5 期。

第六章　我国学前特殊教育发展战略

学前特殊教育发展战略就是决策者基于理论与实践成果，对学前特殊教育改革发展的目标、走向、措施和组织实施的顶层设计与谋划，承载着我国改革、发展与繁荣学前特殊教育事业的历史使命与时代诉求。新中国成立以来，我国十分重视学前特殊教育发展，先后颁布了《关于发展特殊教育的若干意见》（1989 年）、《残疾人保障法》（1990 年，2008 年）、《残疾人教育条例》（1994 年，2017 年）、《关于"十五"期间进一步推进特殊教育改革和发展的意见》、《关于进一步加快特殊教育事业发展的意见》（2009 年）、《残疾人教育工作"十二五"实施方案》（2012 年）、《0—6 岁儿童残疾筛查工作规范（试行）》（2013 年）、《一期特教计划》、《二期特教计划》、《中华人民共和国学前教育法草案（征求意见稿）》（2020 年，以下简称《学前教育法草案》）等一系列规章，形成学前特殊教育改革发展的基本思路。但是，我国学前特殊教育发展战略体系仍不完善，学前特殊教育发展比较缓慢。

目前，我国学者越来越重视特殊教育发展战略和学前特殊教育发展研究，已有研究论及特殊教育儿童早期立法[1]、省级学前特殊教育顶层设计构想[2]，然而，相关研究成果少、不系统，没有专题研究学前特殊教育发展战略问题。

本章试图对我国学前特殊教育发展战略的发展历程、特点及未来抉择做

---

[1]　张玲艳：《特殊儿童早期教育中的立法制度建设初探》，《法制与社会》2016 年第 30 期。
[2]　叶编、曾雅茹、吴春玉：《优化顶层设计，构建学前特殊教育公共服务体系》，《现代特殊教育》2016 年第 15 期。

一些梳理，以期对我国未来学前特殊教育发展战略体系建设与实践提供一些借鉴。

一、我国学前特殊教育发展战略的历程

我国学前特殊教育发展战略经历了孕育时期（1949—1988 年）、形成时期（1989—2008 年）、发展探索时期（2009—2016 年）和成熟时期（2017年至今）四个阶段。

（一）孕育时期（1949—1988 年）

此阶段着重于特殊教育机构的恢复与重建，特殊儿童教育被纳入特殊教育体系，论及学前教育、特殊教育的意义、办学形式、教育内容、师资培养、经费保障等问题。

新中国成立以后，我国逐步建立了比较完整的学校教育体系，特殊教育、幼儿教育受到越来越多的关注，特殊教育逐步被纳入义务教育范畴，但是，特殊教育与幼儿教育被视为两个独立的教育形式，特殊儿童学前教育没进入特殊教育发展战略顶层设计视野之中。比如，《关于改革学制的决定》（1951 年）明确将残疾儿童特殊教育纳入我国学校教育体系，论述了幼儿教育机构设置、师资培养等事宜；《宪法》（1982 年）、《中共中央关于教育体制改革的决定》（1985 年）论及学前教育、残疾儿童特殊教育；《义务教育法》（1986 年）、《关于实施〈义务教育法〉若干问题的意见》（1986 年）明确将残疾儿童特殊教育纳入义务教育，但未论及幼儿教育；《关于进一步办好幼儿学前班的意见》（1986年）系统阐释学前教育事宜，但未论及残疾儿童学前教育问题；等等。

（二）形成时期（1989—2008 年）

本阶段大力推进随班就读工作①，学前特殊教育被纳入特殊教育规章之

---

① 《关于开展残疾儿童少年随班就读工作的试行办法》（1994 年）系统阐释了残疾儿童少年随班就读工作的意义、对象、入学、教学要求、师资培训、管理等问题，标志着我国融合教育时代的到来，遗憾的是，该办法没提及特殊儿童学前教育问题。

中，形成了学前特殊教育改革发展的基本思路。

第一，明确了学前特殊教育改革发展的目标与基本要求。《关于发展特殊教育的若干意见》明确了特殊儿童学前教育的重要性、办学机构、目标等，要求"积极开展学前教育"；《残疾人保障法》（1990 年）阐释了特殊儿童学前教育的意义、办学主体，明确提出积极发展学前教育；《残疾人教育条例》（1994 年）专章阐释了残疾儿童学前教育，明确了残疾儿童学前教育的重要意义、基本原则、办学机构等，提出"积极发展学前教育""残疾幼儿教育应与保育、康复相结合"；《残教九五方案》明确规定，"九五"期间应"积极开展残疾儿童学前教育"，"使残疾儿童学前教育有较大发展"；《关于"十五"期间进一步推进特殊教育改革和发展的意见》明确了残疾儿童学前教育的目标、要求，提出积极发展残疾儿童学前教育；等等。

第二，进一步明确了学前特殊教育的办学形式与教育内容。《关于发展特殊教育的若干意见》（1989 年）提出，在特殊教育学校、残疾儿童康复机构和普通幼儿园举办残疾儿童学前班，并依靠家庭的配合，对残疾儿童进行早期智力开发和功能训练；《残疾人保障法》（1990 年）要求，普通幼儿教育机构应当接收能适应其生活的残疾幼儿，残疾幼儿教育机构、普通幼儿教育机构附设的残疾儿童班、特殊教育学校的学前班、残疾儿童福利机构、残疾儿童家庭对残疾儿童实施学前教育；《残疾人教育条例》（1994 年）认为，残疾幼儿学前教育机构应包括残疾幼儿教育机构、普通幼儿教育机构、残疾儿童福利机构、残疾儿童康复机构、普通小学的学前班和残疾儿童少年特校学前班，"残疾儿童教育应与保育、康复相结合"，"为残疾幼儿提供早期发现、早期康复与早期教育咨询与指导"；《残教九五方案》明确提出在"九五"期间，推动残疾儿童少年义务教育的发展，采取有力措施实施本方案，使"残疾幼儿学前教育有较大发展"；《关于"十五"期间进一步推进特殊教育改革和发展的意见》提出，积极支持幼儿教育、特殊教育机构以及社区、家庭开展 3 岁以下残疾儿童早期康复、教育活动；等等。

第三，重视学前特殊教育的组织实施。《特殊教育补助费使用办法》（1989 年）规定特殊教育补助费使用范围包括残疾儿童早期教育机构；《残教八五方案》提出"开展残疾幼儿学前教育试验"；《残疾人教育条例》（1994 年）认为残疾儿童学前教育应由家庭、学校、卫生保健机构等多方参与;《残教九五方案》提出,"九五"期间残疾儿童学前教育应"坚持特殊教育学校、儿童福利院与家庭相结合";《关于"十五"期间进一步推进特殊教育改革和发展的意见》提出,应积极支持幼儿教育、特殊教育机构以及社区、家庭开展 3 岁以下残疾儿童早期康复、教育活动;等等。

(三) 发展探索时期 (2009—2016 年)

此阶段进一步优化残疾儿童学前教育顶层设计,形成了比较完整的学前特殊教育改革发展思路。

第一,更加重视学前特殊教育的现实意义。《关于进一步加快特殊教育事业发展的意见》强调,要"因地制宜发展残疾儿童学前教育",有条件的城市和农村地区要基本满足残疾儿童接受学前教育的需求;《国家中长期教育改革与发展纲要 (2010—2020 年)》提出要因地制宜发展残疾儿童学前教育;《关于当前发展学前教育的若干意见》(2010 年) 提出要发展残疾儿童学前康复教育;《残疾人教育工作"十二五"实施方案》明确提出"加快发展残疾人学前教育",将残疾儿童学前教育纳入教育规划纲要学前教育分领域规划、地方学前教育整体规划和三年行动计划;《国家人权行动计划 (2012—2015 年)》将发展儿童学前康复教育作为实现人权的重要途径;《一期特教计划》提出"积极发展残疾儿童学前教育",各地要"将残疾儿童学前教育纳入当地学前教育发展规划、列入国家学前教育重大项目"。

第二,确立比较明确的学前特殊教育发展目标与任务。《残疾人教育工作"十二五"实施方案》提出,在"十二五"期间"基本普及残疾儿童学前一年教育","有条件的地方基本普及学前两年或三年教育";《一期特教计划》提出"建立全纳特殊教育体系",使每一个残疾孩子都能接受合适的教育;《关于实施第二期学前教育三年行动计划的意见》(2014 年) 提出"努力增加残疾适龄儿童的入园机会";等等。

第三,注重残疾儿童早期评估、干预、康复与教育的有机结合。《残疾人教育工作"十二五"实施方案》提出,鼓励和支持幼儿园、特殊教育学校、残疾儿童康复机构和儿童福利机构等实施残疾儿童学前教育,有条件的地方举办集早期干预、教育、康复于一体的学前特殊教育机构;《0—6 岁儿童残疾筛查工作规范 (试行)》系统阐释了 0—6 岁儿童残疾筛查工作的意义、适用范围、主要路径、工作要求与组织实施等，要求积极推动残疾儿童早期筛查、治疗和康复的工作机制的建立；等等。

第四，更加重视学前特殊教育的组织实施。《关于进一步加快特殊教育事业发展的意见》强调，地方各级教育、民政、卫生部门和残联要相互协作，鼓励社会力量举办学前特殊教育机构；《关于当前发展学前教育的若干意见》（2010 年）提出，资助家庭经济困难儿童、孤儿和残疾儿童接受普惠性学前教育，"妇联、残联等单位要积极开展对残疾儿童早期教育的宣传指导；《残疾人教育工作"十二五"实施方案》提出，"政府统筹规划和协调"，鼓励和支持社会力量多种形式举办残疾儿童幼儿园，实施"阳光助学计划"等多种形式资助家庭经济困难的残疾儿童接受普惠性学前教育；《一期特教计划》提出，"支持普通幼儿园创造条件接收残疾儿童"，支持特殊教育学校和有条件的儿童福利机构增设附属幼儿园（学前教育部），"完善非义务教育阶段残疾学生资助政策"；《普通学校特殊教育资源教室建设指南》（2016 年）提出"加快幼儿园资源教室建设"；等等。

（四）成熟时期（2017 年至今）

此阶段进一步优化残疾儿童学前教育顶层设计，形成了比较成熟的学前特殊教育改革发展思路。

第一，更加重视学前特殊教育的现实意义。《残疾人教育条例》（2017年）提出实行"普及与提高相结合""以普及为重点"的方针，"积极开展残疾儿童学前教育"；《学前教育法草案》以单行法的形式明确特殊儿童教育的基本权利、责任主体、办学机构、经费保障等问题，"凡具有中华人民共和国国籍的适龄儿童，不分本人及其父母或者其他监护人的民族、种族、性别、户籍、职业、家庭财产状况、身体状况、受教育程度、宗教信仰等，依法享有平等接受学前教育的权利"，应当坚持儿童优先和儿童利益最大化原则，尊重儿童人格，"保障学前儿童享有游戏、受到平等对待的权利"。

第二，确立比较明确的学前特殊教育发展目标与任务。《残疾人教育条例》（2017 年）提出，逐步提高残疾幼儿接受学前教育的比例，支持普通幼儿园、特殊教育学校、残疾儿童福利机构、残疾儿童康复机构招收残疾幼儿，实施学前教育；《二期特教计划》提出，支持普通幼儿园接收残疾儿童，在特殊教育学校和有条件的儿童福利机构、残疾儿童康复机构普遍增加学前部或附设幼儿园，在有条件的地区设置专门招收残疾孩子的特殊幼儿园；《学前教育法草案》提出，国家普及学前教育，构建覆盖城乡、布局合理、公益普惠的学前教育公共服务体系，县级以上地方人民政府应当根据本区域内残疾学前儿童的数量、类型和分布情况，统筹实施多种形式的学前特殊教育，推进融合教育，缩小城乡之间、区域之间学前教育发展差距；等等。

第三，强化特殊儿童"医教康"协同培养。《残疾人教育条例》（2017年）提出，残疾幼儿教育应当与保育、康复结合实施，卫生保健机构、学前教育机构、儿童福利机构和家庭应当注重对残疾幼儿的早期发现、早期康复和早期教育；《二期特教计划》提出，支持普通幼儿园、特殊教育学校和有条件的儿童福利机构、残疾儿童康复机构学前部或附设幼儿园、专门招收残疾孩子的特殊幼儿园为残疾儿童提供功能评估、训练、康复辅助器具、教育等基本服务；《学前教育法草案》要求，幼儿园应当接收具有接受普通教育能力的残疾学前儿童入园，鼓励、支持有条件的特殊教育学校、儿童福利机构和康复机构设置幼儿园（班），幼儿园对体弱和残疾学前儿童应当予以特殊照顾，小学、特殊教育学校、儿童福利机构、康复机构等附设的幼儿园（班）等学前教育机构适用本法；等等。

第四，更加重视学前特殊教育的组织实施。《残疾人教育条例》（2017年）要求，县级人民政府及其教育行政部门、民政部门等有关部门应当"支持普通幼儿园创造条件招收残疾幼儿"；《关于实施第三期学前教育行动计划的意见》（2017年）提出，各地要"建立学前教育综合改革协调机制"，明确教育、编制、发展改革、财政、人力资源社会保障、住建、卫生计生、残联等部门的任务，着力破解长期制约学前教育发展的体制机制问题；《二期特教计划》提出，逐步加大学前教育阶段优先资助残疾学生力度，鼓励有条件的高等学校加强学前教育的特教师资培养和学前教育课程资源建设；《关于学前教育深化改革规范发展的若干意见》（2018年）提出，各地要"认真落实幼儿资助政策""确保残疾儿童得到资助"；《学前教育法草案》提出，国务院和地方各级人民政府应当依法履行职责，为学前儿童接受学前教育提供条件和支持，经济困难家庭的残疾儿童接受免费学前教育，承担特殊教育任务的幼儿园教师按规定享受特殊教育津贴，残疾学前儿童的生均财政拨款标准和生均公用经费标准应当考虑保育教育和康复需要适当提高；等等。

总之，改革开放以来，我国越来越重视学前特殊教育改革发展的顶层设计，逐步形成比较完整的战略构想与思路，为学前特殊教育改革发展提供了有力的制度保障与智力支撑。据统计，2019 年，我国学前教育阶段特殊儿童在校生 4993 人①。

二、我国学前特殊教育发展战略的特点

目前，我国学前特殊教育发展战略主要阐释了学前特殊教育改革发展的意义、总体要求、目标任务、主要措施和组织实施等内容，特别重视学前特殊教育改革发展的战略意义，注重特殊儿童早期诊断、干预、康复与教育一体化，注重"家、园、地"多方协作。

（一）重视学前特殊教育改革发展的战略意义

新中国成立以来，我国十分重视特殊教育体系建设，学前特殊教育作为特殊教育体系的重要组成部分，受到越来越多的关注。

首先，学前特殊教育被纳入特殊教育法规顶层设计之中。《残疾人保障法》阐释了残疾儿童学前教育的重要性、办学主体；《残疾人教育条例》专题阐释了学前特殊教育，残疾人事业"五年"纲要、特殊教育提升计划、学前教育提升计划等文件都论及学前特殊教育，先后提出"积极发展""因地制宜发展""大力发展"学前特殊教育的顶层构想；《学前教育法草案》以单行法的形式明确特殊儿童教育的基本权利、责任主体、办学机构、经费保障等问题。

其次，有的省专门颁布了学前特殊教育规章。比如，《福建省特殊教育

---

① 教育部于 2019 年首次将特殊儿童学前教育入学情况纳入年度教育统计数据。

幼儿园管理办法（试行）》《福建省特殊教育幼儿园设置标准（试行）》
（2011 年）等充分显示了地方政府对学前特殊教育改革发展的高度重视。

（二）注重特殊儿童早期诊断、干预、康复与教育一体化

学前特殊教育不同于初等、中等、高等特殊教育，它面临的是 0—6 岁
特殊儿童，这些儿童身心不成熟，但可塑性大。我国正是基于学前特殊教育
的特殊性，十分重视特殊儿童的早期诊断、干预、康复与教育的有机结合。
《残疾人教育条例》（1994 年）认为，"残疾儿童学前教育应与保育、康复
相结合"，"为残疾幼儿提供早期发现、早期康复与早期教育咨询与指导"；
《残教九五方案》提出，智残儿童康复站应对智力残疾儿童进行生活自理和
认知能力训练，学前班应开展早期教育、早期康复；《关于"十五"期间进
一步推进特殊教育改革和发展的意见》要求，积极开展残疾儿童早期康复、
教育活动；《关于进一步加快特殊教育事业发展的意见》强调，积极开展残
疾儿童早期干预、早期教育和康复训练；《残疾人教育工作"十二五"实施
方案》提出，有条件的地方应举办集早期干预、教育、康复为一体的学前特
殊教育机构；《0—6 岁儿童残疾筛查工作规范（试行）》提出，积极推动残
疾儿童早期筛查、治疗和康复的工作机制的建立；《二期特教计划》提出，
支持为残疾儿童提供功能评估、训练、康复辅助器具、教育等基本服务；
《学前教育法草案》强调幼儿园、特殊教育学校、康复机构等协同培育特殊
儿童；等等。

（三）突出"家、园（校）、地"多方协作

学前特殊教育与早期诊断、干预、康复有着紧密的联系，常常需要学
校、家庭、社区等多方协作。我国十分重视学前特殊教育机构与家庭、社
区、康复机构等多方面协作，形成比较完善的"家、园（校）、地"协同机
制。比如，《残疾人教育条例》（1994 年）认为学前特殊教育"需要家庭、
学校、卫生保健机构等多方参与"；《残教九五方案》提出"残疾儿童学前
教育应坚持特殊教育学校、儿童福利院与家庭相结合"；《关于"十五"期
间进一步推进特殊教育改革和发展的意见》、《残疾人保障法》（2008 年）
提出应"加强幼儿园、特殊教育学校、社区、家庭多方协作"；《残疾人教

育工作"十二五"实施方案》提出，鼓励和支持幼儿园、特殊教育学校、残疾儿童康复机构和儿童福利机构等实施残疾儿童学前教育；《残疾人教育条例》（2017 年）提倡，卫生保健机构、学前教育机构、儿童福利机构和家庭协同开展残疾幼儿教育；《二期特教计划》提出，支持普通幼儿园、特殊教育学校、儿童福利机构、残疾儿童康复机构、特殊幼儿园为残疾儿童提供学前教育服务；《学前教育法草案》明确规定国务院、地方政府、教育机构以及家庭的责任；等等。

总之，我国十分重视学前特殊教育改革发展，已形成了学前特殊教育发展的基本思路，学前特殊教育得到初步发展。

三、我国学前特殊教育发展战略的未来构想

我国学前特殊教育顶层设计结构体系仍不完善，督导机制仍不健全，组织实施实效不强，未来需进一步提升学前特殊教育的战略地位，加快专项文件的出台，加强质量监测评价体系建设，强化多方协作机制。

（一）凸显学前特殊教育的战略地位

学龄前特殊幼儿处于弱势群体的底层，更需要沐浴社会和谐的阳光。学前特殊教育是教育和谐、教育公平的起点，对创建和谐社会具有重要价值，是特殊幼儿成长的关键[①]。目前，《残疾人保障法》《残疾人教育条例》《学前教育法草案》《关于发展特殊教育的若干意见》《关于进一步加快特殊教育事业发展的意见》《一期特教计划》《二期特教计划》等规章都论及特殊儿童学前教育，先后提出"积极开展""因地制宜发展""加快发展""加大力度发展"特殊儿童学前教育。但是，至今未颁布"特殊教育法"，中央与地方至今未颁布学前特殊教育改革发展专项文件，学前特殊教育改革发展缺乏应有的法律保障，特殊教育的战略地位没有充分的立法支撑。因此，我

---

① 朱宗顺：《学前特殊教育：创建和谐社会不应忽视的领域》，《中国特殊教育》2005 年第 5 期。

国需进一步加快特殊教育法的立法进程，构建更加完善的学前特殊教育法律体系①，通过法律固化学前特殊教育的战略地位与价值，从而更有效地促进我国学前特殊教育的健康发展。

（二）优化文本结构

目前，我国学前特殊教育顶层设计构想主要散见于《残疾人教育条例》《一期特教计划》《二期特教计划》《学前教育法草案》等相关文件之中，学前特殊教育发展战略体系仍不健全。未来，我国不仅需加快学前特殊教育发展战略顶层设计进程，颁布学前特殊教育改革发展的实施意见或方案及配套方案，而且需进一步明确学前特殊教育改革发展的意义、总体目标、基本原则、重点任务、主要措施与组织实施。战略定位应凸显学前特殊教育改革发展的紧迫性与重要性；总体目标应致力于全面提高学前特殊教育的普及水平，促进城乡学前特殊教育的均衡发展；坚持"城乡互动""分层推进"的基本原则；重点任务与主要措施应着眼于优化学前特殊教育体系，提升学前特殊教育保障能力，深化学前特殊教育改革，提升学前特殊教育质量；重点难点应着眼于基本条件建设、师资队伍的可持续发展和广泛社会认同与支持。

（三）强化质量监测与督导

质量监测与督导是学前特殊教育发展战略得以有效实施的有力保障。学前特殊教育质量评价应树立"全纳教育"的理念，制订符合质量内核的评价指标，注重标准的社会性建构，采用评价主体多元化的评价方法②；质量监测应强化"以问责促提升"的评价目的，形成既科学合理又富有文化特色的评价内容，建设"质""量"结合的评价工作体系③；加大执法力度，

---

① 石丽娜：《美国联邦政府学前残疾儿童教育政策的发展历程研究（1965—2012)》，东北师范大学博士学位论文，2015年。

② 王芳：《澳大利亚〈早期儿童教育与保育国家质量标准〉研究》，西南大学硕士学位论文，2012年。

③ 王晓棠：《质量监测背景下早期儿童评价的国际比较研究》，华东师范大学硕士学位论文，2016年。

建立评估验收"一票否决"预警方案①。新中国成立以来，我国尽管十分重视特殊教育、学前教育质量评价体系建设，先后颁布了幼儿园、特殊教育学校、教师、课程质量评价标准，但是，已有标准对不同地区、不同民族学前特殊教育改革发展针对性不强，学前特殊教育质量评价监测、督导机制并不健全。提高幼儿园教师的融合教育素养是一个系统的工程，需提高幼儿园教师对学前融合教育的认可度和接纳度，将融合型教师的培养真正纳入我国教师教育体系中以支持其专业发展，共建学前融合教育支持系统，为幼儿园教师提供外部支持②。因此，我国不仅需进一步完善学前特殊教育质量评价体系，优化学前特殊教育机构、教师、课程与学生评价指标，而且需优化学前特殊教育质量评价监测机制，加强对学前特殊教育改革发展实践的监督与指导，确保顶层设计能真正落到实处。

（四）促进部门协同创新

学前特殊教育是义务特殊教育的基础工程，也是我国特殊教育之中的薄弱环节，需要各级政府、部门、家庭、学校（园）、社会多方协作。学前教育对于特殊儿童的发展具有十分重要的意义，我国应坚持"政府导向"，教育主管，残联协助，多途径办学，相关部门加大宣传力度，营造尊重关爱残疾人群的社会氛围③；应以特殊教育生态理论为指导，建立生态化的行政支持、学校支持、家庭支持、社区支持以及技术支持，最终实现自我支持④；建构以社会服务意识的"人性化"、社区服务方式的"多样化"、服务内容的"全面化"和具体服务队伍的"专业化"等多元社会服务体系，建立以学前特殊儿童"家庭教育补偿为基础""学校教育补偿为主体""社区教育服务为依托"以及社会福利机构与社会慈善组织等参与的多元社会服务体系⑤。目前，我国学前特殊教育发展顶层设计尽管十分重视"家、校（园）、

---

① 黄永秀、赵斌：《美国学前特殊教育的政策法规及启示》，《中国特殊教育》2008年第1期。

② 崔志月：《幼儿园教师融合教育素养的研究》，华中师范大学硕士学位论文，2016年。

③ 谈秀菁：《0—6岁特殊儿童教育体系建构策略研究》，《中国特殊教育》2009年第8期。

④ 李欢、苗苗、孟万金：《试论学前特殊儿童生态化支持保障体系的建构》，《中国特殊教育》2013年第2期。

⑤ 万慧颖：《学前特殊儿童教育补偿研究》，东北师范大学博士学位论文，2014年。

地"多方协作，但是，对学前特殊教育的办学主体、经费投入、基础设施建设、师资队伍建设与管理等基本能力建设的职责分工不明，各级特殊教育机构与学前教育管理部门之间常常缺乏必要的沟通与协作，协同创新不足。学前特殊儿童教育强调对幼儿的养护与干预、康复相结合，学前特殊教育模式可以分为"家庭教育模式""训练中心模式""学校教育模式（包括资源教室、特殊教育班、特殊教育学校和随班就读模式）""综合训练模式""医疗康复模式"五种，我国未来可以尝试建立"学前融合教育网络体系"，通过政府购买服务的形式拓展与相关专业部门的合作，构建自己的多学科协作团队，关注儿童除保育外的认知、社会性、艺术、运动等多领域发展，将寄养、领养家庭纳入团队，由他们在日常生活中实施专业人员制定的干预方案，并参与评估，构建"家庭—教育—儿童福利机构—社会力量"为一体的模式①。因此，我国未来学前特殊教育发展战略不仅需进一步明晰各级政府在学前特殊教育基本条件建设中的职责，切实做到分工明确，而且应强化各级政府与部门之间沟通交流，促进部门协同创新。

总之，新中国成立以来，我国已构建了比较完整的学前特殊教育发展战略框架，学前特殊教育得到较大发展。但是，学前特殊教育战略地位未能得到充分显现，学前特殊教育战略的文本结构、质量评价监测与组织实施机制并不完善。因此，进一步优化顶层设计、加强质量评价监测与督导、促进协同创新实有必要。

---

① 罗勤：《儿童福利机构学前特殊教育模式回顾与展望》，华中师范大学硕士学位论文，2011年。

第七章　我国特殊职业教育发展战略

　　特殊职业教育是指为特殊需要个体实施职业技术教育①，特殊职业教育发展战略是决策者基于理论与实践成果，对特殊职业教育改革发展的目标、走向、措施和组织实施的顶层设计与谋划，是我国特殊职业教育事业改革发展的行动指南。新中国成立以来，我国政府十分重视特殊职业教育发展战略的顶层设计，除了颁布《关于发展特殊教育的若干意见》（1989 年）、《残疾人保障法》（1990 年，2008 年）、《残疾人教育条例》（1994 年，2017年）、《关于进一步加快特殊教育事业发展的意见》（2009 年）、《国家中长期教育改革和发展规划纲要（2010—2020 年）》、《一期特教计划》、《二期特教计划》等全局性文件外，还先后颁布了《残疾人职业教育与培训"九五"实施方案》（1996 年）、《残疾人职业教育与培训"十五"实施方案》（2001 年）、《残疾人中等职业学校设置标准（试行）》（2007 年）、《残疾人职业技能提升计划（2016—2020 年）》、《关于加快发展残疾人职业教育的若干意见》（2018 年）等专项文件，对特殊职业教育改革发展的指导思想、总目标、基本任务、主要措施、组织实施诸方面作出明确的设计与战略部署，对促进特殊职业教育改革与发展起到了重要作用。

　　目前，我国学界越来越重视特殊职业教育研究，主要集中在职业教育、残疾人、残疾人教育、特教学校、课程、专业设置、高等职业教育等方面，残疾人职业教育研究从宏观向中观转变，中等职业教育与高等职业教育逐渐

---

　　①　目前，我国特殊教育、职业教育政策或制度语境中的"残疾人职业教育"尽管指称很宽泛，但是，"残疾"不能指称"特殊需要个体"，因此，用"特殊职业教育"或"职业特殊教育"更准确。文中统一用"特殊职业教育"一词。

贯通，研究对象多集中于视觉障碍、听觉障碍和智力障碍三类残疾学生，残疾人职业教育内涵不断丰富①。但是，对残疾人职业教育政策法规、师资培养培训、辅助技术、经费问题等关注较少，研究方法比较单一，缺乏定性研究与定量研究的结合②，较少对我国特殊职业教育发展顶层设计做系统深入的探讨。

本章试图对我国特殊职业教育发展战略的历程与特点做些梳理与探究，以期能为未来特殊职业教育顶层设计与改革实践提供借鉴③。

一、我国特殊职业教育发展战略的历程

改革开放以来，我国特殊教育学校职业教育政策经历"积极发展"（20世纪80年代）、"大力发展"（20世纪90年代）、"特色发展"（21世纪）三个时期④；智力残疾学生职业高中教育发展过程大体分为酝酿（1978—1985年）、缓慢发展（1986—2006年）、加快发展（2007年至今）三个阶段⑤。

借鉴已有理论与实践成果、综观顶层设计现实，认为我国特殊职业教育发展战略经历了萌芽时期（1949—1987年）、初创时期（1988—2000年）、发展时期（2001—2013年）与成熟时期（2014年至今）四个阶段。

（一）萌芽时期（1949—1987年）

此阶段是我国特殊教育学校的恢复与重建时期，主要致力于特殊儿童学校教育体系的建立与发展，着眼于确立残疾人职业教育的合法性与实施残疾

---

① 郭文斌、张梁：《残疾人职业教育研究热点及发展趋势》，《残疾人研究》2018年第3期。

② 赵小红、孙颖、王红霞：《中国残疾人职业教育研究进展》，《中国特殊教育》2016年第6期。

③ 李尚卫、沈有禄：《我国特殊职业教育发展战略：回顾与展望》，《中国职业技术教育》2019年第16期。

④ 刘俊卿：《改革开放以来我国特殊教育学校职业教育政策的分析与思考》，《中国职业技术教育》2015年第6期。

⑤ 赵小红：《智力残疾人职业高中教育发展阶段特征探微》，《中国特殊教育》2017年第8期。

人初等职业技术教育，特殊职业教育发展战略散见于特殊教育学校相关文件之中。

改革开放以前，主要关注盲童、聋哑儿童的职业劳动教育。新中国成立以后，我国政府着手建立具有自身特色的学校教育体系，将特殊教育纳入学校教育体系，职业教育作为特殊教育学校的重要组成部分。1951年《关于改革学制的决定》第一次将残疾儿童特殊教育放入国家教育体系中，并提出"实施各类的中等专业教育"，这些规定对以后残疾儿童特殊教育相关法律法规的制定起着重要的指导作用；《关于办好盲童学校、聋哑学校的几点指示》（1957年）首次明确提出我国特殊教育学校的办学目标和任务，将职业劳动技能作为盲聋哑学校人才培养目标之一，职业劳动训练作为盲童、聋哑儿童小学后教育的重要组成部分，即实施盲校"6+2"和聋哑学校"10+2"模式，并要求职业劳动训练"配备技师"和"技工"。

改革开放以后，确立了特殊教育学校职业教育的合法地位。一方面，国家根本大法与教育决策明确了特殊教育、职业技术教育的重要地位。比如，《宪法》（1982年）第一次在国家的根本大法中对残疾人教育作出明确规定，将"职业教育"与"技术教育"视为学校教育与成人教育的重要组成部分；《中共中央关于教育体制改革的决定》（1985年）提出实施九年义务教育制度，加强盲、聋哑和弱智儿童普及教育和特殊教育，明确了发展职业技术教育的目标、重点、办学形式；《关于实施〈义务教育法〉若干问题的意见》（1986年）提出将残疾儿童特殊教育、初级中等职业技术教育纳入义务教育体系。另一方面，用"职业技能教育"取代"劳动教育"，并纳入特殊教育学校教学计划之中，丰富了特殊职业教育的内涵。比如，《全日制六年制聋哑学校教学计划（征求意见稿）》《全日制八年制聋哑学校教学计划（征求意见稿）》（1984年）将职业技术作为聋哑学校九门课程之一；《全日制弱智学校（班）教学计划（征求意见稿）》（1987年）不仅将劳动技能纳入全日制弱智学校（班）课程体系，而且提出中高年级要因地制宜地开展初步的职业技能教育，即实施"8+1"模式，培养学生具有生活自理能力、劳动习惯和掌握从事家务劳动、简单生产劳动的初步技能。

（二）形成时期（1988—2000 年）

此阶段已形成比较完整的特殊教育发展战略体系，残疾人职业教育被纳入特殊教育发展战略顶层设计之中，初步形成特殊职业教育发展思路，积极发展特殊教育学校职业技术教育，以残疾人中短期培训为主，但残疾人职业教育学校数量少，特殊职业教育体系不完整。

第一，进一步明确了特殊职业教育的战略地位。《残疾人保障法》（1990 年）提出，"着重发展义务教育与职业技术教育"，"将残疾人职业技术教育放在与义务教育同等重要的位置"；《残疾人教育条例》（1994 年）是我国第一部特殊教育专项行政法规，专章阐释了残疾人职业教育的政府责任、发展方针、办学形式、专业设置等；《残疾人职业教育与培训"九五"实施方案》明确"九五"期间残疾人职业教育发展的目标任务、主要措施；《中华人民共和国职业教育法》（1996 年，以下简称《职业教育法》）要求"扶持残疾人职业教育的发展"；《中国残疾人事业"九五"发展计划纲要（1996—2000 年）》明确"九五"期间残疾人职业教育发展的目标任务、主要措施；等等。

第二，明确了特殊职业教育的基本任务与重点。《中国残疾人事业"八五"计划纲要（1991—1995 年）》要求"八五"期间要建立、完善 30 所残疾人职业技术教育中心，其中 10 所达到国家中等职业技术学校标准；《中国残疾人事业"九五"发展计划纲要（1996—2000 年）》强调在"九五"期间，可以就业的残疾人基本得到职业培训，完善已有的 30 所残疾人职业技术教育学校，各地创造条件建立残疾人职业培训机构；《残疾人职业教育与培训"九五"实施方案》明确了"九五"期间采取"以普通职业教育（培训）机构为主""残疾人职业教育（培训）机构为辅""大力开展中短期培训""城乡可以就业的残疾人基本得到职业培训""完善已有的 30 所残疾人职业技术教育学校""积极发展初、中等职业教育""适当发展高等职业教育"的方针和措施，多渠道、多层次、多种形式地开展残疾人职业教育与职业培训；等等。

第三，明确了特殊职业教育的内容与形式。《中国残疾人事业五年工作纲要（1988—1992）》（1988 年）提出在特殊教育学校、残疾人职业高中开展劳动教育、职业技能教育，在残疾人培训班、残疾人职业培训中心实施职业培训；《关于发展特殊教育的若干意见》提出聋童学校（班）实行"8+1"模式、实施1年职业技能教育，大、中城市应"积极发展残疾人的初级中等以上的职业技术教育"；《残疾人保障法》提出，在高级中等以上特殊教育学校、普通学校附设的特殊教育班和残疾人职业技术教育机构实施"高级中等以上文化教育""职业技术教育"，政府有关部门、残疾人所在单位和社会应当对残疾人开展"扫除文盲""职业培训""其他成人教育"；《中国残疾人事业"八五"计划纲要（1991—1995年）》要求特殊教育学校开设职业班，城市开办残疾人职业中学，开展残疾人待业调查、就业登记、能力评估、职业培训和就业介绍、咨询、指导；《残疾人教育条例》（1994年）强调义务教育阶段实施"劳动技能教育""职业教育""职业指导"，残疾人职业教育应当包括"初等、中等、高等职业教育"和"中期、短期培训"，残疾人职业教育体系"由普通职业教育机构和残疾人职业教育机构组成"，"以普通职业教育机构为主体"；《中国残疾人事业"九五"发展计划纲要（1996—2000年）》提出，完善残疾人职业教育体系，"将职业初中、职业高中、中专纳入职业教育体系"，"多渠道、多形式地开展培训"，农村依托"社会化服务体系""各种技术培训活动""随班或单独设班"指导残疾人掌握实用技术和生产技能，依托"盲校""按摩机构""职业培训机构"大力培训保健按摩人员和开展残疾人康复训练、职业培训、就业指导和文化活动；《残疾人职业教育与培训"九五"实施方案》提出，在"九五"期间建立多层次、形式多样的残疾人职业教育与培训体系，依据劳动力市场和残疾人就业或脱贫的需要，遵循"城市与就业结合""农村与生产和扶贫结合"的原则，以"中、短期培训"为主要内容；《职业教育法》（1996年）明确了职业教育的基本形式与内容，强调残疾人教育机构、各级职业学校和职业培训机构以及其他教育机构实施中等、高等职业学校教育和职业培训；等等。

第四，明确了特殊职业教育发展的组织实施。《中国残疾人事业五年工作纲要（1988—1992）》提出各地教育、劳动、民政部门及残疾人组织等要共同抓好残疾人职业教育；《关于发展特殊教育的若干意见》强调各省、自治区、直辖市的残疾人联合会应会同当地民政、劳动、教育部门齐心组织、开展职业技术教育；《残疾人保障法》（1990 年）要求政府有关部门、残疾人所在单位和社会应当对残疾人开展"扫除文盲""职业培训"和"其他成人教育"；《中国残疾人事业"八五"计划纲要（1991—1995 年）》强调地方各级政府应将特殊教育学校、残疾人职业技术教育中心列入计划，安排基建投资；《残疾人教育条例》（1994 年）提出各级人民政府应当将残疾人职业教育纳入职业教育发展的总体规划、统筹安排实施，县级以上地方各级人民政府应合理设置残疾人职业教育机构，残疾人职业教育学校和培训机构应对经济困难的残疾学生酌情减免学费和其他费用；《中国残疾人事业"九五"发展计划纲要（1996—2000 年）》要求各地创造条件建立残疾人职业培训机构，市、县因地制宜地建设适应残疾人康复训练、职业培训、就业指导和文化活动需要的服务设施；《职业教育法》强调职业学校、职业培训机构应对经济困难的学生和残疾学生酌情减免学费；《残疾人职业教育与培训"九五"实施方案》要求各地残联会同劳动、教育、民政等部门负责残疾人职业培训工作的组织协调，财政部门对残疾人培训工作给予经费支持，政府有关部门和中国残联对各地残疾人职业教育与职业培训进行专项督导检查。

据统计，2000 年，我国开设职业初中、职业高中、职业中专的特殊教育学校共有 171 所，251 万名残疾人接受不同程度的职业教育[①]，基本建立了特殊教育与职业教育相互沟通、初等职业教育与中等职业教育并举的特殊职业教育体系。

（三）发展时期（2001—2014 年）

此阶段进一步完善了特殊职业教育改革发展的基本思路，着眼于健全特殊职业教育体系，以发展残疾人中等职业教育为主，凸显特殊职业教育的应用特性。

第一，进一步凝练特殊职业教育发展战略规划，凸显特殊职业教育的战略意义。《残疾人职业教育与培训"十五"实施方案》第一次系统阐释了残疾人职业教育与培训的任务目标、主要措施、经费保障、检查评估，明确了

---

① 参见中国残疾人联合会《中国残疾人事业"九五"计划纲要执行情况统计分析报告》。

职业教育在提高残疾人职业技能和整体素质方面的重要意义，标志着特殊职业教育发展战略体系的日趋成熟；《残疾人中等职业学校设置标准（试行）》是我国第一个专门关于残疾人职业教育的政策，系统阐释了残疾人中等职业学校的招生对象、原则、地址选择、规章制度、学校领导素养、管理机构、办学规模、基本建设、师资配备、专业与课程设置、经费投入等多项内容，对规范残疾人中等职业教育行为、提高残疾人中等职业教育的质量有着重要意义；《残疾人保障法》（2008 年）提出"着重发展职业教育"，再次从法律层面明确了残疾人职业教育的重要性；《关于进一步加快特殊教育事业发展的意见》明确提出，"加快发展以职业教育为主的残疾人高中阶段教育"，进一步明确残疾人职业教育的重心与主要任务；《国家中长期教育改革和发展规划纲要（2010—2020 年)》提出，大力推进残疾人职业教育，将残疾人职业教育纳入国家教育决策文件之中，体现了国家对特殊职业教育的高度重视；《中国残疾人事业"十五"计划纲要（2001—2005 年)》提出"大力开展残疾人职业教育"；《关于"十五"期间进一步推进特殊教育改革和发展的意见》明确提出，把"加强劳动技能教育"和"多种形式、各种层次的职业教育"放在重要位置；《中国残疾人事业"十一五"发展纲要（2006—2010 年)》、《残疾人教育工作"十一五"实施方案》、《关于促进残疾人事业发展的意见》（2008 年）、《中国残疾人事业"十二五"发展纲要》（2011年）明确了残疾人职业教育培训的目标任务及相关措施；《农村残疾人扶贫开发纲要（2011—2020 年)》（2012 年）论及农村残疾人职业培训的目标任务、措施；《残疾人教育工作"十二五"实施方案》主要论述"十二五"期间残疾人职业教育的重心、主要目标、任务及措施。

第二，进一步丰富了特殊职业教育的形式与内容，注重职前教育与职后培训一体化。《残疾人职业教育与培训"十五"实施方案》明确提出，在"十五"期间初步建立"初等、中等、高等职业教育与培训相互衔接""职前教育、职后教育与培训相结合"的残疾人职业教育与培训体系；《关于"十五"期间进一步推进特殊教育改革和发展的意见》提出，残疾人高级中等教育应坚持"以职业教育为主"，"文化知识教育和职业技能教育"相结合；《关于进一步加快特殊教育事业发展的意见》要求，特殊教育学校、残疾人中等职业学校、高等特殊教育院校、职业培训机构应实施残疾人职业教育与培训；《中国残疾人事业"十五"计划纲要（2001—2005 年)》提出，充分利用普通职业教育机构和具有特殊教育手段的残疾人职业教育机构广泛开展残疾人职业教育与培训；《关于促进残疾人事业发展的意见》提出，"积极开展残疾人职业教育培训"；《残疾人保障法》（2008 年）要求特殊教育机构、普通教育机构附设的特殊教育班和残疾人职业教育机构实施职业教育，残疾人就业服务机构组织开展免费的职业指导、职业介绍和职业培训；《国家中长期教育改革和发展规划纲要（2010—2020 年)》明确提出，"大力开展面向成年残疾人的职业培训"和"加强残疾学生职业技能和就业能力培养"；《中国残疾人事业十二五发展纲要》提出，大力发展残疾人职业教育，"十二五"期间"残疾人职业培训机构达到 4704 个""376.5 万人次残疾人接受职业教育和培训"，建设一批中高等残疾人职业教育示范校；《农村残疾人扶贫开发纲要（2011—2020 年)》强调，2015 年"为 100 万农村残疾人提供实用技术培训"，2020 年"有劳动能力和愿望的农村残疾人普遍得到实用技术培训和职业技能培训"；《残疾人教育工作"十二五"实施方案》提出，加快发展以职业教育为主的高中阶段教育和高等教育，注重城乡残疾人职业教育协调发展。

第三，突出特殊职业教育的"应用性"与质量。《残疾人职业教育与培训"十五"实施方案》提出，残疾人职业教育与培训应"以培养能力为本"，"坚持学历证书与职业资格证书并重"，与就业、生产和扶贫相结合；《关于"十五"期间进一步推进特殊教育改革和发展的意见》提出，残疾人职业教育应使学生具备"良好的职业道德""比较熟练的职业技能""平等参与社会生活"的能力，提高残疾学生适应社会生活的能力；《关于进一步加快特殊教育事业发展的意见》强调，不断加强残疾人中等职业学校骨干专业课程的建设，更新高等特殊教育院校教学内容，提高残疾人的就业和创业能力；《中国残疾人事业"十五"计划纲要（2001—2005 年)》提出，残疾人职业教育应适应"劳动力市场"和"用人单位"需求，与"就业""生产""扶贫"相结合；《中国残疾人事业"十一五"发展纲要（2006—2010 年)》要求，残疾人职业教育应"以市场需求为导向""以社会化培训为重点""与就业、生产和扶贫相结合"，不断提高残疾人参与市场竞争的能力；《残疾人教育工作"十一五"实施方案》提出，"研究制定残疾人中等职业教育机构设置标准","完善残疾人中等职业教育骨干课程和提高教材质量";"盲校、聋校、培智学校义务教育课程设置实验方案"（2007 年）要求，三类特校义务教育课程应注重与生活、劳动、就业相结合，提高残疾人的社会适应和职业适应能力；《关于促进残疾人事业发展的意见》提出，积极开展残疾人职业教育培训，增强残疾人就业和创业能力；《残疾人保障法》（2008 年）明确提出，加强残疾人身心补偿和职业教育，实施"高级中等以上文化教育""职业教育和职业指导""职业介绍和职业培训"；《中国残疾人事业"十二五"发展纲要》提出，保障有就业需求的残疾人普遍得到就业服务和职业培训，强化"实际操作技能训练和职业素质培养"，深入开展残疾人工作者"人道""廉洁""服务""奉献"的职业道德教育；《农村残疾人扶贫开发纲要（2011—2020 年)》强调，农村残疾人实用技术培训和职业技能培训应"以市场需求为导向"，增加生产经营和就业收入，提高家庭自我发展能力；等等。

第四，进一步强化特殊职业教育保障能力建设。《残疾人职业教育与培训"十五"实施方案》强调，各级残联要充分发挥协调、组织和服务作用，依托县、乡教育与职业技术培训网络，逐步增加职业学校和职业培训机构经费，鼓励依法多渠道筹措职业教育与培训经费；《残疾人中等职业学校设置标准（试行)》强调，残疾人中等职业学校建设应包括规章制度、基础设施、师资配备、专业与课程设置等方面，应"以政府财政投入为主"；《关于"十五"期间进一步推进特殊教育改革和发展的意见》提出，各地教育、民政和残联等部门和单位要在经费、场地、设备、师资培养等方面积极支持特殊教育学校开展劳动技能、职业教育和职后培训、继续教育；《关于进一步加快特殊教育事业发展的意见》强调，各级政府和有关部门要加大残疾人职业教育与培训经费投入，在生产实习基地建设、职业技能鉴定、就业安置等方面制定优惠政策和具体扶持保护措施；《中国残疾人事业"十五"计划纲要（2001—2005 年)》要求，各级残疾人就业服务机构对在各类培训机构中接受职业培训且交纳培训费有困难的残疾人酌情予以补助，不断优化职业培训、职业技能鉴定、职业资格证书制度、职业人才成长激励机制；《特殊教育学校建筑设计规范》（2003 年）明确了特殊教育学校职业技术训练用房的基本规格；《中国残疾人事业"十一五"发展纲要（2006—2010 年)》强调，残疾人职业教育机构、高等院校、残疾人就业服务机构协力为残疾人接受康复训练、职业培训、就业指导和开展文化、体育活动提供服务，建立健全残疾人职业技能优秀人才奖励机制；《残疾人教育工作"十一五"实施方案》要求各级政府要"加大对残疾人职业教育与培训的投入力度"，"多渠道增加资金"，各级残疾人职业培训机构要"提高服务能力与水平"，国家经费主要用于支持中西部地区特殊教育发展、资助残疾学生、残疾人中等职业教育、国家级残疾人职业教育师资培训基地建设等；《关于促进残疾人事业发展的意见》提出，有条件的地方实行对残疾人就读中等职业学校给予学费减免等优惠政策；《残疾人保障法》（2008年）强调，残疾人职业教育与培训需要特殊教育机构、普通教育机构附设的特殊教育班和残疾人职业教育机构、政府有关部门、残疾人联合会、就业服务机构、残疾人所在单位和有关社会组织协力为之；《义务教育阶段盲校（聋校、培智学校）教学与医疗康复仪器设备配备标准》（2010年）明确了特殊教育学校职业技术教育器材设备配备标准；《国家中长期教育改革和发展规划纲要（2010—2020年）》提出"实行中等职业教育免费制度"；《关于扩大中等职业学校免学费政策覆盖范围的通知》（2010年）提出，从2010年秋季学期起，对公办中等职业学校全日制正式学籍一、二、三年级在校生中城市家庭经济困难学生免除学费，各地应合理确定行政区域内城市家庭经济困难学生的比例；《中国残疾人事业"十二五"发展纲要》提出，建立"残疾人职业培训补贴与培训质量""一次性就业率"相衔接的机制，建立健全残疾人职业技能人才奖励机制，加强国家残疾人就业服务指导中心建设，逐步建立完善康复专业技术人员和技能人员职业资格评价体系和晋升体系，加快推进无障碍建设与改造；《特殊教育学校建设标准》（2011年）提出，在特殊教育学校建立职业技术教室用于高年级聋生的职业技术培训；《农村残疾人扶贫开发纲要（2011—2020年）》要求政府举办或补助的面向"三农"的培训机构和项目要优先培训残疾人，"阳光工程"和"雨露计划"积极培训残疾人或残疾人家庭成员；《残疾人教育工作"十二五"实施方案》提出，"加强残疾人中等职业学校基础能力建设"，各地要从残疾人就业保障金中安排一定比例资金用于职业教育与培训。

据统计，2013年，我国已建残疾人中等职业学校（班）198个，在校生

11350 人，毕业生 7772 人，其中 6200 人获得职业资格证书①。

（四）成熟时期（2014 年至今）

此阶段提出了"全纳"特殊教育发展战略构想，主要致力于建立终身残疾人职业教育体系、提升保障能力与教育质量。

第一，进一步明确了特殊职业教育的战略地位。2014 年以后，我国不仅发布特殊教育两期提升计划，明确提出"全面推进全纳教育"，而且颁布了《残疾人职业技能提升计划（2016—2020 年)》《关于加快发展残疾人职业教育的若干意见》等残疾人职业教育专项文件，进一步明晰了特殊职业教育的重大意义、目标任务、主要措施与组织实施，凸显了我国政府对发展特殊职业教育的决心与信心。其中，《一期特教计划》明确提出"全面推进全纳教育"，标志着我国"全纳"特殊教育发展战略体系的形成；《关于加快发展现代职业教育的决定》（2014 年）、《现代职业教育体系建设规划（2014—2020 年)》不仅明确了现代职业教育改革发展的指导思想、目标任务、主要措施、组织领导等，而且提出"广泛开展残疾人职业学校教育和职业培训"；《残疾人职业技能提升计划（2016—2020 年)》系统阐释了残疾人职业技能提升的指导思想、基本原则、目标任务、主要内容和保障措施，把提高残疾人职业技能水平和就业创业能力上升到"民生"工程；《"十三五"加快残疾人小康进程规划纲要》（2016 年）进一步明确了残疾人职业教育与培训的目标任务、主要措施，要求每个省（自治区、直辖市）集中力量至少办好一所面向全省（自治区、直辖市）招生的残疾人中等职业学校、一所盲生高中、一所聋生高中；《残疾人教育条例》（2017 年）专章阐释了残疾人职业教育，并提出"着重发展职业教育"；《二期特教计划》提出，"加快发展以职业教育为主的残疾人高中阶段教育"，各省（自治市、直辖区）集中力量至少办好一所面向本地区招生的盲人高中（部）、聋人高中（部）和残疾人中等职业学校；《关于推行终身职业技能培训制度的意见》（2018 年）明确了终身职业技能培训制度的指导思想、基本原则、目标任务、主要举措、机制改革、基础能力、保障措施等；《关于加快发展残疾人

---

① 参见中国残疾人联合会《2013 年中国残疾人事业发展统计公报》。

职业教育的若干意见》系统阐释了残疾人职业教育发展的意义、重点、主要举措（办学条件、质量、就业指导）与组织领导，强调残疾人职业教育是小康社会建设的重要组成部分。

第二，大力发展残疾人中等职业教育，积极构建终身特殊职业教育体系。《一期特教计划》明确提出，大力发展以职业教育为主的残疾人高中阶段教育，扩大残疾人中等职业学校招生规模，加强高校残疾人职业培训；《残疾人职业技能提升计划（2016—2020年)》提出"建立终身职业技能培训制度"，认为残疾人职业技能培训包括"就业技能培训""岗位技能提升培训""创业培训"等形式，重点对象是"青壮年残疾人"；《"十三五"加快残疾人小康进程规划纲要》明确提出，实施残疾人职业技能提升计划，加快发展以职业教育为主的残疾人高中阶段教育；《残疾人教育条例》（2017年）提出，大力发展中等职业教育，加快发展高等职业教育，积极开展以实用技术为主的中期、短期培训；《二期特教计划》提出，重点发展以职业教育为主的残疾人高中阶段教育，鼓励有条件的高等学校加强职业教育的特教师资培养；《关于推行终身职业技能培训制度的意见》提出"建立终身职业技能培训制度"；《关于加快发展残疾人职业教育的若干意见》提出，大力发展残疾人中等职业教育，加快发展残疾人高等职业教育。

第三，不断完善质量评价体系，提升特殊职业教育质量。《一期特教计划》提出，合理调整残疾人中等职业学校专业结构，强化残疾人中、高等职业学校专业特色，进一步加强对残疾学生的就业指导；《现代职业教育体系建设规划（2014—2020年)》要求为学习者提高生活质量和就业质量服务；《残疾人职业技能提升计划（2016—2020年)》强调"注重质量监控"，残疾人需掌握就业技能、提升技能等级，帮助其更好就业创业；《"十三五"加快残疾人小康进程规划纲要》强调，通过职业技能竞赛、加强实训基地建设等形式，提高残疾人职业与培训质量；《残疾人教育条例》（2017年）强调，残疾人职业教育应以提高就业能力为主，培养技术技能人才；《关于推行终身职业技能培训制度的意见》提出，大规模开展职业技能培训，着力提升培训的针对性和有效性；《关于加快发展残疾人职业教育的若干意见》提出，不断完善残疾人职业教育的专业设置，加大对残疾人职业教育课程、教材建设的指导监督力度，加强残疾学生"思想道德教育和职业精神的培育"

"就业指导和援助",提高残疾人职业教育的质量。

第四,进一步强化特殊职业教育保障能力。《一期特教计划》提出,支持残疾人中等职业学校新建或改扩建一批急需的基础设施;《残疾人职业技能提升计划(2016—2020年)》十分重视残疾人职业技能培训保障能力建设,在经费投入、基地建设、师资队伍建设、过程督导、就业创业机制等方面提出明确的要求;《"十三五"加快残疾人小康进程规划纲要》提出,改善残疾人中等职业学校办学条件,加快培养残疾人服务专业人才队伍;《残疾人教育条例》(2017年)要求县级以上地方人民政府应合理设置特殊职业教育机构,改善办学条件,扩大残疾人中等职业学校招生规模,鼓励和支持普通职业教育机构积极招收残疾学生,地方各级人民政府可将依法征收的残疾人就业保障金用于特殊教育学校开展各种残疾人职业教育;《二期特教计划》提出,扩大普通高中和中等职业学校招收残疾学生的规模,"支持校企合作","加强职业教育的特教师资培养";《关于推行终身职业技能培训制度的意见》提出,建立"职业技能培训市场化社会化发展机制""技能人才多元评价机制""职业技能培训质量评估监管机制""技能提升多渠道激励机制",加强"职业技能培训服务能力""教学资源""基础平台"建设;《关于加快发展残疾人职业教育的若干意见》要求各地要改进残疾人职业教育的办学条件,加大对残疾人职业教育的投入,加强残疾人职业院校基础建设,加大对接受职业教育残疾学生的资助保障,加强残疾人职业教育教师队伍建设与管理。

总之,我国已建立了比较完善的特殊职业教育发展战略体系,特殊职业教育体系日趋成熟。据统计,2019年,全国残疾人中等职业学校(班)145个,在校生17319人,毕业生4337人,其中1705人获得职业资格证书①。

二、我国特殊职业教育发展战略的主要特点

我国十分重视特殊职业教育改革发展的顶层设计,特殊职业教育发展战

---

① 参见中国残疾人联合会《2019年中国残疾人事业发展统计公报》。

略注重"普职融通""终身化"和"应用性"。

(一) 重视残疾人职业教育的战略意义

我国政府十分重视特殊职业教育改革发展的顶层设计，不仅特殊教育、职业教育相关法规都论及残疾人职业教育与培训，而且发布残疾人职业教育实施方案或意见。

首先，将残疾人职业教育融入国家战略顶层设计之中。有研究认为，我国残疾人职业教育法律体系由国家根本法、专项法律、行政法规、部门及地方规章四个层次组成①。宪法要求国家必须发展社会主义的教育事业，提高全国人民的科学文化水平，建立和管理职业教育和高等教育学校，国家发展各种教育设施，扫除文盲，对工人、农民、国家工作人员和其他劳动者进行政治、文化、科学、技术、业务的教育，鼓励自学成才；教育法、高等教育法、职业教育法、残疾人保障法、民办教育促进法、教师法等专项法律，明确了残疾人职业教育的重要意义，强调了残疾人接受职业教育的权利和各级政府发展职业教育的义务，确定了残疾人职业教育的结构和支持体系，部署了残疾人职业教育在不同时期的发展策略和师资培训工作；《残疾人教育条例》《残疾人就业条例》等行政法规和《关于进一步加快特殊教育事业发展的意见》《关于大力发展职业教育的决定》等部门及地方规章，针对残疾人职业教育的管理和发展提出了更具体的要求。目前，我国不仅《职业教育法》《关于加快发展现代职业教育的决定》《现代职业教育体系建设规划(2014—2020年)》等职业教育顶层设计中论及残疾人职业教育，而且《残疾人保障法》《残疾人教育条例》以及残疾人发展纲要与特殊教育两期提升计划等有关残疾人特殊教育规章对残疾人职业教育工作做了明确的规定。

其次，发布比较完善的特殊职业教育改革发展行动方案。20世纪90年代以来，我国先后出台《残疾人职业教育与培训"九五"实施方案》《残疾人职业教育与培训"十五"实施方案》《残疾人中等职业学校设置标准(试行)》《残疾人职业技能提升计划(2016—2020年)》《关于加快发展残疾人

---

① 高宇翔、刘艳虹：《中国残疾人职业教育体系发展现状综述》，《职业教育研究》2014年第11期。

职业教育的若干意见》等残疾人职业教育专项文件，不仅反映了我国政府对特殊职业教育的重视，而且表明我国特殊职业教育发展战略的顶层设计日趋完善，为特殊职业教育改革实践提供了有力的制度支撑与理论引领。

（二）注重"普职融通"

"普职融通"是指普通教育与职业教育体系相互渗透，共同服务于职业技术人才培养。目前，我国特殊职业教育主要通过普通学校与特殊教育机构实施残疾人职业教育与培训。前者是指普通中小学校、高校对残疾学生实施职业教育；后者是指在特殊教育学校、残疾人职业教育与培训机构实施残疾人职业教育与培训。1987 年，我国开始推行"随班就读"，建立融合教育体系，为基础教育阶段"普职融通"奠定了坚实的基础；2014 年以来，随着全纳教育的全面推进，我国普通学校与特殊教育机构接纳的特殊需要学生的能力不断增强，不仅基础教育阶段能有效地实施"普职融通"，增长特殊学生的职业知识技能与能力，而且高等教育阶段也能顺利实现"普职融合"，不断提升特殊学生的就业创业与社会适应能力。

（三）注重残疾人职业教育的"终身化"

职业的多样性、灵活性决定职业教育不是一劳永逸的，职业教育应贯穿残疾人生命始终。我国十分注重残疾人职业教育与职后培训相结合，与初等、中等、高等职业教育一体化，积极建立终身特殊职业教育体系。

21 世纪以前，我国特殊职业教育主要以残疾人中、长期职业培训为主，注重初等、中等职业教育的发展，高等职业教育机构数量较少。《中国残疾人事业五年工作纲要（1988—1992）》提出，在特殊教育学校、残疾人职业高中开展劳动教育和职业技能教育，残疾人培训班、残疾人职业培训中心实施职业培训；《关于发展特殊教育的若干意见》提出，聋童学校（班）实行"8+1"模式、实施 1 年职业技能教育，大、中城市应通过职业技术教育机构、社区服务机构开展职业技术教育；《残疾人保障法》（1990 年）提出，在高级中等以上特殊教育学校、普通学校附设的特殊教育班和残疾人职业技术教育机构，实施高级中等以上文化教育、职业技术教育；《残疾人教育条例》（1994 年）认为残疾人职业教育应当包括初等、中等、高等职业教育和中期、短期培训；《残疾人职业教育与培训"九五"实施方案》提出，建立多层次、多形式的残疾人职业教育与培训体系；《职业教育法》强调，在残疾人教育机构、各级职业学校和职业培训机构以及其他教育机构实施中等、高等职业教育和职业培训；等等。

21 世纪以后，我国不断加大对残疾人职业教育的投入，不断完善残疾人职业教育机构的基础设施与办学条件，扩大残疾人职业教育招生规模，逐步形成了"服务需求""开放融合""纵向流动""双向沟通"的终身残疾人职业教育体系。《残疾人职业教育与培训"十五"实施方案》明确提出，在"十五"期间初步建立"初等、中等、高等职业教育与培训相互衔接""职前教育、职后教育与培训相结合"的残疾人职业教育与培训体系；《中国残疾人事业"十五"计划纲要（2001—2005 年)》提出，逐步建立以"就业市场预测""职业培训""职业技能鉴定""职业资格证书制度""职业人才成长激励机制"为主要内容的残疾人职业培训体系；《中国残疾人事业"十二五"发展纲要》提出"建设一批中高等残疾人职业教育示范校"；《残疾人教育工作"十二五"实施方案》提出"加快发展以职业教育为主的高中阶段教育和高等教育"；《残疾人职业技能提升计划（2016—2020 年)》提出，"建立终身职业技能培训制度"；《残疾人教育条例》（2017 年)、《关于加快发展残疾人职业教育的若干意见》（2018年）提出"大力发展中等职业教育""加快发展高等职业教育"；《关于推行终身职业技能培训制度的意见》提出"建立终身职业技能培训制度"；等等。

（四）突出残疾人职业教育的"现实针对性"

职业教育不同于普通教育，更加强调专业的应用性、社会竞争力，重视专业知识与职业技能的培养。我国残疾人职业教育始终坚持以就业为导向，注重培养残疾学生的就业创业与社会适应能力。

首先，强调"以就业为导向"。《中国残疾人事业"八五"计划纲要（1991—1995 年)》提出"开展残疾人待业调查、就业登记、能力评估、职业培训和就业介绍、咨询、指导"；《残疾人教育条例》（1994 年）提出在义务教育阶段实施"劳动技能教育""职业教育""职业指导"；《残疾人职业教育与培训"九五"实施方案》认为残疾人职业教育应依据劳动力市场和残疾人就业或脱贫的需要，遵循城市与就业结合、农村与生产和扶贫结合的原则，以中、短期培训为主要内容；《残疾人中等职业学校设置标准（试行）》要求，残疾人中等职业学校建设应遵循"需要和可行相结合"的原则和符合"个别化""无障碍""信息化"的原则；《中国残疾人事业"十五"计划纲要（2001—2005 年）》要求残疾人职业教育应"适应劳动力市场和用人单位需求""结合城乡特点""与就业、生产和扶贫相结合"；《中国残疾人事业"十一五"发展纲要（2006—2010 年）》要求残疾人职业教育应"以市场需求为导向""以社会化培训为重点""与就业、生产和扶贫相结合"；"盲校、聋校、培智学校义务教育课程设置实验方案"（2007 年）要求，特校义务教育课程应注重联系特殊儿童的身心特点，与生活、劳动、就业相结合，体现实用性；《中国残疾人事业"十二五"发展纲要》提出，以就业为导向，着力加强"订单式培训""定向培训""定岗培训"；《现代职业教育体系建设规划（2014—2020 年）》提出，应充分考虑各类残疾人员的特点和社会需求，为学习者提高生活质量和就业质量服务；《残疾人教育条例》（2017 年）指出，普通职业教育机构和特殊职业教育机构应当根据社会需要和残疾人的身心特性合理设置专业、办好实习基地；《关于推行终身职业技能培训制度的意见》提倡"培训对象普惠化""培训资源市场化""培训载体多元化""培训方式多样化""培训管理规范化"，着力提升培训的针对性和有效性；《关于加快发展残疾人职业教育的若干意见》要求，不断完善残疾人职业教育的专业设置，加大对残疾人职业教育课程、教材建设的指导监督力度；等等。

其次，注重就业创业与社会适应能力培养。《中国残疾人事业"九五"发展计划纲要（1996—2000 年）》要求，农村应"指导残疾人掌握实用技术和生产技能"，"大力培训保健按摩人员"，"开展残疾人康复训练、职业培训、就业指导和文化活动"；《特殊教育学校暂行规程》（1998 年）提出特殊教育学校应"提高学生的劳动、就业能力"；《残疾人职业教育与培训"十五"实施方案》强调残疾人职业教育与培训应"以培养能力为本"；《关于"十五"期间进一步推进特殊教育改革和发展的意见》要求，残疾人职业教育应使学生具备良好的职业道德、比较熟练的职业技能和平等参与社会生活的能力，提高残疾学生适应社会生活的能力；《关于进一步加快特殊教育事业发展的意见》强调"以就业为导向""提高残疾人的就业和创业能力"；《关于残疾人事业发展意见》提出"增强残疾人就业和创业能力"；《农村残疾人扶贫开发纲要（2011—2020 年)》提出，农村残疾人实用技术培训和职业技能培训以市场需求为导向，增加生产经营和就业收入，提高家庭自我发展能力；《残疾人教育工作"十二五"实施方案》强调，注重提升残疾学生生存与发展技能、职业素质和就业能力；《一期特教计划》提出，提高高校残疾人就业创业能力，进一步加强对残疾学生的就业指导；《残疾人职业技能提升计划（2016—2020 年)》提出，帮助残疾人掌握就业技能、提升技能等级和更好就业创业；《残疾人教育条例》（2017 年）提出，"以提高就业能力为主"，"培养技术技能人才"；《关于加快发展残疾人职业教育的若干意见》要求，加强残疾学生"思想道德教育和职业精神的培育""就业指导和援助"；等等。

总之，我国特殊职业教育改革发展顶层设计日益成熟，中国特色的残疾人职业教育体系逐步形成。

三、我国特殊职业教育发展战略的未来构想

我国特殊职业教育发展战略体系仍欠完善，需更新理念、提升前瞻性，优化文本结构、提升法律效力与可行性，明确职责分工、增强协同创新，强化督导实施、提升实施实效。

（一）明确内涵，更新理念

我国特殊职业教育顶层设计需进一步明确内涵，更新教育理念，广泛吸纳前沿信息，增强前瞻性。

首先，明确内涵。特殊职业教育应是为特殊需求个体提供职业教育与培训的活动，把"特殊职业教育"等同于"残疾人职业教育"，窄化了特殊职业教育的外延，歪曲了特殊职业教育的内涵，更远离了"全纳"特殊教育发展战略的实践诉求。新中国成立 70 多年来，我国特殊教育发展战

略不断扩大特殊教育对象、提高特殊教育的普及水平，目前已惠及所有特殊教育需要个体。然而，特殊教育决策方案中对"特殊教育""残疾人教育"等概念的内涵与外延缺乏明晰的界定，常常存在以"残疾人（职业）教育"代替"特殊（职业）教育"等现象。因此，我国迫切需要规范特殊职业教育顶层设计的文本术语，尽量减少"残疾""残疾人或学生（幼儿、儿童、青少年）""残疾人教育""残疾人职业教育"的使用频次，避免使用"智力残疾""精神残疾"，增加"特殊需要""特殊需要个体或学生（幼儿、儿童、青少年）""障碍""特殊教育""特殊职业教育"的使用频率。

其次，关注前沿。20世纪中期以来，国际教育界先后提出"终身教育""全民教育"和"全纳教育"等理念，"终身学习""以学为核心""学会共处"等倍受各国学界关注，"教育公平""终身教育""个性发展"等国际教育理念不断融入我国教育规划之中[1]。有研究认为残疾人职业教育应以"人权理论""教育公平理论""人的全面发展理论"为基础[2]；残疾人职业教育立法应从"正义底线"出发坚持"教育公平""适当教育""社会公正"原则，从"差异补偿"出发坚持"市场需求、生计与优先"原则，加强政府层面立法，发挥政府主导作用，拓展社会接纳空间[3]。因此，我国特殊职业教育发展战略应自觉吸纳、融入"全纳教育""终身教育"等国际教育新理念，彰显顶层设计的时代性、前瞻性。

（二）优化文本结构，提高可操作性

党的十七大以来，我国先后提出"关心特殊教育""支持特殊教育""办好特殊教育"，颁布了一系列规章，建立了比较完整的特殊职业教育发展战略体系，但仍需进一步优化文本结构，提升顶层设计的法律效力与可行性。

---

[1] 汤贞敏：《我国教育规划的基本特性及"十三五"教育规划的制订》，《中国教育学刊》2016年第3期。

[2] 何云霞：《残疾人职业教育问题及对策研究——一种基于个案的分析》，湖南师范大学硕士学位论文，2011年。

[3] 连婷：《我国残疾人职业教育立法对策的思考》，《现代妇女（下旬）》2014年第11期。

首先，优化文本形式，提升法律效力。目前，我国尽管形成了由国家根本法（《宪法》）、专项法律（如《教育法》《高等教育法》《职业教育法》《残疾人保障法》等）、行政法规（如《残疾人教育条例》《残疾人就业条例》等）、部门及地方规章（如《二期特教计划》《现代职业教育体系建设规划（2014—2020年）》《残疾人职业技能提升计划（2016—2020年）》等四个层次组成的残疾人职业教育法律体系，但是，已有规章仅局限于"残疾人职业教育"，没有提及其他特殊需要群体的职业教育与"职业特殊教育"，适用范围十分有限。《残疾人教育条例》属于行政法规，法律效力有限，《职业教育法》较少提及残疾人职业教育。因此，我国特殊职业教育发展战略应遵循"人权保障""特别保护""适当教育""优先发展"原则，需尽快制定"特殊教育法"，扩大《职业教育法》适用对象，建立起以《宪法》和《教育法》为基础，以"特殊教育法"和《职业教育法》为核心，以《残疾人保障法》《残疾人教育条例》和《劳动法》《残疾人就业条例》为辅助，形成"纵横交错""相辅相成""优势互补"的完备法律体系，提升特殊职业教育的立法层级和法律效力[1]。

其次，完善文本内容，增强可操作性。我国特殊职业教育发展战略应规定特殊职业教育的地位、作用、发展方针和原则、体系结构、管理体制等问题，对特殊职业教育的各个方面和不同环节具有导向、调控、协调、制约作用，具有"全局性""战略性""广泛性"等特点，坚持"立足国情、重点扶持、衔接融通""整合内容、细化条文、借鉴创新"和"要求明确、用词严谨、措施到位"，体现"特殊需要学生类型多样化""特殊教育个别化""教育环境无障碍"等要求[2]。同时，地方应加快特殊职业教育相关配套法规出台与修订进程，提升配套立法的"可操作性""专业性""创新性"[3]。

（三）增进协同创新，提升社会合力

特殊职业教育改革发展是一个系统工程，需要各级政府与部门齐心协力

---

① 阮李全、刘敏：《我国残疾人职业教育立法的缺陷与构建》，《中国特殊教育》2010年第10期。

② 刘俊卿：《改革开放以来我国特殊教育学校职业教育政策的分析与思考》，《中国职业技术教育》2015年第6期。

③ 赵小红：《地方特殊教育立法的进展、问题与建议》，《中国特殊教育》2018年第7期。

而为之。目前，我国需进一步优化特殊职业教育管理机制，明确各级政府与部门的职责范围，促进协同创新，提升社会合力。

首先，促进部门沟通交流，群策群力做规划。教育综合改革的战略协同是灵魂，政策协同是关键，组织协同是动力源，知识协同是智力支撑，资源协同是基本条件，节点协同是着力点①；我国需建立与特殊职业教育科学发展相适应的政策保障体系，建立与特殊职业教育优质发展相适应的残疾学生培养模式，健全特殊职业教育发展保障制度，建立一个"政府统筹、多方参与、一校两制、校长负责"的特殊职业教育管理体制②。我国不仅需突破传统的政策主导、"自上而下"管理模式，积极推行"自上而下"与"自下而上"相结合的治理机制，形成"上下同心"的工作格局；而且应进一步健全"横向"管理制度，明细同级部门之间、部门内部各处室之间的职责范围，构建"分工明确""协同创新"的"横向"工作机制，真正实现"左右逢源"。只有进一步强化各级政府、部门之间的协作意识，在国家和区域战略规划、重大项目安排、经费投入、企业办学、人力资源开发等方面形成政策合力，才能确保特殊职业教育顶层设计更加合理、合法、合情。

其次，明确部门职责，齐心协作谋发展。政策导向是发展特殊职业教育的根本保证，行政主导是保持特殊职业教育正确发展方向的有力支持，学校探索是构建特殊职业教育模式的坚实基础，机制创新是特殊职业教育可持续发展的重要保障③；我国应健全残疾儿童特殊教育服务体系，构建发展性的特殊职业教育培训体系，提高企业参与度，建立专门化的评价体系，构建系统性、全局性的协同创新体系，以促进我国残疾人职业能力的开发④。《关于加快发展残疾人职业教育的若干意见》明确提出，各地要建立部门协同推进的工作机制，教育部门、财政部门、残联要明确职责，其他部门积极参与，大力支持残疾人职业教育。目前，我国教育行政部门负责制定职业教育

---

① 杨道宇：《论教育综合改革的协同性》，《江苏高教》2017 年第 3 期。

② 刘俊卿：《我国特殊教育学校职业教育发展的历史经验、现实问题及未来选择》，《中国特殊教育》2011 年第 3 期。

③ 刘俊卿：《改革开放以来我国特殊教育学校职业教育政策的分析与思考》，《中国职业技术教育》2015 年第 6 期。

④ 张金福：《我国残疾人职业教育的发展及职业能力开发》，《教育理论与实践》2016 年第 27 期。

具体政策、发展规划和规章制度，指导、督促、检查职业教育工作；民政行政部门负责残疾人群体的保障工作，管理各级民政技术学校和民政培训机构招收残疾学生开展职业教育和培训；人力资源和社会保障行政部门负责完善职业资格制度，建立面向城乡劳动者的职业培训制度，指导技工学校、就业训练中心、民办职业培训机构开展招收残疾人的职业教育和培训；残疾人联合会主要负责促进残疾人教育、开展残疾人职业培训工作①。因此，只有明晰各级政府、部门的职责范围，才能在特殊职业教育发展改革实践中上下齐心，形成社会合力。

（四）加强质量督导，提高执行效率

我国特殊职业教育发展战略十分重视"督导评估"，但仍需健全特殊职业教育质量评价监测体系，强化实践监督指导，提升实践效率。

首先，健全质量评价监测体系，强化实践督导。质量评价体系是特殊教育改革发展及绩效评估的行动指南。目前，我国尽管先后颁布特殊教育学校标准、三类特校课程标准、特教教师专业标准等，但是，质量评价标准体系对各级各类特殊教育的改革发展及质量评价针对性不强，各级各类特教评价与管理机制仍不健全，不适应"全纳教育"的发展需要。因此，我国不仅需进一步完善特殊职业教育质量评价监测体系与管理机制，进一步建立健全特殊职业教育学校、课程、教师与学生质量评价标准体系，构建"层级贯通""普职融通""医教康结合"的"全纳"特殊职业教育质量评价体系，提升特殊职业教育质量评价的针对性，而且需加快特殊职业教育质量评价监测专家团队与专业机构建设，加强对地方特殊职业教育质量评价标准建设与实施过程的监督与指导，确保特殊职业教育发展战略的有效实施。

其次，加大政策倾斜，提升执行效力。我国残疾人职业教育需要政府加强政策引导，制定和完善法律法规、出台更多鼓励措施并加强执行力度，增加对残疾人职业教育经费投入，加大社区助残力度，加强校企合作，加强群

---

① 高宇翔、刘艳虹：《中国残疾人职业教育体系发展现状综述》，《职业教育研究》2014 年第 11 期。

众助残意识①；强化政府主导地位，建立经费分担机制，采用多元混合资助方式，关注家庭经济困难学生、特殊群体、弱势群体和欠发达地区，建立健全资助政策体系，加大对中西部残疾人职业教育的扶持力度②；深入研究城市下岗职工、农民工、残疾人等就业困难群体的职业培训和职业教育的内在规律，不断完善职业教育福利体系，确保全体社会成员有尊严、体面地生活以及享有发展成果的权利③。

总之，我国特殊职业教育发展战略十分成熟，但是特殊职业教育实践相对滞后，加快特殊职业教育的发展，为特殊儿童、青少年提供高质量的职业培训与指导势在必行。

---

① 何云霞：《残疾人职业教育问题及对策研究——一种基于个案的分析》，湖南师范大学硕士学位论文，2011年。

② 王继平：《促进公平：中国职业教育政策调整与实践——在第三届国际职业技术教育大会上的发言》，《中国职业技术教育》2012年第15期。

③ 朱颂梅：《社会福利视角下职业教育公共产品供给路径探析——以残疾人职业教育为例》，《教育发展研究》2015年第23期。

第八章　我国高等特殊教育发展战略

高等特殊教育发展战略是有关特殊需要学生接受高等教育的目标、任务、措施和组织实施的顶层设计与规划。改革开放以来，我国越来越重视高等特殊教育改革发展，先后颁布了《残疾人教育条例》（1994 年，2017年）、《高等教育法》（1998 年）等一系列政策文件，对高等特殊教育发展的意义、目标、任务、措施、组织实施诸方面作出比较明确的设计与战略部署，对促进高等特殊教育的改革发展起到了重要作用。

目前，我国学者越来越重视高等特殊教育研究，主要论及高等特殊教育的成就、不足与对策等问题，但是未对高等特殊教育发展战略做系统梳理与探究。同时，我国残疾人高等教育起步晚，基础薄弱，在教师队伍结构与专业化、经费保障、残疾学生资助力度、教师待遇与激励政策等方面面临很多困难和问题[1]；高等融合教育规模有限、质量欠佳、办学层次低[2]。

本章试图对我国高等特殊教育发展战略进行回顾和展望，以期能为未来高等特殊教育改革发展顶层设计与实践提供借鉴。

一、我国高等特殊教育发展战略的历程

我国高等特殊教育发展战略经历了萌芽时期（1978—1987 年）、形成时

---

[1] 滕祥东：《稳步发展残疾人高等教育》，《中国特殊教育》2017 年第 8 期。

[2] 雷江华、罗司典、亢飞飞：《中国高等融合教育的现状及对策》，《残疾人研究》2017 年第 1 期。

期（1988—2001 年）、发展时期（2002—2016 年）和成熟时期（2017 年至今）四个阶段。

（一）萌芽时期（1978—1987 年）

改革开放以后，我国逐步恢复发展高等教育，相关政策主要论及残疾人高等教育事宜。比如，《关于做好高等学校招收残疾青年和毕业分配工作的通知》（1985 年）要求高等学校招生"在全部考生德智条件相同的情况下，不应仅因残疾而不予录取"；《高等教育自学考试残疾人应考者奖励暂行办法》（1986 年）鼓励残疾人自强自立、自学成才。1985 年，山东省滨州医学院结合自身办学优势，创办了医学系，专门招收肢残青年与盲生，开创了残疾人高等教育的历史先河；1987 年，长春大学成立特殊教育学院，开创了我国视障、听障人士接受高等教育的先河。

（二）形成时期（1988—2001 年）

随着高等教育的发展，残疾人高等教育逐步纳入我国法律体系、残疾人事业发展五年规划与特殊教育发展战略体系，初步形成了高等特殊教育发展的基本思路。

首先，残疾人高等教育被纳入法律体系之中，明确了残疾人高等教育的法律地位。《残疾人保障法》（1990 年）提出"逐步发展高级中等以上教育"，对符合条件的残疾人实施高级中等以上文化教育、职业技术教育，有计划地开设康复课程、设置康复专业，培养各类康复专业人才，对于国家分配的高等学校残疾毕业生，有关单位不得因其残疾而拒绝接收；《残疾人教育条例》（1994 年）强调，"逐步发展高级中等以上教育""适当发展高等职业教育"；《高等教育法》规定，"高等学校必须招收符合国家规定录取标准的学生入学，不得因其残疾而拒绝招收"。

其次，我国残疾人事业发展规划与特殊教育发展规划进一步明确了残疾人高等教育在招生、专业设置、经费保障等方面的基本要求。《中国残疾人事业五年工作纲要（1988—1992）》（1988 年）提出，"使具备条件的残疾青年进入高等学校学习"，使他们"掌握从事伤残服务的知识和技能"，"理解残疾人的疾苦、心理和需求"；《关于发展特殊教育的若干意见》（1989

年）提出，有条件的省、自治区、直辖市，要选择一两所大专院校，试招盲、聋等残疾学生在适合的专业中学习；《中国残疾人事业"九五"发展计划纲要（1996—2000 年)》强调，残疾人教育尽可能纳入普通教育体系，试办高级中等和高等特殊教育，适当发展高等职业教育；《残疾人职业教育与培训"九五"实施方案》（1996 年)、《残疾人职业教育与培训"十五"实施方案》（2001 年）分别提出"适当发展残疾人高等职业教育"和"积极发展残疾人中、高等职业教育"；《中国残疾人事业"十五"计划纲要（2001—2005 年)》明确提出，巩固提高残疾人高等教育，拓宽残疾学生接受高等教育的渠道，扩大高等院校对残疾人的招生数量，对接受高级中等以上教育的贫困残疾学生减免有关费用、优先提供助学金和助学贷款；《关于"十五"期间进一步推进特殊教育改革和发展的意见》（2001 年）强调，"放宽残疾考生录取体检标准的试点"，进一步完善高等学校招收残疾考生的政策，鼓励和支持残疾人参加高等教育自学考试；等等。

此阶段，我国残疾人高等教育得到较大发展，残疾人高校数量与规模不断壮大。据统计，2001 年，我国高校 1911 所，在校生 1325 万人，毛入学率达 13.3%；普通高校招生 284.8 万人，其中，残疾大学生 2751 人，约占全国普通高校招生的 0.097%（见表 8-1)[1]。

（三）发展时期（2002—2016 年）

随着高等教育的大众化[2]，我国进一步完善高等特殊教育顶层设计，积极开展残疾人高等教育，残疾人高等教育入学率不断增加，残疾人高等职业教育得到初步发展。

首先，进一步完善法律体系。2008 年，我国重新修订了《残疾人保障法》，进一步强调医学院校和其他有关院校应当"有计划地开设康复课程"，"设置相关专业"，"培养各类康复专业人才"，高级中等以上特殊教育机构、普通教育机构附设的特殊教育班和残疾人职业教育机构，"对符合条件的残

---

[1]　参见教育部《2001 年全国教育事业发展统计公报》，中国残疾人联合会《2001 年中国残疾人事业发展统计公报》。

[2]　据统计，2002 年，我国有高校 2003 所，在校生 1515 万人，毛入学率达到 15%，高等教育进入大众化时期。参见教育部《2002 年全国教育事业发展统计公报》。

疾人实施高级中等以上文化教育、职业教育"。

其次，进一步完善特殊教育发展战略体系，明晰了残疾人接受高等教育的基本思路。《中国残疾人事业"十一五"发展纲要（2006—2010年)》强调，保障符合国家录取标准的残疾考生接受高级中等以上教育，积极发展残疾人高等教育；《关于进一步加快特殊教育事业发展的意见》（2009年)、《中国残疾人事业"十二五"发展纲要》（2011年）提出"加快发展残疾人高等教育"；《一期特教计划》明确提出，全面推进全纳教育，有计划地在高等学校设置特殊教育学院或相关专业，扩大残疾人接受高等教育的规模，支持高等学校特殊教育师范专业建设，扩建教学设施，提高特教教师培养培训能力；《"十三五"加快残疾人小康进程规划纲要》（2016年）明确提出，完善中高等融合教育政策措施，加强残疾人中高等特殊教育职业院校建设；等等。

此阶段，我国残疾人高等教育得到快速发展。据统计，2016年，我国普通高校2631所，在校生3779万人，毛入学率42.7%；普通高校招生824.9万人，其中，残疾大学生11533人，约占全国普通高校招生的0.14%（见表8-1)①。

（四）成熟时期（2017年至今）

随着全纳特殊教育发展战略体系的建立，我国进一步优化高等特殊教育办学条件，扩大高等特殊教育范围，残疾人高等教育顶层设计更加成熟。

首先，进一步修订特殊教育法律体系。2017年，我国进一步修订《残疾人教育条例》，提出，"支持高等学校设置特殊教育学院或者相关专业，提高残疾人的受教育水平"，要求县级以上人民政府教育行政部门以及其他有关部门、学校应当"充分利用现代信息技术"，以远程教育等方式为残疾人接受成人高等教育、高等教育自学考试等提供便利和帮助，根据实际情况开设"适合残疾人学习的专业、课程"，采取灵活开放的教学和管理模式支

---

① 参见教育部《2016年全国教育事业发展统计公报》，中国残疾人联合会《2016年中国残疾人事业发展统计公报》。

持"残疾人顺利完成学业"。

其次，建立比较成熟的特殊教育发展战略体系，高等特殊教育顶层设计更加成熟。《二期特教计划》提出，"稳步发展残疾人高等教育"，普通高等学校"进行必要的无障碍环境改造"，"修订普通高等学校招生体检指导意见"，"统筹残疾人高等教育资源的布局"，"逐步加大（残疾学生）资助力度"；《高等职业学校康复治疗技术专业顶岗实习标准》（2018 年）明确了高等职业学校康复治疗技术专业顶岗实习的适用范围（物理治疗、作业治疗、言语治疗等）、实习目标、时间安排、实习条件、实习内容、实习成果、考核评价、实习管理等问题；《关于加快发展残疾人职业教育的若干意见》（2018 年）提出，"鼓励职业院校与现有独立设置的特殊教育机构合作办学"，加快发展残疾人高等职业教育；等等。

总之，经过 30 多年不断探索，我国高等特殊教育体系日趋完善，学校数量与规模不断增加，教育层次、办学形式日益丰富。据统计，2019 年，我国已有高校 2688 所，在校生 4002 万人，入学率 51.6%；普通高校招生914.9 万人，其中，残疾大学生 14415 人，约占全国普通高校招生的 0.158%（见表 8-1）①。

二、我国高等特殊教育发展战略的主要特点

我国高等特殊教育发展战略十分重视高等特殊教育发展的战略意义，注重"普特融通""普职融合"与学生生存能力培养。

（一）重视高等特殊教育的战略意义

改革开放 40 多年来，我国不仅形成了比较完善的义务特殊教育、特殊职业教育、特殊教育教师战略体系，积极发展学前特殊教育，有力地推动了基础特殊教育的协调发展，而且十分重视残疾人高等教育的发展。一方面，

---

① 参见教育部《2019 年全国教育事业发展统计公报》，中国残疾人联合会《2019 年全国残疾人事业发展统计公报》。

我国《残疾人保障法》《残疾人教育条例》《高等教育法》等法规不仅对残疾人接受高等教育的权利做了明确规定，而且对残疾人如何接受高等教育提出了明确要求。另一方面，我国残疾人事业发展、特殊教育、高等教育、职业教育等相关规章也对残疾人高等教育改革发展的目标任务与主要举措等方面做了进一步阐释。

（二）注重"普特融通""普职融合"

我国高等特殊教育发展战略十分重视残疾人高等教育模式创新，有效地实现了高等特殊教育"普特融通"与"普职融合"。一方面，特殊需要学生可以通过"普通高考""单考单招""成人高考"等多种形式接受高等教育，实现了普通高等教育与专业化高等教育的有效贯通；另一方面，我国构建了比较完善的残疾人职业教育体系，残疾人高等职业教育也形成了一定规模，逐步形成服务需求、开放融合、纵向流动、双向沟通的残疾人终身职业教育体系，残疾人高等教育实现了"普职融合"[1]。

（三）注重学生的生存能力培养

我国高等特殊教育发展战略提出了明确的人才培养目标。一方面，残疾人职业教育坚持以就业为导向，注重残疾学生的就业创业能力培养。比如，《残疾人职业教育与培训"十五"实施方案》（2001 年）强调，残疾人职业教育应以能力培养为本，特殊教育学校应为未能升学的残疾学生提供实用技能培训，培训要与就业、生产和扶贫相结合；《关于加快发展残疾人职业教育的若干意见》（2018 年）要求残疾人职业院校应有针对性地开设适合残疾人学习的专业，要结合残疾学生特点和需求提供就业创业指导，为残疾学生提供更多个性化、适宜的教育，不断提高其就业创业能力。另一方面，要求根据残疾人的特点开设相应专业，提升他们的社会适应能力。比如，《残疾人保障法》强调，对残疾人实施"高级中等以上文化教育、职业技术教育"，培养各类康复专业人才；《残疾人教育条例》提出要充分利用现代教

---

[1] 李尚卫、沈有禄：《我国特殊职业教育发展战略：回顾与展望》，《中国职业技术教育》2019 年第 16 期。

育技术手段，开设适合残疾人学习的专业、课程，采取灵活开放的教学和管理模式；我国残疾人五年规划先后提出培养康复人才、医疗按摩人员和一批残疾少年运动员，"组织开展盲文、手语特殊教育培训"，鼓励和支持高等院校、科研机构和企事业单位研究残疾鉴定、康复、特殊教育、职业技能鉴定、辅助器具等领域的标准和技术，建设一批中高等残疾人职业教育示范校，建立一批高等院校残疾人学生实习训练基地；等等。

总之，我国十分重视高等特殊教育的发展，高等特殊教育发展战略十分注重"普特融通""普职融合""生存能力培养"，特殊需要个体接受高等教育的人数不断增加。

三、我国高等特殊教育发展战略的未来取向

我国高等特殊教育发展战略服务对象有限、体系不完善，未来需进一步扩大服务对象、完善文本结构、强化过程与结果公平、优化管理规程，增强全纳性、可操作性、公平性、实效性。

（一）扩大服务对象，增强全纳性

2014 年，《一期特教计划》确立了"全纳"特殊教育发展战略。我国残疾人高等教育应转变观念，形成"全纳"的思想[1]；在"全纳"与支持理念指导下，"重构残疾人高等教育生命价值取向，回归大学本身的高尚与包容精神"[2]；"贯彻残疾人高等教育公平理念，营造更为接纳、包容的环境"[3]；推行中国化融合理念，尊重残疾学生诉求，完善支持保障体系[4]。目前，我

---

[1] 陆莎、傅王倩：《论社会公平视野下的残疾人高等教育》，《中国特殊教育》2014 年第 3 期。

[2] 刘文雅：《生命关怀视阈下残疾人高等教育价值取向探究》，《教育探索》2013 年第 2 期。

[3] 陈琴霞：《新中国 70 年残疾人高等教育：突破与挑战》，《现代特殊教育》2019 年第 18 期。

[4] 熊琪：《融合理念下我国残疾人高等教育的发展历程、问题及建议》，《绥化学院学报》2016 年第 1 期。

国特殊教育政策法规明确界定了特殊教育对象，突破了过去听障、视障、智障三类残疾的局限①，但是，相关规章仍主要指称"残疾人高等教育"，较少论及"高等特殊教育"。因此，我国未来需将"全纳教育"思想全面贯穿于高等特殊教育发展顶层设计与实践始终。

（二）完善文本结构，增强可操作性

研究表明，世界各国对残疾人接受高等教育以及就业的权利和机会，均以各种相关的法律法规、政策文件等充分表达，保证残疾人享有平等的受教育权，并且对残疾人接受教育赋予其他群体以外的特殊权利和机会，包括听障生高考听力免考、为视障生提供盲文试卷、考试延时、体检条件放宽、单考单招、单位安置残疾人就业比例等②。目前，我国无专门的高等特殊教育法律法规，"缺少相应的操作细则"③，"相关表述较为抽象、概括"，"可操作性不强"④；残疾人接受高等教育的机会与过程缺乏"法律保障"，法律救济缺乏"程序保障"⑤；"现有支持体系缺乏稳固合作机制"，"政策与经费支持力度不足"，"高校管理的规范性不够"，"家庭关心和支持程度明显降低"，"残联系统的关注和支持力度较弱"，"社区支持与服务并不到位"⑥；等等。因此，我国不仅需要进一步强化特殊教育立法进程，提高立法层次，而且需要颁布专门的高等特殊教育改革发展实施意见或方案，进一步明确高等特殊教育改革发展的目标任务、主要举措与保障措施，提升顶层设计的可操作性。

---

① 残疾人包括视力残疾、听力残疾、言语残疾、肢体残疾、智力残疾、精神残疾、多重残疾和其他残疾的人（参见《残疾人保障法》）。

② 马宇：《我国残疾人高等融合教育支持体系研究》，南京师范大学博士学位论文，2014年。

③ 王松惠：《近十年来我国高等特殊教育发展述评》，《文化学刊》2016年第6期。

④ 陈琴霞：《新中国70年残疾人高等教育：突破与挑战》，《现代特殊教育》2019年第18期。

⑤ 李玉玲：《论残疾人高等教育权的法律制度保障》，《济南大学学报（社会科学版）》2013年第4期。

⑥ 马宇：《我国残疾人高等融合教育支持体系研究》，南京师范大学博士学位论文，2014年。

（三）强化过程与结果公平，增强普惠性

"公平"分为起点公平、过程公平与结果公平。我国应坚持"以人民为中心"，推进教育公平，人人都享有公平而有质量的高等教育；坚持"医教康结合""开放协同""教育优先发展"，打造中国残疾人高等教育新模式，构筑应用研究型人才培养高地，凝聚残疾人事业发展合力，培养具有深厚爱国情怀、宽广国际视野、勇挑历史重担的新时代人才[①]；通过群体性融合教育，促进残疾学生的社会化，对健全学生起到教育激励作用，促进优质资源整合，提高广大残疾学生的学习积极性，给残疾学生提供更多的职业选择[②]；以社会健康发展为基础，将残疾人特殊教育体系融入当下普通教育模式中，采用集"在线课堂、虚拟实验室、智慧实践基地"三位一体的教育康复人才培养 CLP 模式[③]。目前，我国高等教育政策的价值取向大体是以普通健全的学生为关照对象，仅有极少数条目涉及残疾人高等教育权利，实在性的教育支持关注不够[④]；残疾人接受高等教育受歧视，存在"认识错误""心理排斥""'双重'标准"等问题[⑤]；残疾人接受高等教育在入学、物理环境、相关课程、教学和评价、服务等方面潜藏着社会不平等现象[⑥]，教育资源配置不均衡和社会就业排斥较为明显[⑦]。因此，我国高等特殊教育发展战略不仅应关注起点公平，而且需进一步强化过程与结果公平。

（四）优化管理规程，提高实效性

目前，我国高等特殊教育发展战略尽管不断完善，但是质量监督机制仍

---

① 张兴华、张玉龙、朱光燕：《新中国 70 年残疾人高等教育的探索历程及其展望》，《中国高等教育》2019 年第 19 期。

② 李晓梅、曲欣：《群体性融合教育理念下的残疾人高等教育探析》，《北京联合大学学报》2018 年第 3 期。

③ 胡金秀：《信息时代残疾人高等教育培养模式构建探讨》，《吉首大学学报（社会科学版）》2017 年第 S2 期。

④ 马宇：《我国残疾人高等融合教育支持体系研究》，南京师范大学博士学位论文，2014 年。

⑤ 谭王芳：《论残疾人接受高等教育的机会平等》，西南政法大学硕士学位论文，2016 年。

⑥ 陆莎、傅王倩：《论社会公平视野下的残疾人高等教育》，《中国特殊教育》2014 年第 3 期。

⑦ 秦黎：《当前我国高等特殊教育公平问题研究》，北方工业大学硕士学位论文，2014 年。

不健全，对高等特殊教育实践监督指导不力，实效性不强。我国需进一步优化高等特殊教育质量监测评价体系，加强对相关规章实施过程与结果的监督指导，增强顶层设计的实施效果。具体包括，加快制定残疾人高考的测验公平性标准，建立健全残疾人普通高考测验公平性审查机制，完善残疾人普通高考测验便利管理规范，加强普通高考测验便利的科学研究[①]；提升残疾人高等教育的整体协调性，注重规模扩大与结构优化、质量提升的协同性[②]；建立残疾人高等教育专业设置和人才供求的"预警机制"，"政行企校联动"，减少高校专业设置趋同现象[③]；积极探索和构建我国残疾人高等融合教育"多元双通路支持体系模式"，重新构建全社会支持残疾人高等融合教育的网络系统，从政府到学校、家庭、非政府组织以及社区的独立支持体系，形成一个完整的残疾人高等融合教育支持体系[④]；等等。

总之，改革开放 40 多年来，我国高等特殊教育在"全纳"特殊教育发展战略的指导下取得了长足进步。但是顶层设计仍不完善，实践成效仍不理想，进一步优化顶层设计、加强质量监测与评价实有必要。

---

① 田霖、韦小满：《我国残疾人参加普通高考的问题与对策》，《中国特殊教育》2015 年第 11 期。

② 李欢、汪甜甜：《我国残疾人高等教育区域布局协调性的实证研究》，《中国特殊教育》2018 年第 8 期。

③ 王得义、马建莲：《我国残疾人高等教育专业设置趋同现象探析》，《现代特殊教育》2016 年第 8 期。

④ 马宇：《我国残疾人高等融合教育支持体系研究》，南京师范大学博士学位论文，2014 年。

第九章　我国民族特殊教育发展战略

　　我国是一个由 56 个民族组成的发展中国家，少数民族人口约 1.14 亿人、占总人口的 8.49%①。民族特殊教育是专门为少数民族特殊需要个体服务的教育活动，它是我国特殊教育事业的有机组成部分，是繁荣民族文化、增进民族团结的重要纽带。民族特殊教育发展战略是有关少数民族地区特殊教育改革发展的目标、任务、措施及组织实施的顶层设计与规划。新中国成立以来，我国越来越重视少数民族特殊教育的发展，中央与地方政府先后颁布了《关于"十五"期间进一步推进特殊教育改革和发展的意见》（2001年）、《关于深化改革加快发展民族教育的决定》（2002年）、《"十一五"期间中西部地区特殊教育学校建设规划（2008—2010年）》（2007年）、《关于实施教育扶贫工程的意见》（2013年）、《关于全面改善贫困地区义务教育薄弱学校基本办学条件的意见》（2013年）、《关于加快发展民族教育的决定》（2015年）、《"十三五"促进民族地区和人口较少民族发展规划》（2016年）、《二期特教计划》、《深度贫困地区教育脱贫攻坚实施方案（2018—2020年）》、《着力解决因残致贫家庭突出困难的实施方案》（2018年）等一系列规章制度，明确了我国少数民族特殊教育改革发展的目标、任务与保障措施，有力地促进了民族特殊教育的发展。

　　目前，我国学者越来越重视民族特殊教育研究，有研究从"发展战略"视角全面审视了我国少数民族特殊教育体系、保障与质量诸方面问题，并提

---

　　① 根据 2010 年第六次全国人口普查主要数据公示显示。

出了许多有益的见解与建议①，但是，研究主体与方法比较单一、研究范围与视野比较狭窄②，未对民族特殊教育发展战略做专题研究。

本章系统参阅了国家及少数民族聚居自治区颁布的特殊教育（含残疾人教育）、民族教育的决策文件，试图对我国民族特殊教育改革发展的顶层构思进行回顾和展望，以期为未来民族特殊教育发展战略设计与实践提供参考。

一、我国民族特殊教育发展战略的历程

我国民族特殊教育发展战略经历了孕育时期（1949—1988 年）、形成发展时期（1989—2013 年）、成熟期（2014 年至今）三个阶段。

（一）孕育时期（1949—1988 年）

此阶段着眼于特殊教育学校制度的建设与完善、民族教育制度的确立，少数民族聚居区特殊教育得到初步发展，但国家特殊教育、民族教育顶层设计没有论及民族特殊教育改革发展事宜。

第一，注重特殊教育学校与民族教育制度建设。新中国成立以后，我国先后颁布了《关于办好盲童学校、聋哑学校的几点指示》（1957 年）、《全日制六年制盲童学校教学计划（草稿）》、《全日制十年制聋哑学校教学计划（草稿）》（1962 年）、《全日制六年制聋哑学校教学计划（征求意见稿）》（1984 年）、《全日制八年制聋哑学校教学计划（征求意见稿）》（1984 年）、《全日制盲校小学教学计划（初稿）》（1987 年）、《全日制弱智学校（班）教学计划（征求意见稿）》（1987 年）等规章，明确了三类特校的培养目标、学制、招生、教学组织形式与课程体系；《关于盲童学校、聋哑学校经费问题的通知》（1956 年）、《关于中等专业学校、盲聋哑学校班主任津贴试

---

① 李尚卫：《我国民族特殊教育研究现状、局限与建议》，《现代特殊教育》2018 年第 24 期。

② 佘丽、冯帮：《近二十年我国民族地区特殊教育的文献分析》，《民族教育研究》2018 年第 3 期。

行办法》（1981 年）阐释了特殊教育学校经费、师资培养事宜；《关于加强民族教育工作的意见》（1980 年）、《中华人民共和国民族区域自治法》（1984 年）、《关于改革和发展西藏教育若干问题的意见》（1988 年）、《关于加强民族教育工作若干问题的意见》（1992 年）等明确了我国民族教育改革发展的基本思路；等等。这些规章为民族特殊教育的发展提供了理论支撑。

第二，建立民族教育与特殊教育管理机构。1952 年中央人民政府政务院颁发的《关于建立民族教育行政机构的决定》提出，中央人民政府教育部内设民族教育司，各大行政区人民政府（军政委员会）教育部或文教部设民族教育处（科）；1953 年教育部设立盲聋哑教育处，1980 年成立特殊教育处，1988 年中国残疾人联合会成立，西藏、宁夏、内蒙古、新疆、广西先后成立残疾人联合会①，为民族特殊教育的发展提供了组织保障。

正是因为特殊教育、民族教育制度与组织机构的不断建立，少数民族聚居区特殊教育学校逐步建立起来②。研究表明，新疆 1959 年建立乌鲁木齐市盲聋哑学校，分为乌鲁木齐市聋校和乌鲁木齐市盲校，改革开放以后，特殊教育受到自治区政府的重视，先后在喀什、石河子、昌吉、塔城等地建立了特殊教育学校③；广西 1958 年、1960 年先后创办了南宁市盲聋哑学校、桂林市聋哑学校，到 20 世纪 80 年代中期初具规模④；内蒙古 1960 年成立了第一所盲聋哑学校，1965 年将原来的 3 所学校合并后成立了呼和浩特市盲聋哑学校（1991 年更名为呼和浩特市特殊教育学校)⑤；宁夏 1985 年建立第一所盲聋哑学校、第一个普小附设弱智班⑥；等等。

---

① 据调查，西藏自治区、宁夏回族自治区、内蒙古自治区、新疆维吾尔自治区和广西壮族自治区残疾人联合会成立于 1986—1989 年。

② 西藏拉萨彩泉福利特殊学校于 1993 年成立，西藏盲童学校于 1998 年成立，2000 年建立第一所公办特校——拉萨市特殊教育学校（参见刘馨：《西藏自治区特殊儿童教育研究》，西藏大学硕士学位论文，2018 年）。

③ 塞轶：《新疆维吾尔自治区义务教育阶段特殊教育现状与发展对策研究》，新疆师范大学硕士学位论文，2009 年。

④ 叶发钦、何孜孜：《广西特殊教育发展现状、问题及对策》，《现代特殊教育》2015 年第 14 期。

⑤ 郝同枝：《简论"内蒙古特殊教育概况"》，《内蒙古师范大学学报（哲学社会科学版）》2006 年第 S2 期。

⑥ 陈云英、叶立言、彭霞光：《宁夏回族自治区特殊教育现状的调查——国家教委"对有特殊教育需要儿童的教育"项目实施情况》，《特殊儿童与师资研究》1995 年第 1 期。

（二）形成发展时期（1989—2013 年）

此阶段形成了完整的特殊教育、民族教育发展战略体系，积极实施教育扶贫战略，国家顶层设计开始关注少数民族特殊教育改革发展，少数民族地区形成独立的特殊教育发展规划，民族特殊教育改革发展初见成效。

第一，确立了更加完善的特殊教育与民族教育发展战略，顶层设计开始关注民族特殊教育。一方面，我国先后颁布了《关于发展特殊教育的若干意见》《残疾人保障法》《残疾人教育条例》《特殊教育学校暂行规程》《"十一五"期间中西部地区特殊教育学校建设规划（2008—2010 年）》《关于"十五"期间进一步推进特殊教育改革和发展的意见》《关于进一步加快特殊教育事业发展的意见》等规章，形成了更加完善的特殊教育发展战略体系。特别是《关于"十五"期间进一步推进特殊教育改革和发展的意见》强调，"十五"期间应根据"分区规划""分类指导""分步实施"的原则，使少数民族地区三类残疾儿童少年入学率有较大幅度提高；《"十一五"期间中西部地区特殊教育学校建设规划（2008—2010 年）》明确提出，在"十一五"期间要不断改善中西部地区特殊教育学校基本办学条件，努力普及和巩固有学习能力的残疾儿童少年九年义务教育，加快实现区域内义务教育的均衡发展。另一方面，先后颁布了《关于加强民族教育工作若干问题的意见》（1992 年）、《全国民族教育发展与改革指导纲要（试行）》（1993 年）、《关于深化改革加快发展民族教育的决定》、《扶持人口较少民族发展规划（2011—2015 年）》等规章，形成更加完善的民族教育发展战略。其中，《关于深化改革加快发展民族教育的决定》明确提出，要重视和加强少数民族特殊教育，使各类教育协调发展。这些规章表明，民族特殊教育日益成为我国特殊教育和民族教育发展战略的重要组成部分。

第二，积极实施教育扶贫战略，促进少数民族特殊教育的发展。新中国成立以来，我国教育扶贫大致经历了"教育普及发展"（1949—1978 年）、"教育优先发展照顾特殊群体"（1979—2010 年）、"专项教育扶贫"（2011—2014 年）和"精准帮扶脱贫"（2015 年至今）四个阶段[①]。20 世纪

---

① 曾天山：《教育扶贫的理论认识和实践探索》，《中国教育科学》2017 年第 3 期。

90 年代以后，我国先后颁布了《关于对全国 143 个少数民族贫困县实施教育扶贫的意见》（1992 年）、《国家西部地区"两基"攻坚计划（2004 — 2007 年）》（2003 年）、《关于全面改善贫困地区义务教育薄弱学校基本办学条件的意见》等决策文件，教育扶贫战略日趋成熟。特别是《关于实施教育扶贫工程的意见》明确提出连片特殊困难地区①特殊教育发展的目标任务及主要措施，提出通过改善办学条件、完善资助体系等措施，确保 2015 年"三类残疾儿童义务教育入学率达到 80%"、2020 年"基本普及三类残疾儿童义务教育"。

第三，构建区域民族特殊教育政策，指导少数民族聚居区特殊教育实践。在国家特殊教育顶层设计的感召下，西藏、新疆、内蒙古、宁夏、广西等民族聚居区先后颁布了一系列特殊教育规章②。比如，西藏颁布了《实施〈中华人民共和国残疾人保障法〉办法》（1998 年）、《特殊教育事业发展有关经费问题的实施意见》（2010 年）、《关于加强特殊教育事业的发展意见》（2011 年）等，新疆出台了《特殊教育学校发展规划（2008 — 2010 年）》（2008 年）、《关于进一步加快特殊教育事业发展的意见》（2010 年）、《关于进一步加强特殊教育学校建设和管理工作的通知》（2011 年）、《关于进一步加强残疾人随班就读工作管理的意见》（2012 年）、《关于加强特殊教育学校教学工作的指导意见》（2012 年）等，广西颁布了《关于发展特殊教育的决定》（1990 年）、《实施〈中华人民共和国残疾人保障法〉办法》（1994 年）、《关于进一步推进特殊教育改革和发展意见》（2002 年）、《无障碍建设"十二五"实施方案》（2012 年）等，宁夏先后颁布了《实施〈中华人民共和国残疾人保障法〉办法》（1995 年，2010 年）、《关于进一步加快特殊教育事业发展意见》（2011 年）等，内蒙古先后颁布了《关于切实加强扶助贫困残疾人工作的意见》（2005 年）、《关于进一步加快特殊教育事业发展实施的意见》（2010 年）等。特别是西藏、新疆两个少数民族人口超过 60%

---

①　连片特殊困难地区具体包括六盘山区、秦巴山区、武陵山区、乌蒙山区、滇桂黔石漠化区、滇西边境山区、大兴安岭南麓山区、燕山—太行山区、吕梁山区、大别山区、罗霄山区等区域的片区和已明确实施特殊政策的西藏、四省藏区、新疆南疆三地州。

②　一些省（自治区、直辖市）颁布的特殊教育文件常常滞后于国家颁发的相关文件，时间方面不一致。

自治区的特殊教育政策的颁布,标志着我国区域民族特殊教育发展战略的初步形成。

据此,我国区域民族特殊教育发展战略形成,民族特殊教育得到进一步发展。统计显示,2013年,我国有特殊教育学校1933所,在校生36.81万人,其中,广西有特校65所,内蒙古有特校42所,新疆有特校26所,宁夏有特校8所,西藏有特校5所;在校少数民族学生2.85万人,占全国特校学生总数的7.74%见表(9-1)①。

(三)成熟时期(2014年至今)

此阶段建立了十分成熟的特殊教育、民族教育和教育扶贫战略体系,国家顶层设计更加重视少数民族特殊教育改革发展,区域民族特殊教育发展战略日趋成熟,民族特殊教育得到较快发展。

第一,建立比较完善的特殊教育、民族教育发展战略体系。一方面,我国先后颁布了《一期特教计划》、《国家手语和盲文规范化行动计划(2015—2020年)》、"盲校、聋校、培智学校义务教育课程标准"(2016年)、《残疾人教育条例(修订)》(2017年)、《二期特教计划》等,特别是"盲校、聋校、培智学校义务教育课程标准"(2016年)提出要重视少数民族地区的民族特色、风俗文化资源,尊重文化的多样性,丰富具有区域文化和民族文化特色等。另一方面,先后颁布了《关于加快发展民族教育的决定》《"十三五"促进民族地区和人口较少民族发展规划》等。前者提出要重视支持少数民族特殊教育,明确了民族地区特殊教育发展的目标、主要措施;后者则提出要办好少数民族特殊教育,明确了少数民族特殊教育发展的主要措施。这些规章不仅体现了我国对民族特殊教育的重视,而且为民族特殊教育提供了制度保障与理论指引。

第二,进一步优化教育扶贫战略,加快少数民族特殊教育改革发展。2014年以来,我国先后颁布了《国家贫困地区儿童发展规划(2014—2020年)》、《乡村教师支持计划(2015—2020年)》、《关于加快中西部教育发展的指导意见》(2016年)、《教育脱贫攻坚"十三五"规划》(2016年)等

---

① 参见教育部《2013年全国教育事业发展统计公报》。

决策方案，教育扶贫进入精准帮扶脱贫时期。《西藏自治区教育扶贫工程实施方案》（2014 年）明确提出为改善西藏特殊教育学校办学，建立普惠和特惠政策相结合的资助体系，确保每一个残疾儿童不因贫困而失学；《着力解决因残致贫家庭突出困难的实施方案》提出，要逐一解决因残致贫家庭未入学适龄残疾儿童义务教育问题，通过普通学校随班就读、特殊教育学校就读、送教上门等多种形式确保每一名家庭经济困难的残疾儿童少年都能入学；《深度贫困地区教育脱贫攻坚实施方案（2018—2020 年)》明确提出"坚持精准扶贫、精准脱贫基本方略"，防止"三区三州"① 适龄儿童少年失学辍学。

第三，形成比较成熟的区域民族特殊教育发展战略。《一期特教计划》发布以后，西藏、新疆等少数民族聚居区进一步优化特殊教育发展顶层设计，指导本地特殊教育改革发展。比如，西藏先后颁布了《特殊教育提升计划（2014—2016 年）实施方案》（2014 年）、《西藏自治区特殊教育补助资金管理办法》（2017 年）等，新疆先后发布了《关于开展特殊教育学校结对帮扶捆绑发展工作的通知》（2014 年）、《特殊教育提升计划（2014—2016 年）实施方案》（2014 年）、《第二期特殊教育提升计划（2018—2020 年)》（2018 年）等，广西先后公布了《特殊教育提升计划（2014—2016 年）实施方案》《第二期特殊教育提升计划实施方案（2017—2020 年)》等，内蒙古先后出台了《特殊教育提升计划（2014—2016 年）实施意见》（2014 年）、《第二期特殊教育提升计划（2017—2020 年)》（2018 年），宁夏先后发布了《特殊教育提升计划（2014—2016 年）实施方案》（2014 年）、《轻度残疾儿童少年随班就读工作指导意见》（2016 年）、《重度残疾儿童少年送教上门工作指导意见》（2016 年）、《第二期特殊教育提升计划（2018—2020 年)》（2017 年）等。这些规章，特别是西藏、新疆特殊教育决策方案的发布，标志着我国区域民族特殊教育发展战略的日趋完善。

总之，经过 70 多年来的不断探索，我国建立了比较完善的特殊教育发展战略体系，西藏、新疆等少数民族聚居区构建起比较成熟的特殊教育发展

---

① "三区"是指西藏、新疆南疆四地州和四省藏区；"三州"是指甘肃的临夏州、四川的凉山州和云南的怒江州。

规划，民族特殊教育发展战略体系日趋完善，民族特殊教育得到较快发展。统计表明，2019 年，我国有特校 2192 所，在校生 79.46 万人，其中，广西有特校 82 所、在校生 3.77 万人，内蒙古有特校 51 所、在校生 1.32 万人，新疆有特校 28 所、在校生 2.65 万人，宁夏有特校 14 所、在校生 0.7 万人，西藏有特校 6 所、在校生 0.68 万人[①]。

二、我国民族特殊教育发展战略的特点

新中国成立以来，我国中央与地方政府十分重视少数民族特殊教育改革发展。目前，我国民族特殊教育发展战略设计主要蕴含在特殊教育、民族教育、教育扶贫等相关规章之中，少数民族地区特殊教育决策文件体例规范、内容丰富、倡导“全纳”、尊重“差异”、促进“和谐”，具有较强的权威性、普适性、公平性、针对性和包容性。

（一）体例规范，权威性高

我国民族特殊教育的相关决策文件常常由各级政府机构以公文的形式统一发文，具有较强的权威性。

首先，发文机关级别高，权威性强。我国民族教育、特殊教育发展的相关决策文件常常由中共中央、国务院、教育部、发展改革委、残联、财政部等机构联合或单独发文。比如，《关于加快发展民族教育的决定》《“十三五”促进民族地区和人口较少民族发展规划》等民族教育决策由国务院直接发布，《一期特教计划》《二期特教计划》和《关于实施教育扶贫工程的意见》《深度贫困地区教育脱贫攻坚实施方案（2018—2020 年)》等特殊教育决策方案由教育部、发展改革委等多部门联合制定、由国务院统一发布，残疾人事业发展纲要与残疾人教育实施方案则由中国残联制定、由国务院或残联直接发布。

其次，地方严格遵循中央要求。地方民族教育、特殊教育决策方案在文

[①]　参见教育部《2019 年全国教育事业发展统计公报》。

本体例与发文机关等方面常常与国家决策方案保持一致，既体现了地方政府对中央决策的尊重与重视，也体现了民族教育、特殊教育决策的权威性。比如，在中央颁布民族教育与特殊教育战略、教育扶贫与脱贫决策方案之后，各省（自治区、直辖市）都陆续发布了一些对应的实施方案或意见，由各省（自治区、直辖市）教育厅、残联等部门单独或多个部门联合制定，再由省（自治区、直辖市）政府、教育厅或残联等直接公布。

（二）内容丰富，普适性较强

我国民族特殊教育的相关决策文件结构完整、内容丰富，具有较强的普适性。

首先，国家顶层设计注重少数民族特殊教育改革发展。中央政府颁布的民族教育、特殊教育战略设计涉及少数民族地区特殊教育改革发展的意义（成就与现实问题）、指导思想、基本原则、总体目标、主要任务、主要措施与组织实施等内容，能为少数民族特殊教育改革发展实践、地方决策提供制度保障与理论指引。比如，《"十一五"期间中西部地区特殊教育学校建设规划（2008—2010年）》明确规定了"十一五"期间中西部地区特殊教育学校建设的指导原则、建设目标、基本措施；《二期特教计划》总结了我国少数民族特殊教育的成就与不足；《关于实施教育扶贫工程的意见》《关于加快发展民族教育的决定》《"十三五"促进民族地区和人口较少民族发展规划》等提出少数民族特殊教育目标、任务及举措等。

其次，地方能严格遵从国家少数民族特殊教育发展战略的总体部署和基本精神，设计本地少数民族特殊教育改革发展策略。比如，西藏、新疆等少数民族聚居的省（自治区、直辖市）先后发布的民族教育、特殊教育、教育扶贫与脱贫决策方案，明确了本地（民族）特殊教育发展的意义、指导思想或原则、目标、任务、措施与组织实施等内容。

（三）倡导"全纳"，公平性强

我国民族特殊教育的相关决策文件不仅重视少数民族地区"全纳"特殊教育体系与"无障碍"生态环境的建立，而且十分尊重少数民族地区特殊需要个体的基本权利、特殊教育发展的优先性，体现了较强的公平性。

首先，我国特殊教育发展战略实现了从"隔离"到"融合""全纳"的新跨越。新中国成立70多年来，我国先后颁布了一系列特殊教育规章制度，致力于"全纳"特殊教育体系与"无障碍"生态的建设，不断扩大教育对象、提高特殊儿童入学率，特殊教育正步入"无障碍""全纳""优质化"的新时代，有效地带动了少数民族特殊教育的改革发展。

其次，我国民族教育、特殊教育等相关决策十分尊重少数民族地区特殊需要个体的教育权利，强调少数民族特殊教育的"优先发展"。比如，《关于建立民族教育行政机构的决定》（1952年）明确提出中央设民族教育司、地方设民族特殊教育处（科）；《教育法》强调，"公民不分民族、种族、性别、职业、财产状况、宗教信仰等，依法享有平等的受教育机会"；《关于实施教育扶贫工程的意见》提出，少数民族地区2020年基本普及视力、听力、智力三类残疾儿童义务教育；《关于加快发展民族教育的决定》强调重点支持民族地区特殊教育；《"十三五"促进民族地区和人口较少民族发展规划》明确提出办好少数民族特殊教育，体现我国政府对发展少数民族特殊教育的信心与决心；等等。

（四）尊重"差异"，针对性较强

我国民族特殊教育的相关决策文件充分尊重少数民族特殊教育的"特殊性"，中央与地方能区别对待不同地区、不同民族的特殊教育发展现实，具有较强的针对性。

首先，国家顶层设计注重民族差异性。中央根据不同地区少数民族的特点，制定差异性的特殊教育发展策略，既反映了民族文化的多元性，又体现了国家决策的灵活性。比如，《"十一五"期间中西部地区特殊教育学校建设规划（2008—2010年)》、《边远贫困地区、边疆民族地区和革命老区人才支持计划教师专项计划实施方案》（2012年）、《关于全面改善贫困地区义务教育薄弱学校基本办学条件的意见》、《关于实施教育扶贫工程的意见》、《"十三五"促进民族地区和人口较少民族发展规划》、《着力解决因残致贫家庭突出困难的实施方案》、《深度贫困地区教育脱贫攻坚实施方案（2018—2020年)》等都有明确的指称对象与范围，体现了我国政府对中西部、贫困地区、少数民族（特殊）教育的特别关怀、重视。

其次，地方决策联系本地实际。地方政府能结合本地、本民族实际，制定具有一定地方、民族特色的特殊教育决策方案，具有较强的针对性。比如，西藏先后发布了《特殊教育事业发展有关经费问题的实施意见》（2010年）、《关于加强特殊教育事业的发展意见》（2011年）、《特殊教育提升计划（2014—2016年）实施方案》（2014年）、《特殊教育补助资金管理办法》（2017年）等，新疆先后出台了《特殊教育学校发展规划（2008—2010年）》（2008年）、《关于进一步加快特殊教育事业发展的实施意见》（2010年）、《关于进一步加强特殊教育学校建设和管理工作的通知》（2011年）、《关于进一步加强残疾人随班就读工作管理的意见》（2012年）、《关于加强特殊教育学校教学工作的指导意见》（2012年）、《特殊教育提升计划（2014—2016年）实施方案》（2014年）、《第二期特殊教育提升计划（2018—2020年）》（2018年）等，这些文件为少数民族地区特殊教育改革发展提供了有力的制度支持与理论指导。

（五）促进民族"和谐"，包容性强

我国民族特殊教育的相关决策文件致力于中华民族的伟大复兴与各族人民和睦相处和共同繁荣，注重民族团结教育与民族文化传承，包容性强。

首先，十分重视民族团结与和谐发展，注重民族团结教育与促进共同繁荣和进步。比如，《少数民族事业"十二五"规划》（2012年）提出，着力发展少数民族文化事业和文化产业，不断满足各族群众精神文化需求，"广泛开展民族团结宣传教育"，"继续推进民族团结进步教育基地建设"；《关于进一步加强民族工作加快少数民族和民族地区经济社会发展的决定》（2012年）明确提出，"牢牢把握各民族共同团结奋斗、共同繁荣发展的主题"，"加强民族团结宣传教育工作"；《"十三五"促进民族地区和人口较少民族发展规划》提出，"深入开展民族团结进步创建活动"，"促进各民族交往交流交融"，"推进民族团结进步创建示范区（单位）建设"，加强民族团结进步宣传教育，完善民族团结进步创建支撑体系；等等。

其次，重视"双语教学"或"多语教学"，大力支持民族文化的传承与创新。比如，《关于进一步繁荣发展少数民族文化事业的若干意见》（2009年）明确了繁荣发展少数民族文化事业的重要意义、指导思想、基本原则、

目标任务、政策措施、体制机制和组织领导；《扶持人口较少民族发展规划（2011—2015 年）》提出，"大力推进双语教育，开发少数民族语言教学资源，加强双语教学质量监测和双语师资队伍建设，开设人口较少民族校本课程"；《关于进一步加强少数民族双语教育工作的指导意见》（2012 年）明确了双语教育的基本原则、目标任务和政策措施；《关于加快发展民族教育的决定》提出，"继承和弘扬少数民族优秀传统文化"，"科学稳妥推行双语教育"；"盲校、聋校、培智学校义务教育课程标准"（2016 年）提出，选择、列举代表民族文化的实例，比较不同民族的生活习俗、传统节日、服饰、建筑、饮食等状况，选择适合视力残疾学生的体育活动项目及民族民间传统体育活动项目；等等。

我国十分重视民族特殊教育顶层设计，民族特殊教育发展战略具有较强的权威性、普适性、公平性、针对性和包容性，有效地促进了少数民族特殊教育的快速发展。

三、我国民族特殊教育发展战略的未来抉择

我国民族特殊教育发展战略整体规划不足、联系地方实际不足、关注民族文化不够、督导宣传不力，未来需进一步优化文本结构、密切关注地方实际、弘扬民族文化与强化宣传督导，增强合法性、针对性、民族性与实效性。

（一）优化文本结构，增强合法性

目前，《宪法》是我国根本大法，《教育法》是教育的母法，特殊教育法规停留在条例层面，没有形成独立的民族特殊教育改革发展决策方案，民族特殊教育发展战略体系不完整、内容零散；地方特殊教育、民族教育规章没有系统阐释少数民族特殊教育事宜，大部分少数民族聚居的省（自治区、直辖市）没有制定专门的少数民族特殊教育改革与发展规划和实施方案，法律效力十分有限。我国要提高民族特殊教育决策的威信、人们遵守民族特殊教育政策的自觉性和执行力度，不仅需尽快出台特殊教育法和特殊教育地方

性法规，进一步提高特殊教育立法层次，把民族特殊教育发展战略上升到国家法律层面，而且应加快国家民族特殊教育发展战略的顶层设计，颁布民族特殊教育发展实施方案，加强壮族、满族、回族、苗族、维吾尔族、土家族、彝族、蒙古族、藏族等人口较多少数民族特殊教育发展实施意见的研制，优化少数民族聚居区特殊教育发展战略，从而构建更加完整的民族特殊教育发展战略体系。

（二）密切关注地方实际，增强针对性

我国幅员辽阔，少数民族地区分布十分宽广，不同地区少数民族特殊教育面临的经济文化基础差异十分明显。民族特殊教育发展战略是对少数民族特殊教育未来发展的全局性、根本性谋划，必须合理设计民族特殊教育发展的战略目标、任务与实现路径；地区特殊教育事业发展需要综合考虑当地经济、政治、文化等多方面的因素，结合当地教育实际以及教育需求进行制度创新，体现出不同地区特殊教育事业的亮点和特色，形成既具有差异性又有同构性的教育政策创新案例和实践模式[1]；地方特殊教育政策应规定具体的任务指标以及时间限制、针对重点任务制定配套的项目实施方案、明确具体任务的执行主体及其责权范围，内容应具体化、具有可操作性[2]。目前，我国民族特殊教育发展的相关决策文件过多注重文本体例的规范性与一致性，重"求同"、轻"求异"，联系地方实际不足，现实针对性不强；我国民族特殊教育不仅规模小、入学率低、结构不合理，而且地区、城乡分布不均衡，不同地区、不同民族差异较大，特别是西部农村少数民族特殊教育发展十分缓慢。因此，我国应充分调查不同地区少数民族特殊教育发展现实，增强民族特殊教育发展战略的针对性；少数民族聚居省（自治区）要积极开展民族特殊教育理论研究，及时吸纳发达国家与地区的先进经验，增强地方民族特殊教育发展战略的先进性、可操作性。

---

[1]　康翠萍：《"治策"、"知策"、"行策"：教育发展规划决策模式及其选择》，《教育研究》2015 年第 9 期。

[2]　李静郢、孙玉梅：《地方贯彻〈特殊教育提升计划（2014—2016）〉的政策文本分析》，《绥化学院学报》2017 年第 4 期。

（三）弘扬民族文化，增强民族特色

我国拥有 56 个民族，不同民族有着不同的文化传统，各少数民族孕育了丰富多彩的建筑、服饰、语言、艺术、宗教和手工艺文化。我国少数民族特殊教育既涉及主体民族文化与少数民族文化，也包括非残疾群体文化与残疾群体文化，在建设民族地区特殊教育时应考虑地区民族文化特点、体现当地民族特色，始终以儿童的多样化特点为本，合理地调整普通教育、特殊教育与民族教育中的多种资源，构建适合民族地区特点的融合教育体系，保障少数民族特殊儿童获得质量更高、更适合其发展的教育服务[①]；民族地区特殊教育学校文化建设应融入少数民族文化精华，提升教师专业水平，合理设置课程内容，突出民族特色文化[②]。目前，我国民族特殊教育顶层设计对各地少数民族特殊教育学校标准化建设情况缺乏系统调查，地方对如何打造少数民族特殊教育学校特色、彰显特殊教育的"民族"特色缺乏深入思考。因此，我国未来需深入开展民族文化的理论研究，深入调查少数民族地区特殊教育学校文化建设实践现实，自觉将民族文化精髓融入民族特殊教育发展战略中，有效地促进民族文化的传承与繁荣。

（四）加强宣传指导，增强实效性

新中国成立以来，我国先后颁布了一系列特殊教育、民族教育、教育扶贫决策方案，明确了残疾人康复中心、特殊教育学校、特殊教育教师、资源教室、特殊教育学校课程等评价标准，形成了比较系统的特殊教育质量评价监测体系，为民族特殊教育改革发展提供了有力的质量保障。目前，我国民族特殊教育质量评价体系仍不完善、质量评价监测机制不健全，民族特殊教育决策方案的宣传、督导仍十分有限，民族地区特殊教育质量评价体系不健全，质量评估监测机制不健全，相关部门职责不明[③]；民族地区特殊教育管理存在"多头

---

① 伊丽斯克、邓猛：《多元文化视野下少数民族特殊教育发展的思考》，《中国特殊教育》2016 年第 1 期。

② 蒋士会、施雪莉：《民族地区特殊教育学校文化建设论纲》，《教育观察》2018 年第 4 期。

③ 明兰、付娟：《彝族传统文化影响下特殊儿童教育与发展的思考》，《教育文化论坛》2017 年第 2 期。

负责"部门分割"①。因此，我国需进一步优化民族特殊教育质量评价体系，健全质量评价监测体系与机制，加强民族特殊教育决策方案的宣传与督导，扩大社会认同与支持力度，从而有效地促进民族特殊教育的健康发展。

综上所述，新中国成立以来，我国十分重视少数民族地区特殊教育的改革发展，民族特殊教育事业进步明显。但是，目前仍未形成完整、系统的民族特殊教育发展战略体系，社会保障与支持体系不健全，少数民族特殊教育规模小、普及程度较低、发展不平衡。因此，我国未来民族特殊教育发展战略应致力于民族特殊教育体系的"全纳化"与"终身化"、建立"无障碍"特殊教育生态与彰显特殊教育的"民族特色"。

---

① 赵云：《民族地区特殊教育事业发展现状与政策选择》，《中国校外教育》2009 年第 S5 期。

第十章 我国农村特殊教育发展战略

农村特殊教育发展战略是有关农村地区特殊教育改革发展的目标、任务、措施和组织实施的顶层设计与规划。改革开放以来，我国越来越重视农村特殊教育改革发展，先后颁布了《中国农村扶贫开发纲要（2001—2010年)》(2001年)、《中国农村扶贫开发纲要（2011—2020年)》(2011年)、《"十一五"期间中西部地区特殊教育学校建设规划（2008—2010年)》(2007年)、《农村残疾人扶贫开发纲要（2011—2020年)》(2012年)、《关于实施教育扶贫工程的意见》(2013年)、《关于打赢脱贫攻坚战的决定》(2015年)、《深度贫困地区教育脱贫攻坚实施方案（2018—2020年)》(2018年)等政策文件，对农村特殊教育发展的意义、目标、任务、措施、组织实施诸方面作出比较明确的设计与战略部署，对促进特殊教育的改革与发展起到了重要作用。

目前，我国学者十分重视农村特殊教育研究，论及我国农村特殊教育的意义、成就、现实问题与对策，但是，没有对农村特殊教育发展的顶层设计做深入探究。我国边远地区的广大农村特殊教育学校分布不均，特殊教育经费投入不足，办学资源不足，师资队伍建设严重欠缺[1]。

本章试图对我国农村特殊教育发展战略的发展历程、特点及其未来走向进行回顾和展望，以期对我国未来农村特殊教育改革发展顶层设计与实践有所启迪。

---

[1] 李龙梅：《边远农村地区特殊教育改革发展对策研究》，《科学咨询（教育科研)》2017年第5期。

一、我国农村特殊教育发展战略的历程

我国农村特殊教育发展战略可分为萌芽时期（1978—2000 年）、形成时期（2001—2012 年）、发展探索时期（2013 年至今）三个阶段。

（一）萌芽时期（1978—2000 年）

本阶段主要论及农村特殊教育的意义、目标、体系、形式、组织实施与保障等问题，农村特殊教育改革发展构想散见于有关特殊教育、农村教育、残疾人发展等相关文件之中。

第一，论及农村特殊教育体系。《关于发展特殊教育的若干意见》（1989 年）明确提出特殊教育的基本方针、目标、任务等问题，论及农村弱智教育与残疾人成人教育；《中国残疾人事业"九五"发展计划纲要（1996—2000 年)》论及农村残疾人职业培训；等等。

第二，明确了农村特殊教育主要安置方式。1987 年《全日制弱智学校（班）教学计划（征求意见稿)》将特殊教育对象扩大到弱智儿童，认为"随班就读"是解决农村地区轻度弱智儿童入学问题的可行办法；《关于发展特殊教育的若干意见》提出，农村弱智教育主要采用随班就读与办班、建校等形式；《残教八五方案》提出，农村残疾儿童少年义务教育应通过特殊教育班、随班就读等形式，动员和组织残疾儿童少年入学；《残教九五方案》提出普遍开展随班就读、乡（镇）设特教班。

第三，十分重视农村特殊教育的组织实施。《残教八五方案》提出残疾儿童少年义务教育应坚持"省、市（地）、县、乡一起动手"，主要由县、乡组织实施（盲校要由省或市、地统筹研究设置方案)，并要求将此文件发至县，传达到乡和村负责人、学校校长和全体教师；《关于开展残疾儿童少年随班就读工作的试行办法》明确提出，县级教育行政部门应当把接收残疾儿童少年随班就读纳入普及九年义务教育发展规划，并把任务落实到乡镇和学校，切实保证残疾儿童少年按时入学；《残教九五方案》提出通过"希望工程""春蕾工程"专项助学活动帮助农村残疾儿童少年入学或复学；等等。

（二）形成时期（2001—2012 年）

此阶段进一步完善农村特殊教育改革发展顶层设计，初步形成农村特殊教育发展战略框架，比较全面地阐释了农村特殊教育改革发展的意义、目标、措施与组织领导等内容。

第一，明确农村特殊教育改革发展的意义与目标。《中国农村扶贫开发纲要（2001—2010 年）》明确了连片特困扶贫攻坚地区扶贫的目标、方针、内容与途径，强调农村残疾人教育扶贫的重要性；《关于"十五"期间进一步推进特殊教育改革和发展的意见》（2001 年）提出了"十五"期间农村特殊义务教育的目标；《关于进一步推进义务教育均衡发展的若干意见》（2005 年）提出优先保障农村残疾儿童少年教育；《"十一五"期间中西部地区特殊教育学校建设规划（2008—2010 年）》明确了农村特殊教育学校建设的意义；《关于推进农村改革发展若干重大问题的决定》（2008 年）强调发展特殊教育；《关于进一步加快特殊教育事业发展的意见》明确了中西部农村地区特殊教育学校的发展目标；《农村残疾人扶贫开发纲要（2011—2020 年）》强调农村残疾人教育的紧迫性，明确 2015 年、2020 年农村残疾人教育的发展目标，提出应"关心农村特殊教育""优先关注农村残疾人"；《中国残疾人事业"十二五"发展纲要》（2011 年）论及农村残疾人职业教育目标；《残疾人教育工作"十二五"实施方案》（2012 年）阐释了"十二五"期间残疾人教育的主要目标与措施，发展农村特殊教育的重要意义；《无障碍环境建设条例》（2012 年）强调农村"无障碍"建设标准的重要性。

第二，进一步扩展农村特殊教育体系。中国残疾人事业"十五"计划和"十一五"、"十二五"发展纲要论及农村残疾人职业培训；《残疾人职业教育与培训"十五"实施方案》论及农村残疾人职业教育与培训；《关于进一步加快特殊教育事业发展的意见》论及农村残疾儿童少年随班就读工作；《农村残疾人扶贫开发纲要（2011—2020 年）》提出，不仅要重视农村残疾人职业教育，而且更要重视适龄残疾儿童少年的学前康复教育和义务教育；《残疾人教育工作"十二五"实施方案》论及农村义务特殊教育及残疾人职业教育与培训。

第三，进一步明确农村特殊教育的组织实施。《关于"十五"期间进一步推进特殊教育改革和发展的意见》强调，国家应加强对农村地区残疾儿童少年接受义务教育的督导评估工作和资助；《关于进一步推进义务教育均衡发展的若干意见》提出，要优先保证农村残疾儿童少年享受"两免一补"政策，努力改善特殊教育学校办学条件；《"十一五"期间中西部地区特殊教育学校建设规划（2008—2010 年)》明确规定农村特殊教育学校基本建设措施；《关于进一步加快特殊教育事业发展的意见》论及农村残疾儿童少年随班就读支持保障体系建设；《农村残疾人扶贫开发纲要（2011—2020年)》提出加大对各级各类残疾学生扶助力度，要求政府采取多种措施优先保障农村残疾人教育。

（三）发展探索时期（2013 年至今）

此阶段进一步完善农村特殊教育改革发展顶层设计，积极探索农村特殊教育扶贫新模式。

第一，进一步明确农村特殊教育改革发展的意义与目标。《关于实施教育扶贫工程的意见》进一步明确了 2015 年、2020 年农村特殊教育要达到的发展目标；《关于打赢脱贫攻坚战的决定》明确提出加大农村残疾人的教育、康复与技能培训；《一期特教计划》提及农村残疾儿童少年义务教育普及现状；《二期特教计划》指出发展农村义务与非义务特殊教育的发展现状；《着力解决因残致贫家庭突出困难的实施方案》（2018）年明确提出"逐一解决贫困家庭未入学适龄残疾儿童义务教育问题"。

第二，不断扩展农村特殊教育体系。《关于实施教育扶贫工程的意见》论及农村残疾儿童学前、义务和普通高中教育的状况；《"十三五"加快残疾人小康进程规划纲要》（2016 年）论及农村残疾人职业培训；《残疾人教育条例》（2017 年）提出"农村残疾儿童实施免费学前教育"；《深度贫困地区教育脱贫攻坚实施方案（2018—2020 年)》论及"三区三州"残疾儿童少年义务教育问题。

第三，积极探索农村特殊教育课程与教学改革。《一期特教计划》提及农村残疾儿童少年随班就读、送教上门与远程教育问题；"盲校、聋校、培智学校义务教育课程标准"（2016 年）提出农村特殊教育学校应充分利用自然资源、生产劳动资源、民俗资源，开发乡土教材；《二期特教计划》论及农村残疾儿童少年随班就读、送教上门活动；《着力解决因残致贫家庭突出困难的实施方案》明确提出，根据残疾儿童的实际情况和未入学原因，逐一制定教育安置方案，通过"普通学校随班就读""特殊教育学校就读""送教上门"等多种形式，逐一做好适龄残疾儿童少年的入学安置工作。

第四，积极探索农村特殊教育扶贫新机制。《关于实施教育扶贫工程的意见》提出，改善片区农村特殊教育办学条件，建立普惠和特惠政策相结合的资助体系，确保每一个残疾儿童不因贫困而失学；《残疾人教育条例》（2017 年）强调，国务院和省、自治区、直辖市人民政府设立专项资金支持边远贫困地区、少数民族聚居区、农村地区残疾人教育的发展；《二期特教计划》提出应加强对农村残疾儿童少年教育工作的指导；《深度贫困地区教育脱贫攻坚实施方案（2018—2020 年）》提出完善"三区三州"控辍保学工作机制，防止适龄残疾儿童少年失学辍学；《着力解决因残致贫家庭突出困难的实施方案》提出"加大对贫困残疾学生的资助力度"，在"两免一补"的基础上，"确保每一名家庭经济困难的残疾儿童少年都能入学"；《加强残疾儿童少年义务教育阶段随班就读工作的指导意见》（2020 年）要求县级教育行政部门会同残联、街道（乡镇）组织适龄残疾儿童少年家长及其他监护人开展入学登记，对适龄残疾儿童少年入学需求进行摸底排查。

总之，我国已形成了农村特殊教育发展战略的基本框架，明确了农村特殊教育未来改革发展的基本思路。据统计，2019 年，我国农村特殊教育学校 1107 所，在校生 53.49 万人（见表 10-1）。

二、我国农村特殊教育发展战略的特点

我国农村特殊教育发展战略十分重视农村特殊教育改革发展，关注农村特殊基础教育，强调地方政府办学责任。

（一）明确农村特殊教育发展战略的意义

我国农村特殊教育发展战略十分重视农村特殊教育改革发展的重要意义与紧迫性。

首先，客观再现农村特殊教育发展现状及面临的困境，明确农村特殊教育改革发展的紧迫性。《"十一五"期间中西部地区特殊教育学校建设规划（2008—2010年)》提出"中西部农村地区特殊教育学校校舍建设标准较低"，"教学生活设施差"，"存在较多安全隐患"；《残疾人教育工作"十二五"实施方案》提出，"我国残疾人教育城乡、区域间发展不平衡"，"农村地区尤为薄弱"；《一期特教计划》提出，"农村残疾儿童少年义务教育普及率不高"；《二期特教计划》提出，中西部农村地区仍存在"残疾儿童少年义务教育普及水平低""非义务教育特殊教育发展滞后""保障机制还不够完善""教师队伍数量不足、待遇偏低、专业水平不高"等问题；等等。

其次，突出农村特殊教育改革发展的优先地位。《关于进一步推进义务教育均衡发展的若干意见》强调，要"优先保证农村残疾儿童少年享受'两免一补'政策"，重点支持"农村地区""贫困地区""少数民族地区"的义务教育发展；《中国农村扶贫开发纲要（2001—2010年)》要求"加大对农村各级各类残疾学生扶助力度"，"优先安排少数民族、妇女儿童和残疾人的扶贫开发"；《农村残疾人扶贫开发纲要（2011—2020年)》提出，"优先保障农村残疾人扶贫"；《残疾人教育条例》提出，"鼓励有条件的地方优先为农村地区残疾儿童提供免费学前教育"；《着力解决因残致贫家庭突出困难的实施方案》（2018年）提出，逐一解决贫困家庭未入学适龄残疾儿童义务教育问题；《深度贫困地区教育脱贫攻坚实施方案（2018—2020年)》提出，为贫困家庭子女、留守儿童、残疾儿童等特殊困难儿童接受义务教育实施全过程帮扶和管理；等等。

（二）关注农村基础特殊教育

我国农村特殊教育发展战略十分注重农村特殊儿童少年基础教育的发展。

首先，重视农村特殊儿童少年学前教育、义务教育。《关于发展特殊教育的若干意见》明确规定，农村弱智教育应实行"就近入学""随班就读"和"个别辅导"，也可"办班"或"建校"；《农村残疾人扶贫开发纲要（2011—2020年）》强调，采取多种措施保障农村适龄残疾儿童少年接受学前康复教育和义务教育，农村适龄残疾儿童少年2015年入学率达到90%以上，2020年达到当地平均教育水平；《残疾人教育工作"十二五"实施方案》提出，动员和组织农村残疾儿童少年接受义务教育，支持残疾儿童较多的区、县设立残疾儿童学前教育机构；《关于实施教育扶贫工程的意见》提出，加大对家庭经济困难的幼儿、孤儿、残疾幼儿入园和普通高中家庭经济困难学生的资助力度，农村视力、听力、智力残疾儿童义务教育入学率"2015年达到80%"，"2020年基本普及义务教育"；《残疾人教育条例》提及农村残疾儿童免费学前教育问题；等等。

其次，关注农村残疾人职业教育与培训。《关于发展特殊教育的若干意见》提出"加强残疾成人的农村实用技术和文化学习"；《残疾人职业教育与培训"十五"实施方案》要求，农村残疾人职业教育与培训要"与生产和扶贫结合"，"依托县、乡教育与职业技术培训网络"；《农村残疾人扶贫开发纲要（2011—2020年）》提出，"2015年为100万农村残疾人提供实用技术培训"，"2020年有劳动能力和愿望的农村残疾人普遍得到实用技术培训和职业技能培训"；《残疾人教育工作"十二五"实施方案》要求"依托城乡职业学校和残疾人职业学校"，"对具有初、高中文化程度的农村残疾人开展职业培训"；我国残疾人事业"九五"至"十三五"发展规划纲要都明确提出"加强农村残疾人职业培训"；等等。

（三）强调地方政府的办学责任

我国农村特殊教育发展战略十分重视地方政府的办学责任，明确了地方政府在农村特殊教育保障能力与管理方面的职责。

首先，地方政府加强农村特殊教育保障能力建设，积极改善办学条件。《义务教育法》将特殊教育纳入义务教育体系，要求区（市、县）教育主管部门负责农村中心小学、初级中等学校建设规划，农村中学校舍建设投资以乡、村自筹为主，地方人民政府对经济困难的地方应酌情予以补助，农村集镇建设规划也应包括义务教育设施，所需资金由乡（镇）政府负责筹集；《关于发展特殊教育的若干意见》要求各级教育行政部门要"加强与当地卫生、民政、残联等有关部门的协调"，争取社会的支持和帮助；《教育法》强调地方各级人民政府及其有关行政部门必须"把学校的基本建设纳入城乡建设规划""统筹安排学校的基本建设用地及所需物资""按照国家有关规定实行优先、优惠政策"；《国家中长期教育改革和发展规划纲要（2010—2020年）》提出，中央财政和地方财政按比例分担农村义务教育经费；《无障碍环境建设条例》（2012年）提出，无障碍环境建设发展规划应"纳入国民经济和社会发展规划"和"城乡规划"；《着力解决因残致贫家庭突出困难的实施方案》（2018年）十分注重贫困家庭残疾儿童义务教育问题；《关于实施教育扶贫工程的意见》要求中央和省级人民政府要加大对教育扶贫片区的投入，改善农村特殊教育办学条件，建立普惠和特惠政策相结合的资助体系；《二期特教计划》明确规定，县级以上人民政府"设立专项补助资金"加强特殊教育基础能力建设，中央财政特殊教育专项补助资金"重点支持困难地区""薄弱环节"；《残疾人教育条例》（2017年）要求国务院和省、自治区、直辖市人民政府"设立专项资金支持边远贫困地区、少数民族聚居区、农村地区残疾人教育的发展"；等等。

其次，地方政府加强农村特殊教育管理，确保办学质量。《关于发展特殊教育的若干意见》要求，省、市（地）级教育行政部门应组织有关专家培训县、乡残疾儿童少年检测人员；《残教八五方案》提出，残疾儿童少年义务教育应坚持"省、市（地）、县、乡一起动手"，主要"由县、乡负责组织实施与宣传"；《关于开展残疾儿童少年随班就读工作的试行办法》明确提出，"县级教育行政部门应把残疾儿童少年'随班就读'纳入普及九年义务教育发展规划与任务落实"，省、市（地）级教育行政部门应组织专家培训县、乡两级残疾儿童少年检测人员；《残疾人职业教育与培训"十五"实施方案》提出"依托县、乡教育与职业技术培训网络培训残疾人"；《关于实施教育扶贫工程的意见》提出，鼓励和支持片区所属省级人民政府建立跨省级行政区域的组织协调机制，建立省、市、县级政府领导定点联系学校制度；《一期特教计划》要求县（市、区）教育行政部门，要"统筹安排特殊教育学校和普通学校教育资源"，为确实不能到校就读的重度残疾儿童少年提供送教上门或远程教育等服务，对基本普及残疾儿童少年义务教育进行评估验收；《二期特教计划》强调以区、县为单位"逐一核实未入学适龄残疾儿童少年数据"，"统筹规划资源教室建设与教师配备"，"指导随班就读"，"开展送教上门服务"；《深度贫困地区教育脱贫攻坚实施方案（2018—2020 年）》要求在"三区三州"教育脱贫攻坚中，省级政府承担制订实施工作方案，地市级政府加强协调领导，县级政府落实各项具体政策和工作任务。

总之，我国农村特殊教育发展战略十分重视农村特殊教育发展的战略意义，强调农村基础教育与地方政府责任。

三、我国农村特殊教育发展战略的未来构想

我国农村特殊教育发展战略体系仍不成熟，农村特殊教育的战略地位未得到充分彰显，结构体系仍不完整、可行性不强，农村特色不突出，未来需进一步提升农村特殊教育的战略地位，建立完整、系统的战略体系，充分发挥中央与省级政府主导作用，彰显"农村"特色。

（一）坚持"超前发展"战略，确保农村特殊教育"优先发展"

目前，我国特殊教育、农村教育相关规章十分重视农村特殊教育的发展，提出"优先发展"战略构想。改革开放 40 多年来，我国始终将农村义务教育列为党和国家教育政策的优先领域，进行前瞻性设计，探索并完善切合我国特点的义务教育"责任型政府"治理机制，积极回应义务教育不同发展阶段的典型问题并实施针对性的政策措施①；坚持农村教育超前发展战略是我国教育优先发展的必然选择，重视农村教育的普及与公平是推进全国普惠性教育发展的突破口和重要路径，实现《国家中长期教育改革和发展规划纲要（2010—2020 年）》基本目标的重点和难点都在农村教育，落实农村

---

① 邵泽斌：《改革开放 40 年国家支持农村义务教育的政策经验与反思》，《教育发展研究》2018 年第 20 期。

教育超前发展战略必须坚持农村教育持续发展，充分认识新形势下进一步解决农村教育问题的长期性、艰巨性和良好机遇，坚持农村中等学校城镇化布局战略、幼小城乡一体化教育发展战略、"五教"统筹和农科教结合教育发展战略[1]。2015 年 1 月，教育部正式确定全国 37 个市（州）、县（区）为国家特殊教育改革实验区，积极开展"送教上门""随班就读""医教结合"等实验。但是，我国教育法规、特殊教育顶层设计较少论及农村特殊教育发展问题，从形式到内容未能得到真正的落实。因此，我国未来需加快特殊教育法立法进程，尽快颁发农村特殊教育改革发展实施意见与地方农村特殊教育发展实施方案，全面落实农村特殊教育"优先发展"战略。

（二）完善顶层设计，增强可行性

特殊教育发展战略涉及特殊教育发展机遇、社会环境、战略目标、战略布局、战略路径、发展方式等重大问题[2]。我国特殊教育未来发展的主要方向和主要目标是城乡一体推进特殊教育内涵发展和质量提升，进一步扩大残疾儿童随班就读的规模和比重，特教学校从单一的学校功能转型成为集教学、研究、指导、培训为一体的特殊教育资源中心[3]；加大农村特殊教育投入是发展农村特殊教育的焦点，城乡特殊教育对接、普通教育与特殊教育对接是农村特殊教育发展的接点，专业化师资建设是农村特殊教育改革发展的关键，远程教育是农村特殊教育可持续发展的有力支撑[4]；未来需继续支持农村义务教育发展，需更好地回应农村家长、农村儿童和农村教师合理的现代性诉求，设计更加有支持力度、更加有智慧的现代农村义务教育制度[5]。目前，我国尽管颁布了《农村残疾人扶贫开发纲要（2011—2020 年)》等

---

① 韩清林：《贯彻实施〈教育规划纲要〉应把农村教育摆在超前发展的战略位置》，《人民教育》2010 年第 18 期。

② 朱传耿、盛永进、王培峰等：《中国特殊教育发展战略的若干问题》，《现代特殊教育》2017 年第 2 期。

③ 朱永新：《特殊教育的战略目标和政策方向》，《现代特殊教育》2017 年第 13 期。

④ 官群：《发展中国农村特殊教育：基点、焦点、接点、支点》，《中国特殊教育》2009 年第 3 期。

⑤ 邵泽斌：《改革开放 40 年国家支持农村义务教育的政策经验与反思》，《教育发展研究》2018 年第 20 期。

相关文件，但是农村特殊教育改革发展战略体系并不成熟。因此，我国需加快农村特殊教育发展战略顶层设计进程，明确农村特殊教育发展的意义、总体目标、基本原则、重点任务、主要措施与组织实施。战略定位应坚持农村特殊教育"优先发展"战略、凸显农村特殊教育改革发展的紧迫性与重要性；总体目标应致力于全面提高农村特殊教育普及水平，促进农村义务与非义务特殊教育、城乡特殊教育协调发展；坚持"城乡互动""分层推进"基本原则；重点任务与主要措施应着眼于优化农村特殊教育体系、提升农村特殊教育保障能力、深化农村特殊教育改革与提升农村特殊教育质量；重点难点应着眼于基本条件建设、师资队伍可持续发展、广泛社会认同与支持。

（三）优化保障机制，彰显中央与省级政府主导作用

农村特殊教育改革发展是一项系统工程，需要各级政府及部门分工协作、协同管理。有研究认为"党和国家领导人的关心""法律法规的保障""客观实际的需求"是农村特殊教育发展的三个基点[①]。目前，我国农村特殊教育发展战略尽管十分重视各级政府的分工协作，注重发挥地方的积极性、创造性，但是，由于不同地区、不同民族经济文化建设的差异十分明显，农村特殊教育改革发展仍面临着许多挑战与现实困境。因此，我国需进一步优化农村特殊教育改革发展的保障机制，突出中央与省（自治区、直辖市）政府的主导作用，强化县（市、区）教育部门统筹协调与有效实施，建立"上下信息畅通""左右协同创新"的工作机制。具体而言，中央政府的主要职责是国家战略的顶层设计、制度建设、财政投入、质量监督指导，重点在于经费投入与统筹；省（自治区、直辖市）级政府主要职责是宣传与落实国家战略、制定地方农村特殊教育的战略、经费投入与筹措及资源统筹、质量监督指导、舆论宣传与指导，重点负责经费筹措、统筹与管理、基础设施建设、师资队伍建设与管理；县（市、区）级政府的主要职责是农村特殊教育政策落实、基本条件建设与改善，重点负责资源管理与利用、师资引进与管理、基本条件建设质量；（乡）镇、村的主要职责是校园文化建

---

① 官群：《发展中国农村特殊教育：基点、焦点、接点、支点》，《中国特殊教育》2009 年第 3 期。

设、师资管理及专业发展、课程与教学改革、教育质量，重点负责教育质量。

（四）深入开展调查研究，彰显"农村"特色

"农村"作为地域概念，是以农业经济为主、远离城市的地区。联合国粮农组织从"居住地和居住方式""居民所从事的工作类型"两个方面定义"农村地区"；阿什利（Asheley，2001 年）等认为农村自然环境主要是草原、森林、山脉和沙漠，居住人口密度低（大致每平方千米为 5000—10000 人之间），大多数以农业为主，土地价格相对较低，离城市远和基础设施差的地方，开展活动的成本较高①。中国是一个农业大国，农业经济占有相当大的比重，农村特殊教育理所当然占有较大比重。据统计，2019 年，我国农村（乡镇）特殊教育学校 1107 所、占全国特校数的 50.50%，在校生 53.49 万人、占全国在校生的 67.32%（见表 10-1），农村特殊教育改革发展任重道远。目前，我国农村特殊教育发展战略设计尽管论及农村特殊教育发展面临的困境，但是未提出可行的战略目标与举措。因此，我国需深入开展农村特殊教育调查研究，建立"关于农村""基于农村""为了农村"的特殊教育发展战略体系。"关于农村"是指农村特殊教育发展战略应区别于城市特殊教育发展战略，不能套用城市特殊教育发展模式、范式，坚持"农村"标准与立场；"基于农村"意味着农村特殊教育发展战略要充分地考虑农村的现实，具有强烈的农村"境域性"和"本土性"；"为了农村"则是指农村特殊教育发展战略要以提高农村特殊教育的质量、推动农村的经济建设、建立"全纳"农村文化为旨归。

综上所述，改革开放 40 多年来，我国初步建立了农村特殊教育改革发展基本框架，农村特殊教育取得较大发展。面向 2035 年，我国需进一步优化顶层设计，加大农村特殊教育改革发展的支持力度，更好地回应农村家长、农村特殊儿童和农村教师合理的诉求，建立更加智慧的农村特殊教育战略体系。

---

① 联合国粮农组织和联合国教科文组织：《教育与农村发展——政策与经验》，于富增、王力译，河北教育出版社 2006 年版，第 2 页。

第十一章 我国"全纳"特殊教育
发展战略构想

　　"全纳"已经成为一个"国际流行语",尽管很难追溯它的起源和过去20年中的使用增长情况,但它现在已经成为"政策文件""使命声明"和"政治演讲"的惯用词,已经成为几乎是"所有有思想的人的必修课"①。2014年,我国颁布《特殊教育提升计划(2014—2016年)》(即《一期特教计划》),明确提出"全面推进全纳教育""使每一个残疾孩子都能接受合适的教育"。标志着我国"全纳"特殊教育战略体系的确立,我国特殊教育进入改革发展的新时代。本章将在前文分析的基础上,结合国际特殊教育改革发展趋势与国内现实,系统总结我国"全纳"特殊教育发展战略的特点,剖析现实困难与制约因素,尝试探索未来特殊教育发展战略顶层设计与实践的创新路径,以期为未来特殊教育改革发展决策与实践提供一些借鉴。

一、我国"全纳"特殊教育发展战略的特点

　　联合国教科文组织《萨拉曼卡宣言》(1994年)首次提出了"全纳教育"五大基本原则,继后发布了《达喀尔行动纲领》(2000年)、《全纳教育指南:确保全民教育的通路》(2005年)、《全纳教育:未来之路》(2008

---

　　① A.Lewis, B.Norwich, *Special Teaching for Special Children? Pedagogies for Inclusion*, New York: Open University Press, 2005, p.xi.

年)、《全纳教师概述》(2012 年)、《仁川宣言》(2015 年)等一系列文件,明确了全纳教育的基本内核。全纳教育是指"面向所有学生""反对排斥与歧视""差异化教育""以建构全纳社会为旨归"①。我国"全纳"特殊教育发展战略既是对全纳教育基本内核的新诠释与丰富,又体现了新时代特殊教育发展战略的理性思考,承载着当下决策者的理想诉求。

我国"全纳"特殊教育发展战略经历了从"隔离"到"融合"再到"全纳"的"质"的飞越,特殊教育改革发展重心实现了"普及"到"均衡"、"程序公平"到"实质公平"、"量足"到"质优"、"全面发展"到"个性成长"的转变②。

(一)"隔离式""融合式"走向"全纳式"特殊教育

我国"全纳"特殊教育发展战略是对"隔离式""融合式"特殊教育的超越,让所有特殊需要个体实现了"能获得适宜教育"的梦想。

首先,1949—1986 年,着眼于"隔离式"特殊教育。改革开放以前,我国主要着重盲童与聋哑儿童教育及其学校教育体系建设。1951 年,《关于改革学制的决定》明确将残疾儿童特殊教育纳入国家教育体系;1957 年,《关于办好盲童学校、聋哑学校的几点指示》对盲校、聋哑学校的办学任务、教育目标、师资配置提出具体要求,是新中国成立初期较系统的特殊教育规划;十一届三中全会以后,我国先后颁布《宪法》(1982 年)、《义务教育法》(1986 年)以及盲聋哑学校教学计划等规章,形成了比较完善的盲校、聋哑学校教育实施方案,"隔离式"特殊教育体系逐步形成。

其次,1987—2008 年,大力推行"融合式"特殊教育。1987 年,《全日制弱智学校(班)教学计划(征求意见稿)》首次提出"随班就读"一词,强调政府应支持"大多数轻度弱智儿童在普通学校随班就读"③;1988 年 11 月,我国第一次全国特殊教育工作会议明确提出,特殊儿童教育应实

---

① 李尚卫:《"全纳"视域中的基础教育质量评价》,人民出版社 2019 年版,第 5—7 页。

② 李尚卫:《我国特殊教育发展战略的回顾与展望》,《井冈山大学学报(社会科学版)》2020 年第 5 期。

③ 尽管《关于普及初等教育基本要求的暂行规定》(1983 年)提及弱智儿童多数在普通小学就读现象,但是,此文件及以后到 1987 年 12 月以前的相关文件并没有直接提出"随班就读"。

施特殊教育学校、特教班和随班就读三种残疾儿童安置形式；《关于开展残疾儿童少年随班就读工作的试行办法》（1994 年）系统阐释了特殊儿童少年随班就读工作的意义及基本要求，强调各级教育行政部门必须高度重视、积极开展和逐步完善残疾儿童少年随班就读工作，标志着我国"融合教育"的全面实施。《关于开展建立随班就读工作支持保障体系实验县（区）工作的通知》（2003 年）提出在全国 100 个县（区）开展建立随班就读工作支持保障体系实验工作目的、内容、要求，为"随班就读"政策的推行提供了有力保障。自此，全面推行"随班就班"、建立"融合式"特殊教育体系成为我国特殊教育改革发展的重要内容。

最后，2009 年以来，全面推行"全纳式"特殊教育。《关于进一步加快特殊教育事业发展的意见》（2009 年）明确提出"全面提高残疾儿童少年义务教育普及水平""全面实施残疾学生免费义务教育""全面推进随班就读工作"，标志着特殊教育进入"全面发展"新时期。特别是《一期特教计划》第一次明确提出"全面推进全纳教育"，《二期特教计划》进一步强调"全面提高各级各类特殊教育的普及水平"。可以说，一、二期特教计划的颁行标志着我国"全纳式"特殊教育时代的到来。"全纳教育"即"全面接纳所有学生"，"倡导一视同仁"，"尽可能通过教育来满足更多人的不同需求"[1]；其核心是"接纳、归属感、社区感、发展和公平"，倡导通过教育"让每一位残障人士生活得同样精彩"，是"对'融合教育'的突破和超越"[2]。

（二）"重普及"走向"均衡发展"

我国"全纳"特殊教育发展战略十分注重"普及与提高相结合"，实现了"以普及为重点"到"均衡发展"的新突破。

首先，2000 年前，我国特殊教育发展"以普及为重点"。一方面，1949—1984 年，我国主要注重于特殊教育学校的恢复与重建，立足于残疾人初等教育的普及。新中国成立初期，我国主要着眼于盲校、聋哑学校的恢

---

① 胡立强：《关于在远程教育中应用全纳教育思想的思考》，《中国教师》2013 年第 22 期。

② 董奇、方俊明、国卉男：《从融合到全纳：面向 2030 的融合教育新视野》，《中国教育学刊》2017 年第 10 期。

复与重建；1979 年，我国开始试办培智学校，特殊教育对象由盲、聋哑残疾学生扩展到弱智儿童学生；《宪法》（1982 年）、《关于普及初等教育基本要求的暂行规定》（1983 年）明确提出实施初等义务教育。另一方面，1985—2000 年，我国坚持"普及与提高相结合、以普及为重点"的办学方针，实施九年义务教育制度。1986 年《义务教育法》、《关于实施〈义务教育法〉若干问题的意见》明确提出"实行九年制义务教育"，将残疾儿童特殊教育纳入义务教育范畴；《关于发展特殊教育的若干意见》（1989 年）要求特殊教育要贯彻"普及与提高相结合""以普及为重点"的原则，把残疾少年儿童教育切实纳入普及义务教育的工作轨道；1990 年《残疾人保障法》、1994 年《残疾人教育条例》强调，残疾人教育应坚持"普及与提高相结合""以普及为重点"，"着重发展义务教育和职业技术教育"，"积极开展学前教育"，"逐步发展高级中等以上教育"。

　　其次，进入 21 世纪以后，我国积极推进各级各类特殊教育的"均衡发展"。2001 年，我国第三次特殊教育工作会议将"十五"期间特殊教育工作目标定位于提升听力、视力与智力障碍三类适龄特殊儿童少年的义务教育"入学率"和"保学率"；《关于"十五"期间进一步推进特殊教育改革和发展的意见》（2001 年）提出，"分类推进特殊教育普及水平"，"使特殊教育与其他各类教育协调发展"；2009 年，全国特殊教育会议明确提出特殊教育改革发展的重心要从"普及与提高结合"转到"全面提高教育质量"，《关于进一步加快特殊教育事业发展的意见》明确提出，"不断完善特殊教育体系"，"全面提高残疾儿童少年义务教育普及水平"；《一期特教计划》提出，建立布局合理、学段衔接、普职融通、医教结合的特殊教育体系，残疾儿童少年义务教育入学率不达标的县（市、区），不得申报全国义务教育基本均衡县；《二期特教计划》则强调"坚持普惠加特惠，特教特办"；《残疾人教育条例》（2017 年）要求，县级人民政府应当根据本行政区域内残疾儿童少年的数量、类别和分布情况，统筹规划残疾儿童少年接受义务教育；等等。这些充分说明，我国已开启特殊教育"均衡发展"的新征程。

（三）"程序公平"走向"实质公平"

我国"全纳"特殊教育发展战略不仅注重"起点公平"，实现"程序公平"，而且关注"过程与结果公平"，谋求"实质公平"。

首先，1949—1993年，主要关注特殊教育的"程序公平"。一方面，通过法律法规明确了特殊需要个体的受教育权，倡导"机会均等"。新中国成立后，我国先后颁布了《关于改革学制的决定》（1951年）、《宪法》（1982年）、《义务教育法》（1986年）、《关于发展特殊教育的若干意见》（1989年）、《残疾人保障法》（1990年）等一系列法律法规，明确规定特殊儿童的受教育权利。另一方面，不断完善特殊教育结构体系，丰富特殊教育机构类型，提供更多的受教育机会。改革开放以前，我国主要关注盲童、聋哑儿童教育及其学校制度建设；改革开放以后，我国不仅将特殊教育对象扩展到"视力残疾、听力残疾、言语残疾、肢体残疾、智力残疾、精神残疾、多重残疾和其他残疾的人"，而且积极发展学前教育、高中教育、高等教育，特殊需要学生接受教育的机会日益多样。

其次，1994年以来，逐步走向特殊教育的"实质公平"。一方面，我国进一步明确了特殊需要个体的受教育权利，确保"起点公平"。20世纪90年代中期以后，我国先后颁布《残疾人教育条例》《教育法》《职业教育法》《高等教育法》《义务教育法》《残疾人保障法》等法律法规，更加明确了国家、各级政府、学校、家庭、社会在保障特殊儿童受教育权方面的职责。另一方面，着力构建"融合""全纳"教育生态，逐步推进"全纳"特殊教育模式，实现"过程"与"结果"公平。《关于开展残疾儿童少年随班就读工作的试行办法》（1994年）开始全面探索"随班就读"教育模式的实施；《关于"十五"期间进一步推进特殊教育改革和发展的意见》提出"广泛动员全社会关心支持特殊教育事业"；《关于进一步加快特殊教育事业发展的意见》强调，各级人民政府要进一步明确和落实各部门和社会团体发展特殊教育的职能和责任，"通力合作，各司其职，齐抓共管"，加快特殊教育事业发展；《一期特教计划》把特殊教育扩大到义务教育之外的三个非义务教育阶段，要求各地"要建立政府领导负责、相关部门协同推进计划实施的工作机制"，"切实解决制约特殊教育事业发展的瓶颈问题"；《二期特教计划》

提出,"建立健全多部门协调联动的特殊教育推进机制",形成关心和支持特殊教育的良好氛围。由此可见,我国特殊教育已呈现出由"碎片化的补缺型"向"体系化的普惠型"转变、由"边缘化的补缺型"向"多元化的组合普惠型"发展的趋势,"多元组合式普惠型"特殊教育福利的制度安排指向保障残疾人基本教育权利和教育公平[①],特殊需要学生不仅能享有平等的教育机会,而且能享受优质的教育服务。

(四)"量足"走向"质优"

我国"全纳"特殊教育发展战略不仅注重数量的增长,而且注重质量的提升,为所有特殊需要个体提供"量足""质优"的教育。

首先,1949—2013年,主要致力于提高义务特殊教育普及率,重在"量足"。《关于发展特殊教育的若干意见》提出,使盲童、聋童的入学率从当时不足6%,分别提高到10%和15%,弱智儿童入学率要有大幅度提高,到2000年"力争全国多数盲、聋和弱智学龄儿童能够入学";《关于"十五"期间进一步推进特殊教育改革和发展的意见》强调"大力普及残疾儿童少年义务教育";《关于进一步加快特殊教育事业发展的意见》提出,全面提高残疾儿童少年义务教育普及水平,以多种形式对重度肢体残疾、重度智力残疾、孤独症、脑瘫和多重残疾儿童少年等实施义务教育;《国家中长期教育改革和发展规划纲要(2010—2020年)》则提出,到2020年基本实现市(地)和30万人口以上、残疾儿童少年较多的县(市)都有一所特殊教育学校。由此可见,2013年以前,我国特殊教育改革发展的重心在于适龄特殊儿童入学率的提升与特殊教育机构数量的增加。

其次,2014年以来,倡导"数量与质量"并举,实现"质优"。《一期特教计划》首次明确将"提高教育教学质量"作为特殊教育改革发展的重点任务之一,提出到2016年"全国基本普及残疾儿童少年义务教育""三类残疾儿童少年义务教育入学率达到90%以上""其他残疾人受教育机会明显增加",从"建立特殊教育学校课程标准与教材体系""提高教师专业化

---

① 彭华民、冯元:《中国特殊教育福利:从补缺到组合普惠的制度创新》,《社会科学辑刊》2016年第6期。

水平""逐步建立特殊教育质量监测评价体系"等方面提升特殊教育质量；《二期特教计划》提出，到 2020 年，各级各类特殊教育普及水平全面提高，残疾儿童少年义务教育入学率达到 95% 以上，非义务教育阶段特殊教育规模显著扩大，并从"残疾学生评估鉴定、入学安置、教育教学、康复训练的有效性""教师专业化水平""特殊教育教科研能力""特殊教育学校教材和教学资源建设""课程教学改革"等方面提高特殊教育质量。相对于早期特殊教育政策的"补偿性"与"攻坚性"，两期特教计划的着眼点逐渐从"数量"走向"质量"、从"水平"走向"公平"，正在加快"现代化"进程[①]。据此，我国特殊教育改革发展的战略重心已从"量足"转向"质优"。

（五）"全面发展"走向"个性化成长"

我国"全纳"特殊教育发展战略不仅强调"缺陷补偿"，促进特殊需要个体的"全面发展"，而且不断发掘其"内在潜能"，充分促进其"个性化成长"。

首先，1949—2008 年，关注特殊需要个体的"全面发展"。改革开放以前，我国主要关注盲聋哑儿童"德智体"全面发展。比如，《关于办好盲童学校、聋哑学校的几点指示》（1957 年）明确提出，盲校、聋哑学校应使盲童和聋哑儿童"具有一定的文化科学知识，掌握一定的职业劳动技能，并具有共产主义的道德品质"，"成为积极的、自觉的社会主义建设者和保卫者"；《全日制六年制盲童学校教学计划（草稿）》《全日制十年制聋哑学校教学计划（草稿）》（1962 年）提出，盲校、聋哑学校的办学任务是使盲童、聋哑儿童在德育、智育、体育几方面都得到发展，成为有社会主义觉悟的有文化的劳动者。改革开放以后，我国不断扩大特殊教育对象，注重各类特殊儿童"德智体美劳"全面发展。《全日制弱智学校（班）教学计划（征求意见稿）》（1987 年）明确了全日制弱智学校（班）的培养目标是使弱智儿童"成为有理想、有道德、有文化、有纪律的社会主义公民""适应社会生活""能够自食其力的劳动者"；《关于发展特殊教育的若干意见》明确

---

① 杨克瑞：《改革开放 40 年我国特殊教育政策的顶层设计与战略推进》，《中国教育学刊》2018 年第 5 期。

要求各级各类特教学校都应贯彻执行"德智体美劳"全面发展的方针，在对残疾学生进行思想品德教育、文化教育和身心缺陷补偿的同时，切实加强劳动技能和职业技术教育，为他们参与社会生活、适应社会需要创造条件；《关于"十五"期间进一步推进特殊教育改革和发展的意见》指出，从残疾学生的实际出发有针对性地加强德育、体育和美育工作；"盲校、聋校、培智学校义务教育课程设置实验方案"（2007 年）明确了三类特校义务教育课程的培养目标旨在培养特殊儿童具有健壮的体魄、良好的心理素质以及具有社会适应能力和就业能力，培养自尊、自信、自强、自立的精神，成为有理想、有道德、有文化、有纪律的一代新人；等等。

其次，2009 年以来，不仅关注"全面发展"，而且更加注重"个性化成长"。《关于进一步加快特殊教育事业发展的意见》明确提出，"根据残疾学生的身心特点和特殊需求"，"加强教育的针对性"，培养残疾学生乐观面对人生、全面融入社会的意识和自尊、自信、自立、自强的精神；《一期特教计划》倡导，使每一个残疾孩子都能接受合适的教育，加强个别化教育，增强教育的针对性与有效性；《二期特教计划》强调，坚持尊重差异，多元发展，推进差异化教学和个别化教学，促进残疾学生的个性化发展；《残疾人教育条例》（2017 年）要求残疾人教育应根据残疾人的身心特性和需要，全面提高其素质，为残疾人平等地参与社会生活创造条件；等等。由此可见，2009 年以来，我国特殊教育培养目标不仅要促进学生"全面发展"，而且要促进其"个性化成长"。

总之，经过 70 多年理论构思与实践探索，我国"全纳"特殊教育发展战略日益成熟，"中国特色"逐步彰显，特殊教育正逐步进入"全纳化""均衡化""公平化""优质化""个性化"的新时代。

二、我国"全纳"特殊教育发展战略的实践困境与挑战

新中国成立以来，我国不断优化特殊教育政策与规章制度，目前已建立了比较成熟的特殊教育发展战略体系，"全纳式"特殊教育改革发展初见成

效。然而，我国特殊教育发展战略体系仍不完善，"全纳"特殊教育发展战略的实施与推进仍面临着许多实践困境与挑战。

（一）我国"全纳"特殊教育发展战略的实践困境

新中国成立以来，我国特殊教育改革发展成效显著。但是，特殊教育生态环境仍不完善、特殊教育发展仍不充分与均衡、特殊教育"全纳"能力仍十分有限，"全纳"特殊教育发展战略的实施仍面临诸多困难。

1. 特殊教育保障支持体系仍不完善

目前，我国特殊教育管理制度与机制、经费投入与使用、师资培养、质量监测与社会支持体系仍不完善，需进一步优化"无障碍"环境、健全"全纳"特殊教育生态。

第一，特殊教育管理制度欠完善。我国现行特殊教育管理制度与管理机制仍不健全，"全纳教育"理念仍未完全融入特殊教育制度设计与管理活动之中。一方面，顶层决策制度不完善，职责分工不明细。我国特殊教育发展战略制定与实施主要采用"自上而下"模式，注重政府的"行政性指令"与"政策指引"[1]；特殊教育决策方案仍存在"用语不规范""不科学"，"类型结构失衡""体系结构失衡""上下层级间周延性不强"等问题[2]；各级管理部门职责分工不够明细，部门之间、上下级之间协作沟通机制不畅；等等。另一方面，地方专业支持不足。调查显示，一些地方无专人负责特殊教育管理工作，现有的市县特殊教育专家委员会、融合教育资源与指导中心缺乏专业人员，特殊教育管理缺乏专业支持与统筹规划；一些市县未建立特殊教育专家委员会、特殊教育教学指导中心、特殊儿童诊断与评估中心等专业性团队、组织与机构，特殊教育管理处于无序状态。其结果是，一些地方特殊教育政策存在"简单复制""盲目删减""自相矛盾""远离实际""缺乏前瞻性"等不良倾向，呈现"内容愿景化""措施笼统化""责任主体模

---

[1] 冯元、俞海宝：《我国特殊教育政策变迁的历史演进与路径依赖——基于历史制度主义分析范式》，《教育学报》2017 年第 3 期。

[2] 王培峰：《我国特殊教育政策：总体结构及其问题——基于特殊教育政策文本的分析》，《现代教育论丛》2015 年第 6 期。

糊化"等不足①；等等。

第二，"无障碍"教育环境需优化。我国特殊教育经费投入与管理机制仍不健全，特殊教育机构标准化程度较低，"全纳"意识与能力仍十分有限。主要表现在，我国特殊教育经费仍以中央与地方财政支出为主，不仅总量只占教育经费的 0.2%—0.35%，低于其他领域的投入，而且主要集中在特殊儿童义务教育经费投入上②；普通学校随班就读经费投入极少，特殊教育学校覆盖范围有限、区域差距较大、校舍建设标准较低，与国家发布实施的特殊教育学校建设标准和建筑设计规范要求有较大差距③；支出结构不合理、个人经费紧张、奖贷助学金比例偏低、公务费用过高以及地区差异显著④；等等。调查显示，一些市县人口超过 100 万，但至今只有 1 所特殊教育学校；一些市县的特殊教育学校是由普通学校改造而成的，不仅校舍陈旧、面积小、学位不足，而且专用教室少、专业师资缺乏。

第三，特殊教育教师管理体系不完善。我国特殊教育教师教育与管理制度仍不健全，特殊教育教师的"全纳"意识与能力仍显不足。调查显示，我国特殊教育专任教师不仅数量不足、学历层次低、地区分布不均衡、流失严重，农村地区、少数民族地区特殊教育师资不充分，不仅编制紧、引进难、留不住，而且社会认同低、工作压力大、缺乏职业幸福感⑤；特殊教育教师专业标准比较笼统，未体现出全纳教育背景下特殊教育教师角色转型的要求，对不同层次、不同区域、不同民族特教教师缺乏针对性⑥；高校特殊教育专业不仅规模小、分布不均衡，而且对全纳教育理论与实践缺乏深入探

---

① 李静娴、孙玉梅：《地方贯彻〈特殊教育提升计划（2014—2016）〉的政策文本分析》，《绥化学院学报》2017 年第 4 期。

② S.W.Li, "Special Education Assurance System in Mainland China: Status, Problems and Ptrategies", *Journal of Special Education Research*, 2017(1).

③ 赵小红、王丽丽、王雁：《特殊教育学校经费投入与支出状况分析及政策建议》，《中国特殊教育》2014 年第 10 期。

④ 熊琪、雷江华：《我国特殊教育学校教育经费支出结构探析》，《中国特殊教育》2012 年第 3 期。

⑤ S. W. Li, "Special Education Assurance System in Mainland China：Status, Problems and Strategies", *Journal of Special Education Research*, 2017（1）.

⑥ 高利、朱楠、雷江华：《中小学与特殊教育教师专业标准的比较及启示》，《中国特殊教育》2018 年第 6 期。

讨，忽视特殊教育专业学生的专业认同感、职业道德、全纳教育意识与能力的培养①；全纳教师教育仍面临着政策、课程和方法上的困境和挑战，政策的制定和实施缺乏多方教育利益相关者的协调、合作与统一，课程开发形式单一、实施不畅②；等等。

第四，特殊教育质量评价监测体系不完善。我国特殊教育质量评价监测体系仍不健全，全纳特殊教育质量评价与督导机制也不太健全。

一方面，特殊教育质量评价监测体系仍不太健全，特殊教育质量参差不齐。目前，我国对特殊教育质量评价标准的顶层设计仍较宏观、笼统，对特殊教育质量评价的要素、指标体系缺乏针对性，与不同地区、不同层次特殊教育需要相脱节，特殊教育质量评价存在"评价主体单一""评价要素覆盖面较窄""缺乏有效的第三方评估机构""评价技术和评价内部要素不成熟""评价指标体系运行效率不高"等局限③。同时，有的地区对特殊教育质量评价监测重视不够，至今没有建立特殊教育质量评价的专业团队与机构，没有建立具有地方与民族特色的特殊教育质量评价监测体系，较少组织有效的实践指导活动，特殊教育改革发展缺乏切实的实践引领。

另一方面，质量监测机制不健全，监督指导不力。目前，我国特殊教育改革发展顶层设计尽管十分重视"督导评估"，但是，对特殊教育改革发展战略督导的主体（权利与义务）、目标、内容、方法与结果等方面缺乏科学的规划与设计，对地方特殊教育发展战略制定与实施缺乏有效的监督、指导与评价，尚未形成完善的监督组织、体制、机制；一些地方没有建立专业性的质量评价监测团队与机构，没有建立具有地方与民族特色的特殊教育质量评价体系，对国家与本地颁布的现有标准执行不力，特殊教育学校标准化与校园文化建设、师资数量与综合素养、课程资源开发与教学改革仍不

---

① S.W.Li, *Comparative Research about Special Education Degree Plans between Czech Republic and Mainland China (Doctoral Dissertation)*, Czech: Palacky University, 2017.

② 宋佳：《全纳教师教育的困境与走向：政策、课程和方法——基于联合国教科文组织〈促进全纳教师教育〉报告的解读》，《教育文化论坛》2014 年第 2 期。

③ 曹婕滢：《我国特殊教育学校教育质量评价体系研究》，南京财经大学硕士学位论文，2017 年。

乐观①。

第五，社会支持体系不健全。目前，我国特殊教育社会支持与服务制度仍不完善，对特殊教育服务及其相关专业服务的人员编制、任职资格、津贴与考核等规定不明确，特殊教育救济服务模式单一，特殊教育管理机构与社会机构缺乏沟通②；特殊教育学校仍主要依靠政府支持，社会对于特殊教育认识始终较为局限，社会认同与支持不足；特殊教育教师工作压力大、待遇低、专业提升机会少，社会地位低、缺乏吸引力。因此，我国全纳社会支持体系尚未完全达成，社会力量参与特殊教育改革发展仍显不足，特殊需要个体受到歧视仍时有发生。

2. 特殊教育整体水平有待提高

特殊教育体系是特殊教育改革与发展的关键环节，是"全纳"特殊教育发展战略的核心内容。新中国成立以来，我国特殊教育发展战略十分重视特殊教育体系建设，一直致力于扩大特殊教育对象、优化布局、提高入学率。但是，我国特殊教育发展仍不充分、不均衡，需进一步健全全纳教育体系、提高特殊教育的普及水平。

第一，特殊教育对象有限。我国现行特殊教育制度对特殊教育对象定义模糊、范围狭窄，主要关注三类残疾儿童义务教育普及率，对自闭症、脑瘫、重度残疾儿童义务教育多停留在鼓励倡导阶段，并没有作出明确的立法保障③，"全纳"意识不强；特殊教育学校数量不足、学位较少，在校生人数与比例偏低，送教上门人数与比例偏高，全纳能力十分有限。据统计，2019年，我国总人口13.9亿人、残疾人口约8812.6万人、0—18岁残疾儿童1829.49万人、0—14岁残疾儿童1392.39万人④，而特殊教育学校却只

---

① 杨小丽、汪红烨、郭玲：《全国20个省（市、自治区）〈特殊教育提升计划（2014—2016）〉实施效果及影响因素》，《现代教育管理》2018年第11期。

② 刘斌志：《论特殊教育中社会工作支持服务的拓展》，《中国特殊教育》2010年第6期。

③ 贾兆娜：《基于我国残障儿童受教育现状的法定特殊教育对象研究》，陕西师范大学硕士学位论文，2014年。

④ 中国残疾人联合会第一、二次残疾人口抽样调查表明，1987年，我国总人口10.93亿人，残疾人口5173.10万人、占全国总人口数4.73%，0—18岁残疾儿童1074万人、占残疾人总数20.76%，0—14岁残疾儿童人数为817.35万人、占残疾人总数15.8%；2006年，全国总人口13.14亿人，残疾人口8296万人、占全国总人口的比例为6.34%，0—18岁残疾儿童1722.25万人（按20.76%），0—14岁残疾儿童人数为1310.77万人（按15.8%）。

有 2192 所，在校生 79.46 万人，其中，特校在校生 18.52 万人、占 23.32%，附设特教班在校生 3845 人、占 0.48%，随班就读在校生 39.05 万人、占 49.15%，送教上门在校生 17.08 万人、占 21.50%①。

第二，特殊教育布局不均衡。我国特殊教育发展战略对农村、少数民族地区特殊教育的改革发展关注不够，不同地区、不同性质、不同类型特殊教育发展仍不均衡，农村、少数民族地区特殊教育发展相对缓慢。一方面，农村特殊教育发展缓慢。目前，我国特殊儿童接受教育的机会不足，义务教育普及水平不高，特殊儿童家庭教育负担普遍偏重，农村特殊教育资源比较匮乏②；农村特殊教育学校存在残障学生不能正确使用网络、专业教师人数不足、专业教材匮乏、学校管理不到位、硬件条件落后等问题③。据统计，2019 年，我国农村（乡镇）特殊教育学校 1107 所、占全国特校数的 51%，在校生 53.498 万人、占全国在校生的 67%。另一方面，民族地区特殊教育存在一些边缘化倾向，少数民族地区特殊教育整体水平不容乐观，民族地区特殊教育师资水平有待提高④。统计表明，2019 年，少数民族特殊教育学校在校生 11.36 万人、专任教师 0.56 万人，分别只占全国在校生、专任教师总数的 6.99%、11.14%，生师比为 20.29、高于全国生师比 12.73。

第三，特殊教育向"两端延伸"不足。我国目前有关学前、高等特殊教育改革发展的相应配套文件与措施较少，相关规章较少系统分析学前特殊教育、高等特殊教育的战略目标、任务、措施与组织保障等，学前特殊教育、高等特殊教育发展十分缓慢，幼儿园、高校接受特殊需要学生的能力十分有限。研究表明，我国大部分公立特殊教育学校没有学前班，即便是有学前班的，也是近些年才设置的，学前班教师也大多是从义务教育段抽调的，他们对学前教育了解很少，况且大部分公立特殊教育学校的教师老龄化严

---

① 参见教育部《2019 年全国教育事业发展统计公报》。

② 彭霞光：《实现特殊教育现代化的主要障碍及政策建议》，《中国特殊教育》2016 年第 11 期。

③ 尉言章：《农村特教学校信息技术教育存在的问题及对策》，《现代特殊教育》2016 年第 3 期。

④ 佘丽、冯帮：《近二十年我国民族地区特殊教育的文献分析》，《民族教育研究》2018 年第 3 期。

重,教师的专业化发展困难,教师的专业素质较差①;残疾人高等教育起步晚,基础薄弱,残疾人高等教育教师队伍结构与专业化、经费保障、残疾学生资助力度、教师待遇与激励政策等方面还存在较大的困难和问题②。统计显示,2019 年,学前特殊幼儿在校生 4493 人、占特殊儿童在校生总数的 0.567%,普通高校招生 914.9 万人,其中残疾生 1.44 万人,仅占普通高校招生的 0.158%。

3. 特殊教育服务质量有待提高

目前,我国特殊教育不仅各方面数量不充分、分布不均衡,而且人才培养质量不能有效满足日益多样化的特殊教育需求。

第一,特殊教育方式比较单一。我国特殊教育发展战略对教育形式的顶层设计比较宏观、笼统,对地方特殊教育教学改革缺乏必要的监督与指导,多样化的教育方式常常因为传统与现实的局限很难落实。研究表明,我国"随班就读"实践建立在不成熟的现代主义文化之上,受到精英教育文化的限制,传统儒家文化消解了权利观念,阻碍了随班就读实践的发展,中国弱势群体文化不利于残疾人的社会融合③;提供送教上门服务的学校和教师因专业人员紧缺、经验不足、经费短缺等问题,无法得到足够的专业技术、人力、经费和家长的支持④;特殊教育信息化建设起步晚、起点低、基础差、底子薄、投入少、发展慢、受关注低,特殊教育机构很难利用现代信息技术手段⑤;农村地区随班就读面广、量大、管理困难,送教上门流于形式,医教结合发展步伐缓慢,康复训练尚存较大空缺⑥;等等。

第二,个性化教育不完善。我国对个性化教育服务的顶层设计欠完善,个性化教育实践仍存在诸多阻隔。一方面,我国特殊教育发展战略对个性化

---

① 张茂林、王辉:《国内特殊教育教师职业素质现况调查与分析》,《中国特殊教育》2015 年第 7 期。

② 滕祥东:《稳步发展残疾人高等教育》,《中国特殊教育》2017 年第 8 期。

③ 景时:《中国式融合教育:随班就读的文化阐释与批判》,华中师范大学博士学位论文,2013 年。

④ 付佳:《邛崃市义务教育学校开展送教上门工作现状的调查研究》,四川师范大学硕士学位论文,2017 年。

⑤ 杨方琦:《陕西省特殊教育信息化建设现状调查与发展对策研究》,《渭南师范学院学报》2017 年第 6 期。

⑥ 徐宾、林志根:《加大投入加快发展江苏农村特殊教育》,《民主》2016 年第 9 期。

教育服务的目标、任务、措施的顶层设计比较宏观、笼统，在保障残疾儿童接受个性化教育的权利上，教育行政主管部门处于领导和决定地位、学校负有具体的落实责任，没有明确在保障残疾儿童获得个性化教育的救济程序上残疾儿童及其家长的权利，没有充分体现和保障残疾儿童父母或其他监护人作为残疾儿童利益代表者的主体地位、平等地位和应有作用①。另一方面，我国特殊教育机构提供个性化教育项目常常受师资的数量及其素养、教学条件、家庭与学生实际等诸多因素的影响，一些地区特别是农村、少数民族地区常常因师资、基础设施、教学条件和家庭经济状况的限制，"送教上门""一人一案"等常常很难落到实处。

第三，特殊教育服务品质需提高。我国特殊教育发展战略对"特殊教育质量"的顶层设计仍不完善，各地特殊教育质量评价监测体系仍不健全，特殊教育质量参差不齐。一方面，我国对特殊教育质量标准的顶层设计仍较笼统、宏观，对特殊教育质量评价的要素、指标体系与不同地区（包括农村地区、少数民族地区等）、不同层次（包括学前教育、义务教育、职业教育、高等教育等）特殊教育质量评价标准及实施方案等方面的顶层构思仍欠完善，特别是有关特殊需要个体的诊断与评估的顶层设计十分薄弱，对地方特殊教育质量评价监测体系建设的监督、指导十分有限。另一方面，各地对特殊教育质量标准的执行情况仍不乐观，一些地方不仅没有建立专业性的质量评价监测团队与机构，没有建立具有地方特色的特殊教育质量评价监测体系，而且对国家与本地颁布的现有标准执行不力，以至于部分地区、某些领域特殊教育既存在数量不足与发展速度缓慢问题，又缺乏"质量"保障。

（二）我国"全纳"特殊教育发展战略的现实挑战

我国"全纳"特殊教育发展战略不仅存在理性构思的缺失与实践困难，而且面临着传统观念、决策机制、决策主体、决策实施、决策督导等诸多现实挑战与制约。

1. 传统观念的制约

传统既书写着历史的辉煌，又常常会固化人们的思维。我国古代著名教

---

① 刘雪斌：《我国残疾儿童个性化教育权利的保障：限于义务教育阶段的考察》，《人权》2017 年第 4 期。

育家孔子尽管在春秋时就提出"有教无类",蕴含着"全纳教育"的理念,但是,"上智下愚不移"的思想扎根于人们的潜意识之中,影响着我国特殊教育的顶层设计与实践,以至于"全纳教育"最终以"舶来品"的形式,于20世纪90年代再次进入人们的视野。目前,我国特殊教育在学科环境上"没有形成和全纳相匹配的教育观",理论假设上没有"成型的理论",缺乏"实实在在的理论根基",让一线特校办学"无可适从"①;"随班就读"实践是"建立在不成熟的现代主义文化之上","受到精英教育文化的限制","弱势群体文化不利于残疾人的社会融合",传统儒家文化"消解了权利观念",这些阻碍了随班就读实践的发展。因此,我国"全纳"特殊教育理论与实践需突破传统观念的束缚。

2. 决策机制的约束

决策机制是特殊教育发展战略决策系统各要素之间的相互关系和内在机能,客观地反映着决策机体的运动变化规律,是特殊教育有效决策的必要条件。有研究表明,战略规划过程常常充满着自然的和社会的、人为的和非人为的、有意的和本能的、团体的和个人的、外在的和内在的各种风险,要谨防规划系统的"官僚化""作出不公平和不公正的决定""权力落入既得利益集团手中"②。我国特殊教育在制度发展上主要呈现"政府主导的强制性制度变迁"特点,"政府的行政性指令与政策指引"是特殊教育发展的主要制度性动力,政策价值目标上呈现"明显的工具理性色彩",目标定位主要以国家为本位来促进国家与社会利益最大化和以降低社会成本为目标;政策发展态势上呈现明显的不均衡性,难以均衡"数量与质量""成本与效益""地区与群体"③。事实上,"自上而下"的特殊教育决策模式常常存在"决策权力过于集中于上层""下级处于支配状态""相关职能部门各自为政"等局限,容易导致特殊教育发展战略"远离实际""盲目决策"甚或"错误决策"等不良现象。

① 杨运强:《梦想的陨落:特殊学校聋生教育需求研究》,华东师范大学博士学位论文,2013年。
② 高书国:《战略规划十大陷阱——中长期规划决策、制定和参与风险分析》,《教育科学研究》2012年第8期。
③ 冯元、俞海宝:《我国特殊教育政策变迁的历史演进与路径依赖——基于历史制度主义分析范式》,《教育学报》2017年第3期。

3. 决策主体素养有待提高

决策主体是特殊教育决策、规划、实施方案的直接制定者，是特殊教育发展战略设计质量的决定者。有研究表明，"战略参与者"是形成战略陷阱的重要因素，"部门团体利益"与"个人欲望"是战略陷阱存在的主要根源，常常导致"战略误判""群体风险""假公济私""高原现象""门户之见""学术霸权""经验主义""中间换人""专业过度""相互拆台"十大陷阱[①]。有些地方政策制定者专业化水平不足，对"全纳"基本内涵不理解、难以提出促进"全纳"教育的针对性措施，以致"基本的观点、理论混淆不清""职责权限不明""措施办法的随意性较大"[②]。因此，只有切实提升决策者的战略素养、增强决策者的主体意识与创新能力，才能避免特殊教育发展战略规划中"多重陷阱"，确保特殊教育发展战略设计的高质。

4. 战略实施不充分

决策执行是特殊教育发展战略的核心环节，特殊教育管理者与教师则是特殊教育发展战略有效实施的关键所在。研究表明，我国基础教育决策执行是一个"由上而下"的过程，主要取决于地方当局与基础教育学校，常常存在"表面化""扩大化""缺损""替换""抗拒"等不良现象，进而导致决策的"价值失真"[③]；残疾对个体的受教育年限有显著的负效应，残疾人的教育程度受父母教育水平的影响，女性残疾人比男性残疾人、农村残疾人比城镇残疾人更不易获得高水平的教育[④]。目前，我国特殊教育管理与教师队伍建设十分薄弱，不仅省（自治区、直辖市）、市（县）没有配备专业的管理者，而且许多特殊教育学校的校长是从普通学校调任的，特殊教育学校教师数量不足，普通学校特教资源、教室、专业教师十分紧缺，特殊教育管理者与教师常常对决策知之甚少，特殊教育决策实施透露着明显的"普通教育"印记。因此，只有不断强化对特殊教育发展战略的宣传、指导，切实提高特殊教育机构管理者与教育者的综合素养，才能确保特殊教育发展战略的

---

① 高书国：《战略规划十大陷阱——中长期规划决策、制定和参与风险分析》，《教育科学研究》2012 年第 8 期。

② 黄汝倩：《地方贯彻〈特殊教育提升计划（2014—2016 年）〉的政策研究》，《中国特殊教育》2015 年第 8 期。

③ 李尚卫：《我国基础教育决策的"应然"取向》，《宜宾学院学报》2011 年第 4 期。

④ 廖娟、胡仲明：《残疾与教育相关性实证研究》，《残疾人研究》2013 年第 4 期。

有效实施，有效推动特殊教育的改革发展。

5. 决策督导不力

决策督导是指对特殊教育发展战略制定、执行、评估各个环节进行监督、指导与评价的过程，是实现特殊教育发展战略目标与任务的重要保障。调查显示，我国十分重视特殊教育发展战略的顶层设计，特殊教育发展决策方案对特殊教育发展的保障体系、组织领导、体制机制改革、社会支持、督导检查等方面提出了具体要求，但是，有些省市至今没有建立特殊教育教学指导中心、特殊教育资源中心、特殊教育教师培训中心等，没有建立特殊教育质量评价机构与体系，没有形成完善的特殊教育监督组织、体制、机制，不仅对特殊教育发展战略督导的主体（权利与义务）、目标、内容、方法与结果等方面缺乏科学的规划与设计，而且对特殊教育发展战略制定与实施缺乏有效的监督、指导与评价。因此，我国需进一步完善特殊教育发展战略的督导机制，确保特殊教育发展战略的高质与有效实施。

总之，我国"全纳"特殊教育发展战略的深入推进既有历史沉疴的羁绊，也有现实问题的阻隔。只有正确认知自身局限、客观剖析制约因素、认真探寻解决问题的路径，才能更加深刻地理解"全纳"特殊教育发展战略的内核与精髓，构建更加真切的"全纳"特殊教育体系与生态，有效地促进"全纳"特殊教育的深入开展与健康发展。

三、我国"全纳"特殊教育发展战略的未来构想

基于国际国内特殊教育改革发展的趋势、顶层设计与实践现实，我国未来需进一步增强顶层设计的"合法性""前瞻性""可行性""协同性""实效性"，切实推进"无障碍"生态环境与"全纳"特殊教育体系建设，全面提升特殊教育质量，充分彰显特殊教育发展战略的"全纳"品质。

（一）回归"全纳"特殊教育发展战略的应有特质

基于特殊教育改革发展的国际趋势与国内现实，我国特殊教育发展战略

顶层设计需要提升立法层次、更新设计理念、完善文本内容、促进个体自我价值实现与强化全程服务，增强"合法性""前瞻性""合理性""人文性""公平性"。

1. 增强合法性

合法性是指提高特殊教育政策法规的法律层次与效力，确保"全纳"特殊教育发展战略"有法可依""有法必依"。

首先，提高立法层次，做到有法可依。目前，我国《宪法》是根本大法，《教育法》是教育的母法，特殊教育法规仍停留在条例层面，法律效力十分有限。我国需尽快出台特殊教育法，颁布特殊教育地方性法规以及各级各类特殊教育规范性文件，提高特殊教育立法层次，把特殊教育发展战略上升到国家法律层面，形成多层次、体系完善的特殊教育法律体系，从而提高特殊教育政策的威信，增强人们遵守教育政策的自觉性和教育政策的执行力度[1]。因此，我国应加快特殊教育法的立法进程，提高"全纳"特殊教育发展战略的法律效力。

其次，遵循法律规范，做到有法必依。特殊教育政策和法律规范应具有"全纳性"，支持全民素质教育[2]。目前，我国特殊教育发展战略应自觉吸纳国际国内法律法规特别是特殊教育决策方案的基本精髓，与法律制度、社会行为规范保持一致，忠实再现国家特殊教育发展战略的基本精神与核心要求；建立与完善特殊教育资助制度与体系，全面实施特殊学生免费教育制度，切实提高特殊教育教师职业吸引力，建立国家级"全纳"教育实验改革基地，在特殊教育资源"空白"县设立特殊教育资源中心，对中西部地区新建特教学校继续给予支持[3]，确保"全纳"特殊教育发展战略的有效实施。

2. 增强前瞻性

"前瞻性"就是指特殊教育发展战略能吸纳、宣扬、传承与创新优秀社

---

① 王振洲：《普校教师融合教育素养养成中的现实困境与对策》，《现代特殊教育》2017年第14期。

② UNESCO, *Dakar Framework for Action, Education for All: Meeting our Collective Commitments*, Paris: UNESCO Publishing, 2000, p. 32.

③ 彭霞光、齐媛：《提高特殊教育发展水平的政策建议》，《中国特殊教育》2014年第12期。

会文化，以先进的教育理念与价值观引领"全纳"特殊教育改革发展。

首先，时代性。就是指特殊教育发展战略体系应密切关注时代、学科、专业的前沿信息，应"吸其精华""去其糟粕"。21世纪是信息时代、知识爆炸时代，随着大数据时代的到来，科技发展、社会变革日新月异。有研究认为，评价一种文化是否具有先进性，应该看其能否具有形成社会各阶层普遍认同感的整体凝聚力以及能否具有促进社会物质生活和精神生活全面、多样化发展的活力①；政府行为的时代性集中体现在"经济全球化过程中调控方式的差异性""利益多元中的调控组织复合性""文化交融中调控功能的挑战性"②。特殊教育发展战略是对特殊教育未来发展而进行的全局性、根本性的谋划，必须认真面对特殊教育发展机遇、社会环境、方式、现代化、国际化、宏观政策、支持保障体系和战略目标、布局、路径等重大问题③。因此，未来"全纳"特殊教育发展战略理应关注国际国内特殊教育改革发展新形势，自觉吸纳国际教育新理念，增强顶层设计的时代性。

其次，预见性。就是指特殊教育发展战略不仅能客观再现特殊教育改革发展的现实，而且能预示特殊教育改革发展的趋势。战略就是为在竞争中达到一定的目的，依据自身和环境的总体状况及其演变可能而进行全局性、长远性谋划的科学和艺术④；教育战略思维是超前性思维，是面向教育系统的未来和超越教育系统实际发展进程的思维，即在教育领导者的思维对象实际发生变化之前，就考察其教育系统未来可能出现的各种趋势、状态和结果⑤；教育发展战略本质上是面向未来的谋划和设计，理念、目标、方向、思路和举措的前瞻性是其基本要义，应领先经济社会发展"半步之遥"⑥。当前，我国教育规划无论是理论研究还是实践探索仍处于发展阶段，包括理

---

① 贾英健：《文化先进性：当代中国文化进步的核心价值理念》，《理论学刊》2009年第7期。

② 王国平：《论政府行为的时代性》，《学术月刊》2006年第6期。

③ 朱传耿、盛永进、王培峰等：《中国特殊教育发展战略的若干问题》，《现代特殊教育》2017年第2期。

④ 涂向阳：《战略系统论》，中共中央党校博士学位论文，2012年。

⑤ 温善策：《教育战略思维刍议》，《辽宁师范大学学报》1990年第1期。

⑥ 杨小敏、杜育红、高兵：《教育发展的战略应对与"十三五"规划建议》，《中国教育学刊》2016年第3期。

论研究及技术方法多为向西方借鉴学习而缺乏具国际影响力的本土理论及技术方法，重视解决眼前教育现实问题而较为轻视教育长远改革发展之需，重视教育规划的咨询、决策而忽视执行、监测、评估等环节①；一些特殊教育规划"缺少先进思想的引领""前瞻性不足"，推进策略"可行性、科学性、系统性不足"，财政政策存在不同层级政府"重资源争夺""轻质量提升""上级转移支付抑制下级政府投入"等问题，执行机构"单一""乏力""综合执行难"②。因此，我国未来需深入研究与剖析特殊教育改革发展中的主要难点与瓶颈问题，科学评判特殊教育改革发展面临的主要困难与挑战，进而提出有效的应对策略，不断增强特殊教育发展战略的预见性。

最后，创新性。它是在继承基础上提出新概念、新方法，其实质是"超越"。战略是在充分分析组织内外部客观环境基础之上形成的，是对组织内外部环境的综合反应，创新性是战略的生命之所在③；教育战略思维是创造性思想，教育领导战略思维是创造性思维，需要教育领导者在思维过程中，冲破各种旧思想的障碍和束缚，寻求"独到"和"最佳"，制定出异于前人和常人且符合教育发展规律的领导战略④。美国桥水基金的创始人瑞·达利欧在决策时将成员分为创造者（Creators）、先行者（Advancers）、改进者（Refiners）、执行者（Excutors or Implementers）和变通者（Flexors）五种类型，十分注重决策者的创新意识与创新能力⑤。20世纪以来，世界变化日新月异，以前需要几代人持续努力的创新，现在只要一代人就完成了，教育工作者应尽一切努力摒弃任何一种把思想和道德、习俗看作是一成不变的观念，努力使人接受变革并努力以各种方法促进教育的对象机智而有效地参与

---

① 汤贞敏：《我国教育规划的基本特性及"十三五"教育规划的制订》，《中国教育学刊》2016年第3期。

② 冯滨鲁、李健、王淑荣：《我国特殊教育发展规划：实践现状与研究取向》，《中国特殊教育》2017年第1期。

③ 杨天平：《教育战略规划与管理》，重庆大学出版社2010年版，第8页。

④ 温善策：《教育战略思维刍议》，《辽宁师范大学学报》1990年第1期。

⑤ 创造者产生新的想法和原始的概念，喜欢非结构化和抽象的活动、创新和非传统的实践；先行者传达这些新思想并将其发扬光大，享受感情和人际关系，善于激发工作热情；改进者挑战创意，分析项目缺陷，并以客观性和分析性为重点对其进行改进；执行者确保重要活动的开展和目标的实现，关注细节和底线；变通者则可调整自己的风格以适应特定的需要，并能从不同的角度看待问题（参见R. Dalio, *Principles*, New York：Simon & Schuster, 2017, p. 209）。

各个阶段的变革①。创新是现代教育事业的显著特征，是新时代教育事业向前发展生生不息的内在动力②。特殊教育决策者应学会批判思考、独立判断，而不是不加反思的认同③；特殊教育管理者与教育者不仅要培养人类文明的继承者，更要培养人类文明的创造者④。因此，我国未来需进一步优化特殊教育决策机制，完善特殊教育发展战略目标任务与实施路径，创新特殊教育改革发展理念与模式，提升特殊教育发展战略的创新性与特殊教育改革发展的实效性。

3. 增强合理性

"合理性"是指特殊教育战略应遵循战略设计和特殊教育发展的客观规律与实践需要，拥有合理的内部结构，具体包括合规律性与可操作性。

首先，强化合规律性。它是指特殊教育发展战略必须符合特殊教育发展的客观规律，科学、合理地再现特殊教育者、受教育者、教育内容各基本要素及其"理论与实践""课堂教学与课外活动""课程与教学""教与学"等各子要素的逻辑联系。有研究表明，教育规划以"完全理性模式""有限理性模式""系统决策模式"等为理论基础，采用"人力需求法""成本收益法""社会需求法"等技术方法，须清醒认识教育改革发展的历史成绩与经验、困难与问题、面临的机遇与挑战以及未来经济社会发展对教育提供人才、智力、科技、文化服务的要求，才能理性确定各级各类教育发展的规模、结构、速度、质量、效益和条件要求以及所需改革举措⑤；教育发展规划应坚持以马克思主义理论为指导，用历史与辩证的观点来看待教育问题，遵循教育发展的内外部规律，重视人的全面发展，综合运用经济学、人口

---

① P.Lengrand, *An Introduction to Lifelong Education*, London: Croom Helm Ltd, 1975, pp. 26-55.

② 王正平：《以新时代教育伦理道德引导我国教育现代化》，《上海师范大学学报（哲学社会科学版）》，2020 年第 1 期。

③ UNESCO, *Rethinking Education: Towards a Global Common Good?* Paris: UNESCO Publishing, 2015, p. 83.

④ H.Stadlerová, "The Development of Psycho-Didactic Skills Within Special Art Education Projects", *Acta Technologica Dubnicae*, 2014, 4(2).

⑤ 汤贞敏：《我国教育规划的基本特性及"十三五"教育规划的制订》，《中国教育学刊》2016 年第 3 期。

学、政治学等多学科的观点与方法研究教育发展问题①；领导者决策过程中务必"先重理""谨遵制度规则""公平公开论证""全面平衡利益"②。目前，我国决策者需进一步加强对"全纳教育"和特殊教育理论研究，进一步明了"全纳教育""特殊教育"的内涵与特质，不断优化表征形式与内部结构，科学呈现特殊教育改革发展规律与趋势，增强"全纳"特殊教育发展战略的指导性。

其次，提升可操作性。有研究认为，世界各国自觉将教育发展战略确定为国家整体战略的重要基础，重点突出教育的人力资源开发功能，高度关注优化运行机制、扩大教育机会、丰富教育资源、优化教育目标、强化质量评价机制，日益注重"科学化""民主化""法制化""信息化""国际化"③；特殊教育发展战略布局是基于一定能力和一定时空的战略安排，主要应从地域空间节点上确立战略重点区域和集中资源解决突出问题，战略路径则是特殊教育发展战略实施的"路线图"或具体方式方法，主要包括对既有路径的依赖和对新路径的选择，具有"可行性"与"可操作性"④；地区特殊教育事业发展需要综合考虑当地经济、政治、文化等多方面的因素，结合当地教育实际以及教育需求进行制度创新，体现出不同地区特殊教育事业的亮点和特色，形成既具有"差异性"又有"同构性"的教育政策创新案例和实践模式，为教育强国战略的实现和创新型国家建设奠定坚实的基础⑤。调查显示，由于决策者对特殊教育发展现实缺乏深入调查与研究，不仅现状把握与客观现实不相吻合，而且总体目标、主要任务与措施要求不能有效地服务现实需要，组织实施的分工不够明晰、统筹协调与监督指导不足。因此，我国不仅需要进一步健全特殊教育发展战略的相关配套方案，"全纳"特殊教育发展战略应充分关注不同地区、不同程度和类型的特殊需要个体在学前教

---

① 刘国瑞、王少媛：《区域教育发展战略规划的使命与创新》，《辽宁教育研究》2008 年第4 期。

② 尤文静：《领导者在预测性决策中化解各方质疑的艺术》，《领导科学》2019 年第 21 期。

③ 陈伟：《论教育发展战略的现代特征》，《广东第二师范学院学报》2011 年第 2 期。

④ 朱传耿、盛永进、王培峰等：《中国特殊教育发展战略的若干问题》，《现代特殊教育》2017 年第 2 期。

⑤ 李静郧、孙玉梅：《地方贯彻〈特殊教育提升计划（2014—2016）〉的政策文本分析》，《绥化学院学报》2017 年第 4 期。

育、义务教育和高等教育阶段的不同教育需求，不断完善学前特殊教育、高等特殊教育与农村特殊教育、民族特殊教育等配套方案，增强顶层设计的可操作性，为各级各类特殊教育的协调发展提供制度支撑与理论引领。

4. 增强人文性

"人文性"就是指特殊教育发展战略应坚持"以人为本"、彰显人文精神、凸显人的价值，致力于促进特殊需要个体"整个人"的发展与"自我价值实现"。

首先，充分尊重特殊需要个体的个体差异与潜能。德国哲学家胡塞尔认为"每个生命个体都是一个独立的自我"，美国心理学家马斯洛的需要层次理论则认为自我价值的实现是人的需要的最高层次。特殊教育是一项"尊重残障儿童生命意义""提升其生命价值""关怀其生命形成"的阳光事业[1]。党的十七大特别是十八大以来，我国特殊教育发展观改变了过去注重"工具本位""国家本位"的价值偏向，转向注重实现残疾人成长发展的"人本价值"和实现残疾人"民生改善""生活幸福"的民生意义取向[2]。然而，我国目前的特殊教育发展战略与实践对特殊需要个体潜能的开发与个性化成长关注不够，对个性化教育计划的顶层设计、实施与评价缺乏相应的标准。因此，我国"全纳"特殊教育发展战略与实践应突破传统"社会本位"的目标取向，坚持"以人为本"，充分尊重特殊需要学生的个体差异与潜能，强化对他们的"人文关怀"，关注他们"整个人"的发展。

其次，促进特殊需要个体的"自我价值实现"。教育发展战略的核心是"教育发展价值"，既包括"教育发展本体论价值"，也包括"教育发展的功能性价值"，"教育发展主体关于教育发展价值的主体性期待"是推动教育发展战略演变的重要因素，"教育价值期待的冲突的整合"是教育可持续发展的前提[3]；特殊教育发展规划应"凸显人本价值与民生意义"，坚持"特殊教育综合改革的方法论"和"深化道义论的政策价值伦理"，充分关注不

① 沈玉林、吴浩：《阳光下的椰岛特教——海南（海口）特殊教育学校办学纪实》，《现代特殊教育》2012 年第 3 期。

② 王培峰、丁勇：《我国特殊教育发展转向及其改革逻辑与重点领域》，《中国特殊教育》2015 年第 2 期。

③ 廖湘阳、王战军：《教育发展战略的分析框架：价值期待的冲突与整合》，《教育理论与实践》2005 年第 9 期。

同地区、不同程度、不同类型残疾人的不同教育需求，切实把特殊教育作为残疾人应当享有的"基本人权"和"民生福利"①。然而，我国不仅在特殊教育发展决策、规划、实施方案中仍存在以"残疾"代替"特殊需要"、"残疾人教育"代替"特殊教育"等不良现象，而且在实践中存在"特殊教育机构学位少""普通学校歧视特殊需要学生""随班就读"与"送教上门质量差"等不良现象。因此，我国特殊教育发展战略不仅应强化对特殊需要个体的"人文关怀"，尊重其个体差异与潜能开发，而且应促进他们"整个人"的发展与"自我价值实现"。

5. 增强公平性

"公平性"就是指特殊教育发展战略应坚持"公平"理性，为特殊需要个体提供平等的学习机会，使他们公平地享受教育资源，具体包括起点公平、过程公平与结果公平。

首先，"起点公平"。它是指应尊重和保护所有适龄个体享受特殊教育的权利，确保所有学习者或申请者都有机会接受特殊教育。教育是一项人权，是实现平等、发展与和平目标的一个重要工具，其首要目标应减少来自社会边缘和处境不利阶层的儿童在社会上易受伤害的程度、打破贫困和排斥现象的恶性循环②；教育公平是"全纳教育"的核心内涵③，受教育权是教育公平的前提，保障受教育权是实现教育公平的基础④。70多年来，我国特殊教育发展战略十分重视特殊儿童的受教育权，一直致力于打造"全纳式"特殊教育，不断扩大特殊教育对象范围、提高特殊教育普及水平、营造无障碍环境与建构"全纳"特殊教育体系，确保特殊需要个体的教育权益。然而，我国现有特殊教育发展战略主要关注三类特殊人群义务教育阶段的普及率、课程体系、评价标准等的顶层设计，惠及对象十分有限。因此，我国未来特殊教育发展战略需要进一步强化向"两端延伸"，密切关注农村、少数民族"弱势群体"，真正实现"全纳"特殊教育发展战略与实践的起点

---

① 王培峰：《特殊教育政策：正义及其局限》，南京大学出版社2015年版，第236—249页。

② 《学习——内在的财富：国际21世纪教育委员会向联合国教科文组织提交的报告》，联合国教科文组织总部中文科译，教育科学出版社1998年版，第109页。

③ 王培峰、于炳霞：《教育公平是全纳教育的核心内涵》，《中国特殊教育》2002年第3期。

④ 黄志成：《教育公平——全纳教育的基本理念探析》，《比较教育研究》2010年第9期。

公平。

其次,"过程公平"。它是指受教育者能公平地享用特殊教育资源与服务。意味着特殊教育机构应尊重受教育者的个体差异与不同需要,因材施教,提供平等的教育服务;特殊教育应促进跨文化交流,弘扬"民主价值观",创造尊重基本权利的环境,反对一切形式的歧视,使所有年轻人与不同背景的同伴积极互动①。调查显示,弱势群体子女在学校教育教学过程中受到不公正的待遇表现为"教师安排座位""课堂发言机会""教师批改作业""教师鼓励与表扬""上讲台或黑板示范或演示的机会""当班干部的机会""教师对待弱势群体子女的态度""教师与学生的交往"等方面②;一些普通学校不愿接纳特殊儿童"随班就读",常因专业师资不足、管理不善,资源教室利用低,特殊儿童"随班就读"质量较差。因此,享受特殊教育服务应该没有优劣、贫富、贵贱之别,特殊教育机构与教师应公平面对每一个受教育者,并使他们公平地享受教育资源与得到公平的发展。

最后,"结果公平"。它是指每个受教育者接受特殊教育服务后都能获得学业上的成功,得到公正的评价,享受平等的发展机会。如果说获得平等的教育机会、平等地享受教育过程是实现公平的前提与关键,那么,得到公正的评价、享有公平的发展机会则是公平的归宿。目前,我国特殊教育质量评价体系并不健全,特校、"随班就读"与"送教上门"特殊儿童学业质量评价仍不完善,特殊儿童教育质量难以保证;没有形成系统的特殊儿童九年义务教育后人才培养体系,许多特殊孩子接受九年义务教育后的生存与发展空间十分有限。毫无疑问,平等的入学机会、公平地享受教育服务是特殊教育顺利实施的必要条件与基础,公平地评价受教育者的学业表现是实现特殊教育人才培养目标的有力保障,提供公平的发展机会则是"全纳"特殊教育发展战略的旨归。

综上所述,我国未来需进一步增强"全纳"特殊教育发展战略的法律效力、前瞻性、合理性、人文性和公平性,全面推进"全纳"特殊教育改

---

① CEU, *Council Conclusions on the Professional Development of Teachers and School Leaders*, Brussels, 6 November 2009, http://eur-lex.europa.eu/LexUriServ/LexUriServ.do?uri=OJ: C: 2009: 302: 0006: 0009: EN: PDF, 2009-11-06.

② 明庆华:《论教育中弱势群体子女受歧视问题》,《中国教育学刊》2003 年第 5 期。

革发展实践。

（二）优化特殊教育生态，创设"无障碍"教育环境

生态环境是特殊教育改革发展的必备条件，是"全纳"特殊教育发展战略的重要组成部分。我国需进一步优化"全纳"特殊教育管理制度与机制、"无障碍"环境、"全纳"教师教育体系、"全纳"特殊教育质量监控体系与"全纳"特殊教育社会支持体系，健全"全纳"特殊教育生态。

1. 健全"全纳"特殊教育管理体系与机制

管理体系与机制是"全纳"特殊教育改革与发展的组织与制度保障。我国未来需优化特殊教育管理体系，建立形式多样的特殊教育专业组织与管理机构，实施"自上而下"与"自下而上"相结合的管理模式，构建更加健全的全纳特殊教育管理机制。

首先，健全特殊教育管理体系。特殊教育是与普通教育不同性质的教育系统，应建立独立的管理体系，形成专业化的管理队伍与组织。目前，我国教育部基础教育司下设特殊教育处，成立了中国教育学会特殊教育研究分会、特殊教育教学指导委员会等；各省（自治区、直辖市）、市（县）也仿照教育部组织建构，特殊教育隶属基础教育处（股）分管，相继成立特殊教育专家委员会、融合教育资源与指导中心等。然而，许多省（自治区、直辖市）、市（县）的基础教育处（股）没有设立特殊教育科（室），特殊教育管理常常由非专业人员兼任。事实上，特殊教育管理涉及基础教育、高等教育、职业教育、成人教育、民族教育等普通教育的各个领域，而每个管理者的精力与能力是有限的，没法顾及或指导所有相关领域。因此，我国有必要建立"自上而下"、独立的特殊教育管理机构与队伍，专门负责特殊教育的发展规划、组织实施与评估监督，确保"全纳"特殊教育发展战略的有效推行。

其次，优化特殊教育管理机制。我国未来应突破"自上而下"、单一的管理模式，建立"自上而下"与"自下而上"相结合的特殊教育管理机制，促进"上下"自由沟通与"左右"密切协作。

一方面，密切"上下"沟通。有研究认为，特殊教育发展规划制订过

程需要行政管理者、理论研究者、办学实践者的协同合作，大量吸收理论研究者和办学实践者参与和讨论①；我国需努力转变政策目标定位与决策理念，促进特殊教育发展战略顶层设计、执行与评估过程的多元主体参与②。改革开放以来，我国区域发展战略由南到北、由东到西依次推进，主要有"自上而下"（比如，深圳特区、浦东新区等）和"自下而上"（比如，滨海新区等）两种模式③。目前，我国应突破"自上而下""上行下效""单向度"的治理模式，积极推行"自上而下"与"自下而上"相结合的管理模式，构建"上情能下达""上令下施"和"下情能上达""下情敢上达"沟通机制，营造"不唯书""不唯上""只唯实"的工作环境，从而确保信息畅通、"上下同心"的工作格局。

另一方面，加强"左右"协作。新中国成立以来，我国政府十分重视特殊教育"横向"协作机制建设，特殊教育决策方案明确提出"建立健全多部门协调联动的特殊教育推进机制"，明确教育部、发展改革委、民政部、财政部、人力资源和社会保障部和卫生计生委、残联等部门的任务，形成工作合力。但是，同级部门或部门各处室之间常常协作不够，工作"合力"不足。因此，我国不仅需要完善特殊教育"纵向"治理模式、促进"上下"信息畅通，而且需进一步健全"横向"管理机制，明细同级部门之间、部门内部各处室之间的职责范围，构建"分工明确""协同创新"的"横向"工作机制，真正实现"左右逢源"。

2. 健全"无障碍"教育环境

"无障碍"教育环境就是指便于特殊需要个体自主安全地通行道路、出入相关建筑物、搭乘公共交通工具、交流信息、获得社区服务的环境，包括"无障碍"基础设施、人文环境与信息交流三方面④。

---

① 康翠萍：《"治策"、"知策"、"行策"：教育发展规划决策模式及其选择》，《教育研究》2015年第9期。

② 冯元、俞海宝：《我国特殊教育政策变迁的历史演进与路径依赖——基于历史制度主义分析范式》，《教育学报》2017年第3期。

③ 薄文广、安虎森：《中国区域发展战略的演进及对地方政府的启示》，《南开学报（哲学社会科学版）》2013年第5期。

④ 李尚卫：《特殊教育学校"无障碍"环境建设的特质研究》，《现代特殊教育》2020年第8期。

　　首先，优化"无障碍"基础设施。新中国成立以来，我国十分重视"无障碍"基础设施建设，先后颁布了《残疾人康复中心建设标准》（2006年）、《残疾人中等职业学校设置标准（试行）》（2007年）、《义务教育阶段盲校（聋校、培智学校）教学与医疗康复仪器设备配备标准》（2010年）、《特殊教育学校建设标准》（2011年）、《无障碍环境建设条例》（2012年）、《普通学校特殊教育资源教室建设指南》（2016年）等。但是，我国特殊教育经费以中央与地方财政支出为主，一些特殊教育与康复机构因经费投入不足、建设过程监督不力，基础设施较差，标准化程度较低①；普通学校"随班就读"经费投入极少，特殊教育学校覆盖范围有限、区域差距较大、校舍建设标准较低、与国家发布实施的特殊教育学校建设标准和建筑设计规范要求有较大差距②。因此，我国有必要进一步完善特殊教育经费投入与管理制度，加强特殊教育与康复机构标准建设过程指导与监督工作，切实推进特殊教育与康复机构标准化建设，为特殊儿童少年安全、自由地学习、生活、活动提供安全、适用、美观的学习与生活环境。

　　其次，优化"无障碍"人文环境。人文环境的"无障碍"主要是指人们对于无障碍观念的认同程度和理解程度③；"无障碍"人文环境建设主要是指营造一种消除社会歧视，实现人人平等，社会交流、交往、参与无障碍的社会氛围④。有研究表明，特殊教育学校校园文化建设应基于"生命个体"，创建和谐"文化场"，促进"文化认同"，营建"全纳文化精神"⑤，应以人的根本需要为出发点，满足舒适、美观、愉悦等心理、情绪的需求⑥；应在精神上保证残疾人平等切实参与社会生活，要求社会公众尊重、

---

　　① S.W.Li, "Special Education Assurance System in Mainland China: Status, Problems and Strategies", *Journal of Special Education Research*, 2017(1).

　　② 赵小红、王丽丽、王雁：《特殊教育学校经费投入与支出状况分析及政策建议》，《中国特殊教育》2014 年第 10 期。

　　③ 谢宏忠、叶惠恋：《我国无障碍环境建设的现状与问题述略》，《中共福建省委党校学报》2014 年第 4 期。

　　④ 吴文博：《我国无障碍环境建设问题研究》，西北大学硕士学位论文，2015 年。

　　⑤ 毋改霞、易连云：《特殊教育学校校园文化建设的价值旨归与路径建构》，《中国特殊教育》2014 年第 1 期。

　　⑥ 张翼：《基于特殊儿童障碍特征的我国特殊教育学校建筑设计研究》，华南理工大学博士学位论文，2017 年。

包容残疾人，残疾人本人要克服自卑心理和正视、认同自我的生命样态①；等等。目前，我国特殊教育学校与资源教室建设标准主要侧重于基础设施建设，较少关注人文环境建设，一些特殊教育学校、普通学校不重视校园文化建设，特殊儿童在学校受歧视现象时有发生。因此，特殊教育与康复机构应进一步加强校园文化建设，为特殊儿童少年创造民主、平等、包容、个性化的人际环境。

最后，畅通"无障碍"信息交流环境。信息无障碍（Information Accessibility）意指不同的人群对于信息的获取和利用应有平等的机会和差异不大的成本，信息无障碍建设将工作重心从原来的医疗模式转移到社会模式，使他们能够积极主动地参与和改变信息环境，从而更具人性化②；"无障碍"信息交流主要是指通过无障碍设计使人们能够平等地获得信息，并利用信息进行无障碍交流③，具体包括"政务信息公开""电信业务""信息交流技术与产品""影视作品与电视节目的字幕和手语"等④。新中国成立以来，我国特殊教育发展战略十分重视特殊教育与康复机构的信息化建设，但是，许多机构因经费投入不足，不仅计算机、多媒体、网络等基本硬件缺乏，而且网络资源、教师的信息化教学能力等软件十分有限。因此，我国特殊教育与康复机构应加快构建便捷高效的多媒体教学环境，建设数字化资源，构建网络化平台⑤；积极开发和采用盲文、手语、字幕、特殊通信设备等辅助技术或替代技术，为特殊儿童少年接受和传播信息、参与社会生活创造条件⑥。

3. 建立"全纳"教师教育体系

"全纳"教师教育的主要优势在于社会凝聚力（Social Cohesion）、生活

① 徐明峰：《论无障碍软环境》，西南政法大学硕士学位论文，2016年。

② 徐恩元、张赞玥：《我国信息无障碍建设进程探究》，《图书馆论坛》2009年第6期。

③ 谢宏忠、叶惠恋：《我国无障碍环境建设的现状与问题述略》，《中共福建省委党校学报》2014年第4期。

④ 吕世明：《我国无障碍环境建设现状及发展思考》，《残疾人研究》2013年第2期。

⑤ 胡红华：《特殊教育学校"数字化校园"内涵建设与应用创新》，《中国电化教育》2009年第11期。

⑥ 李炜冰：《无障碍环境建设中的政府责任》，《苏州大学学报（哲学社会科学版）》2010年第2期。

技能（Life Skills）、文化多样性（Multicultural Diversity）、面向所有人（School for All）等①；它不仅能丰富特殊教育专业学生的"全纳"知识与技能，而且能培养他们的"全纳"态度与价值观②。我国需进一步完善特殊教育教师职前培养与职后培训体系，切实提升特教师资的"全纳"素养。

首先，完善职前培养体系，增强教师的"全纳"意识与能力。特殊教育逐步从"融合"走向"全纳"，这意味着将所有儿童融入正规学校，学校的工作人员应与社区合作、创造条件，以期尽可能地促进他们的全面发展与高质量地生活③；将"全纳教育"原则融入特殊教育教师教育之中，意味着初任教师教育应将新教师训练成"全纳"实践者与学科专家，使他们能提供有效教学服务④；特殊教育专业人才培养项目不仅要丰富受教育者的"全纳"知识与技能，而且要培养他们的"全纳"态度与价值观⑤。我国高校特殊教育学院、特殊教育系数量少，招生规模有限，在师范专业开设特殊教育课程的高校数量较少，公费师范生制度惠及面较窄⑥。目前，我国需进一步扩大"公费师范生制度"的惠及面，实施"公费"特殊教育教师职前培养制度，不断增加特殊教育本科专业数量、扩大本科生规模，提高办学层次、加强特殊教育专业研究生教育，特别是专业硕士与博士的培养；高校不仅应加快特殊教育学院建设⑦，优化特殊教育专业师资队伍建设，做好特殊教育专业建设规划、人才培养方案的科学设计与组织实施，加强心理学、医学、康复学等专业课程体系建设和强化特殊教育实践教学与指导，增强特殊教育

---

① I. Strnadová, R. Topinková, "Teacher Education for Inclusion Country Report（Czech Republic）", https://www.european-agency.org/agency-projects/Teacher-Education-for-Inclusion/country-info #country-reports, 2010-04-30.

② WHO, *World Report on Disability*, Geneva: WHO Press, 2011, p. 222.

③ J.Kratochvílová, J.Havel, "Application of Individualization and Differentiation in Czech Primary Schools: One of the Characteristic Features of Inclusion", *Procedia-Social and Behavioral Sciences*, 2013（93）.

④ A.Watkins, V.Donnelly, "Core Values as the Basis for Teacher Education for Inclusion", *Global Education Review*, 2014（1）.

⑤ World Health Organisation, *World Report on Dsability*, Geneva: WHO Press, 2011, p. 222.

⑥ 李尚卫：《中捷特殊教育教师培养体系比较研究》，人民出版社 2019 年版，第 115—118 页。

⑦ 我们认为，为了更快更好地培养特殊教育师资，普通高校应整合资源，积极创办特殊教育学院，扩大特殊教育专业办学规模与层次。

专业学生的"全纳"意识与能力，而且应深化普通师范专业课程与教学改革，促进普通教育与特殊教育的深度融合，切实提高普通师范专业学生特别是公费师范生的"特殊教育""全纳教育"知识技能与情怀。

其次，优化职后培训体系，提高在职培训质量与效率。教师培训应提高"参与性""全纳性"和"使用新技术的能力"[1]。我国特殊教育教师培训制度并没有对培训时间、培训内容、培训要求制订相对统一的标准，导致特殊教育学校教师虽有机会参与各种培训，但培训内容缺乏"整体性"与"系统性"，出现职后培训与职前培训相脱节的现象[2]；在职培训的形式仍然较为单一，培训多以线下的专题讲座和短期培训为主[3]，尚未充分发掘信息技术为特殊教育师资培训带来的重大机遇；培训内容方面，特殊教育教师所接受的信息化能力培训较少，与特殊教育学科的融合不够，缺乏实效性[4]。因此，我国需进一步优化特殊教育教师培训管理制度与机制，整合、协调地方政府、高校与基础教育学校优质资源，形成各方合力；加大培训经费投入，增加特殊教育在职教师进修、培训的机会；及时融入"全纳教育""终身教育""智慧教育"等国际新理念，进一步丰富特教师资培训形式、优化培训内容；充分利用现代信息技术，不断拓展在职培训"空间"与"时间"，有效地将校内外、线上与线下教育有机结合起来，建立"开放式""终身化"特殊教育教师培训体系，有效地促进特教师资的终身学习与专业成长。

4. 优化"全纳"特殊教育质量评价监测体系

质量评价监测体系是"全纳"特殊教育改革发展的有力保障。我国需进一步健全"全纳"特殊教育质量评价监测体系，加强质量评价过程监督与指导。

首先，健全质量评价体系。质量评价体系是特殊教育改革发展及绩效评

---

[1]　UNESCO, *Dakar Framework for Action, Education for All: Meeting our Collective Commitments*, Paris: UNESCO Publishing, 2000, p. 28.

[2]　李拉:《对新中国特殊师范教育制度建设的考察》，南京师范大学博士学位论文，2015年。

[3]　胡少华:《我国特殊教育教师职后培训研究现状与趋势》，《教师教育论坛》2018年第11期。

[4]　文永进:《宝鸡市特殊教育学校信息化发展现状及对策研究》，西北师范大学硕士学位论文，2014年。

估的行动指南。我国特殊教育学校教育质量评价体系应遵循"全面性""系统性""简洁性""可比性"原则,"以学生为本""注重智力障碍学生的补偿缺陷和潜能开发",具体包括办学资源、课程教学、师资队伍、医疗康复、社会适应和荣誉表现6个一级指标19个二级指标①。目前,我国尽管先后颁布特殊教育学校标准、三类特校课程标准、特教教师专业标准等,但是,质量评价标准体系对各级各类特殊教育的改革发展及质量评价针对性不强,各级各类特教评价与管理机制仍不健全,不适应"全纳教育"的发展需要。因此,我国需进一步完善特殊教育质量评价监测体系,构建"层级贯通""普职融通""医教康结合"的"全纳"特殊教育质量评价体系,提升对各级各类特殊教育评价的针对性。

其次,强化实践督导。新中国成立以来,我国十分重视特殊教育专家委员会和特殊教育资源中心建设,《二期特教计划》、《残疾人教育条例》(2017年)、《加强残疾儿童少年义务教育阶段随班就读工作的指导意见》(2020年)明确了特殊教育专家委员会及特殊教育资源中心的基本任务。调查显示,我国仍有一些市县不重视特殊教育质量监测专家团队建设,至今未建立特殊教育专家委员会、特殊教育资源中心、融合教育教学指导中心②;一些区县级特殊教育资源中心建设标准不统一,基础建设不规范,人才及资源紧缺制约了服务质量的有效提升,发展认识不到位导致了工作执行力不强③。因此,我国需进一步强化特殊教育专家委员会及特殊教育资源中心建设与管理工作,明晰其职责与工作规程,充分发挥其监督、指导与评估功能,提高特殊教育质量评价监测的实效性。

5. 健全"全纳"社会支持体系

社会支持体系主要是指社区、社会团体、民间组织、家庭与个人提供的物质、精神支持,它是"全纳"特殊教育改革发展的重要动力。

首先,强化舆论宣传,提升特殊教育的社会认同度。根据教育社会学的

---

① 曹婕滢:《我国特殊教育学校教育质量评价体系研究》,南京财经大学硕士学位论文,2017年。

② 陆艳:《贵州省区县级特殊教育资源中心建设现状与对策研究》,《教育现代化》2019年第63期。

③ 魏祥明:《成都市区县级特殊教育资源中心建设的问题及对策研究》,四川师范大学硕士学位论文,2017年。

观点，从特殊需要教育到更广泛的通识教育，"全纳教育"是对现有理论和实践的根本挑战，"全纳教育"与"全纳社会"的理念直接相关，教育的作用被视为实现这一目标的基础①。调查显示，有些地方不太注重特殊教育政策法规的宣传，国家与地方一些政策法规公布宣传的时间十分短暂，特殊教育管理者、特殊教育教师与特殊儿童家长对国家与省市的政策法规知之甚少，不仅一些普通学校的教师与家长不同意特殊儿童随班就读，而且一些特殊儿童家长因不知教育与康复补助、家里又无力承担相关费用而造成孩子错过了最佳的早期治疗与康复机会。因此，我国需进一步加强顶层设计的舆论宣传与指导，提高特殊教育、特殊儿童的社会认同，营造更加和谐、宽容的"全纳"特殊教育舆论生态。

其次，健全社会支持管理机制与体系，增强特殊教育的社会支持力度。社会支持是"全纳"特殊教育改革发展的力量源泉。"全纳"作为一种价值观，支持所有儿童，不论其能力如何，都有权积极参与家庭、幼儿园、托儿所、邻里学校教室、娱乐场所以及所有儿童和家庭都喜欢的其他环境②；全纳性教育政策应根据每个国家不同类别的受排斥人口确定目标和优先事项，有效地使全纳成为整个社会的责任③；努力消除对融合教育的观念障碍，让普通儿童在融合教育环境中认识生命多样性并内化人人平等理念，让残疾儿童不再被排斥被忽视、和普通儿童在同一片蓝天下成长④。目前，我国不仅对特殊教育发展战略缺乏充分的舆论宣传，而且尚未形成健全的社会支持管理机制与体系，社区、家庭与个体参与、资助特殊教育十分有限。因此，我国需进一步优化特殊教育社会支持管理制度，完善特殊教育社会支持体系，明确社区、社会团体、民间组织、家庭与个人参与特殊教育支持与服务的权利与义务；优化特殊教育社会支持管理机制，创新社会支持模式，建立地方政府、高校、特教机构、社会组织与个体联动机制，构建"全纳"社会支

---

① L. Terzi, *Justice and Equality in Education: A Capability Perspective on Disability and Special Educational Needs*, London: Continuum International Publishing Group, 2010, p. 65.

② M. L. Hardman, M. W. Egan, C. J. Drew, *Human Exceptionality: School, Community, and Family*, Boston: Cengage Learning, 2017, p. 63.

③ UNESCO, *Dakar Framework for Action, Education for All: Meeting our Collective Commitments*, Paris: UNESCO Publishing, 2000, p. 39.

④ 朱永新：《特殊教育的战略目标和政策方向》，《现代特殊教育》2017 年第 13 期。

持体系，形成"全纳"社会合力。

（三）健全"全纳"教育体系，提高特殊教育的普及水平

教育体系是特殊教育改革发展的关键环节，是"全纳"特殊教育发展战略的核心内容。新中国成立以来，我国特殊教育发展战略十分重视特殊教育体系建设，一直致力于扩大特殊教育对象、优化布局、提高入学率。但是，我国特殊教育发展仍不充分、不均衡，需进一步健全"全纳"教育体系，提高特殊教育的普及水平。

1. 促成特殊教育对象的"全民化"

"全民化"意味着特殊教育应面向、服务于所有特殊需要个体。我国需进一步明确特殊教育发展的体量，扩大特殊教育学位数，满足所有特殊需要个体的教育需要。

首先，加大对特殊儿童、青少年底数的摸排，明确基础特殊教育发展的体量。"全纳"是"一种哲学""一种态度"，它允许所有残疾孩子与他们的同龄人互动和学习，为他们提供"社会交往""普通教育课程""获得显著的学业进步""接受多样性和积极的行为结果"的机会，其整个前提是"共同教育儿童"，"使所有人都能获得平等的机会"①。我国尽管在 1987 年与 2006 年先后两次进行了残疾人口普查，初步形成了残疾人口与 6—14 岁特殊儿童的基数与比例信息，但是，目前仍没有确切的有关"有证无证""入学与未入学"0—18 岁特殊儿童的数量与比例信息。因此，我国未来需要教育部与残联、卫健委、民政部等多部门协同开展"有证""无证"与"入学""未入学"0—18 岁特殊儿童的摸排工作，借助全国人口普查之机，进一步摸清 0—18 岁特殊儿童和不同年龄特殊儿童、青少年的基数，明确未来基础特殊教育的发展体量；特殊教育机构、特殊教育教师要把未入学的残疾孩子"一个一个找出来"，"一个一个以适宜的入学方式安置好"，"一个一个地落实条件保障"，"让他们都能够接受有质量的教育"②。

---

① J.L.Paris, *Cliffs Test Prep Praxis II: Special Education*, Hoboken: Wiley Publishing, Inc., 2008, p. 81.

② 李天顺：《在〈第二期特殊教育提升计划（2017—2020 年）〉部署会上的发言》，《中国特殊教育》2017 年第 8 期。

其次，不断扩大特殊教育的学位数，满足多样化特殊需要。2001 年，我国第三次特殊教育工作会议明确提出，到 2020 年"基本实现市（地）和 30 万人口以上、残疾儿童少年较多的县（市）都有一所特殊教育学校"。调查显示，一些省市至今未实现这个目标，有的市县人口超过 50 万人、特殊教育学校建设了近 20 年，学校占地面积窄、基础设施差，教师不足 10 人，只能招收小学阶段特殊儿童 40 多人；有的市县人口超过了 100 万，至今只有 1 所特校，有的市县人口超过 200 万人，2020 年底第 2 所特校才挂牌且还没有独立建校、没有标准化基础设施。随着特殊儿童教育需求的不断增加，我国未来需进一步加快特殊教育学校建设速度，明确 20 万人口以上的市县至少建 1 所标准化特殊教育学校，不足 20 万人口的市县需在普通学校建特教班，大力推动 50 万人口以上的市县在建立 1 所标准化特殊教育学校的基础上建立第 2 所特殊教育学校或特教班。同时，还需规范普通学校"随班就读"与"送教上门"工作，要求普通学校应就近就便优先接纳特殊儿童"随班就读"，积极建设资源教室，认真组织、培训资源教室、"随班就读"和"送教上门"教师，制定切实可行的个别化教育方案，确保特殊儿童"随班就读"和"送教上门"工作质量。

2. 推进特殊教育过程的"终身化"

"终身化"是指特殊教育应贯穿特殊需要个体的生命始终，使他们学会终身学习、终身成长。随着现代终身特殊教育体系及其治理机制的建立和完善，我国特殊教育将更加"系统化""终身化""制度化"，应加快建立现代终身特殊教育体系[①]。

首先，加快特殊教育向"两端延伸"步伐。20 世纪 90 年代以前，我国主要致力于特殊教育学校的恢复与重建、九年义务教育的普及，20 世纪 90 年代以后，我国在致力于普及九年义务教育的同时，重点发展残疾人中等职业教育，逐步形成比较系统的残疾人职业教育课程体系，高等特殊教育课程体系也日益受到关注。然而，我国目前学前特殊教育或融合教育机构少，特殊幼儿接受学前教育的人数少；高校为特殊学生设置的专业较少，成人特殊教育形式单一、规模小，特殊学生接受高等教育与成人教育的数量少。因

---

① 丁勇：《我国特殊教育现代化的发展趋势和特点》，《中国特殊教育》2017 年第 2 期。

此，我国需进一步强化特殊教育发展战略的"终身教育"意识，统筹协调学前、初等、中等与高等特殊教育以及特殊儿童、少年、青年与成人教育，建立"学段衔接""职前职后一体化"的终身特殊教育体系。

其次，加强终身特殊教育思想的舆论宣传与实践指导。建立残疾人终身教育体系需要普通幼儿园、普通高中和中等职业学校、普通高校积极招收残疾学生，鼓励特殊教育学校增设学前班或附属幼儿园、举办残疾人高中部（班），高校设置特殊教育学院或相关专业，高中阶段和高等教育阶段在学校设置和专业设置的比例上应该更多向职业教育方向倾斜，更多地吸引社会力量和民间资本的参与，公立、民办并举，实现加速发展[1]；继续教育应坚持以人为本、促进人的终身发展，创新残疾人学习的形式、丰富残疾人受教育的内容，倡导教育目标多元化，促进个体的个性化发展[2]。因此，我国未来还应不断强化终身教育的理论宣传与实践督导，为特殊需要个体的终身学习与成长提供保障。

3. 全面推进特殊教育结构的"均衡化"

"均衡化"是指各级各类特殊教育的合理布局、协调发展，实现不同地区、不同民族特殊教育的均衡发展和义务与非义务、城乡特殊教育的协调发展。

首先，促进义务与非义务特殊教育的均衡发展。随着以公平为目标价值追求的普及教育发展，我国特殊教育需加快全面高水平普及九年义务教育，让每一个残疾孩子都能接受合适的教育，加快向"两端延伸"进程，普及残疾儿童学前教育和以职业教育为主的高中阶段教育，加快发展残疾人高等教育，提高残疾人接受高等教育水平[3]。目前，我国需进一步延长义务教育年限，建立学前至高中（包括职中）一体化15年免费特殊教育体系，加大对学前、高等、成人特殊教育的政策支持与倾斜力度，有效地促进义务与非义务特殊教育的均衡发展。其中，学前特殊教育可以以公办优质幼儿园为龙头，通过建立资源教室或特殊教育班，集团化推进学前融合教育；以特殊教

---

① 方俊明：《努力构建残疾人终身教育体系》，《中国特殊教育》2014年第2期。
② 潘威、王姣艳：《普适学习视域下继续教育发展趋势探索——兼论构建普适学习导向的残疾人终身教育体系》，《现代特殊教育》2016年第12期。
③ 丁勇：《我国特殊教育现代化的发展趋势和特点》，《中国特殊教育》2017年第2期。

育学校为骨干，通过举办附属幼儿园或学前班，促进普通幼儿与特殊幼儿"双向"融合。高中阶段教育应坚持以"就业"为导向，积极支持校企合作，鼓励中等职业学校开设适合特殊需要群体的各类职业教育专业，支持各种职业教育培训机构加强特殊需要群体的职业技能培训，不断创新特殊职业教育人才培养模式，逐渐形成富有区域特色、学校特色的特殊职业教育体系。普通高校应不断改善无障碍设施，加大对特殊学生的资助力度，推进特殊教育学院（系部）建设，通过高等院校与特殊教育学校合作办学，共同培养特殊学生；大力发展高等职业教育，开设适合特殊学生学习的专业、课程，采取灵活开放的教学和管理模式，为他们提供更多个性化、适宜的教育。同时，鼓励普通高校、开放大学与成人高校发展特殊成人继续教育，积极探索基于社区学院的成人继续教育模式；通过"线上线下""全日制与非全日制""脱产与半脱产"等多种教学模式，为特殊人群提供多样化的远程教育与服务；支持康复机构与特殊教育学校、幼儿园合作办学，促进特殊幼儿早期教育与康复的有机结合。

其次，促进城乡特殊教育的均衡发展。农村特殊儿童作为社会中的极弱势群体，其受教育权利的实现是国家文明进步的标志，决定了他们的未来发展和生存状况。调查显示，我国边远地区的广大农村特殊教育学校分布不均，特殊教育经费投入不足，设施设备配置不到位，教师教学水平不达标，残疾儿童入学困难[1]；农村特殊教育落后，缺乏良好的社会互助环境与适应农村残疾儿童教育发展的社会舆论环境，残疾儿童及家庭对教育的渴求与当前建立农村特殊学校的不现实性成为制约我国农村特殊教育发展的一对主要矛盾，救助标准、救助方式的多元化成为农村特殊教育救助低效的"症结"[2]；农村残疾儿童学前特殊教育及康复机构缺乏，普通学前教育机构接纳残疾儿童有一定的难度，许多农村家长对残疾儿童的康复与教育认识不足和重视不够，社会力量参与不够和对农村残疾儿童辐射面窄[3]。因此，我国应进一步强化农村特殊教育发展战略的顶层设计，加大其政策支持与倾斜力度，加强农村特殊教育

---

[1] 李龙梅：《边远农村地区特殊教育改革发展对策研究》，《科学咨询（教育科研）》2017年第5期。

[2] 杨丹：《我国农村弱势群体的教育救助研究》，河北大学硕士学位论文，2007年。

[3] 吴沙沙：《农村残疾儿童的学前康复教育》，《人力资源开发》2015年第14期。

研究与实践督导，运用"互联网+"对特殊教育实施"精确识别""精确帮扶""精确管理"①，有效地促进城乡特殊教育的均衡发展。

最后，促进汉族与少数民族特殊教育的协调发展。新中国成立以来，我国十分重视少数民族特殊教育的改革发展，西藏、新疆等少数民族聚居地区特殊教育已逐步实施了 15 年免费教育，民族特殊教育有了长足进步。但是，至今没有颁布少数民族特殊教育改革发展的实施方案，没有建立独立的管理机构，民族特殊教育管理制度、机制仍不健全；一些少数民族地区特殊教育不仅规模小、入学率低、结构不合理，而且地区、城乡分布不均衡，不同地区、城乡、不同民族差异较大，特别是西部农村少数民族特殊教育发展较缓慢。有研究表明，我国少数民族聚居地区一些特殊教育学校办学条件较差，专业教师专业化程度低，不能有效地满足适龄特殊儿童的需求②；一些特殊教育学校户外空间的设置不合理，专用的康复教室与训练教室数量不足，学校的功能空间设置与现代特殊教育理念不符，对学校文化内涵的理解不足，环境文化缺乏特色与人性化③；课程体系注重"简单模仿与移植"，"忽视地方特色"，"课程结构不合理"，"课程内容单一"④。因此，我国应进一步强化民族特殊教育顶层设计，加强民族特殊教育研究与实践督导，有效地促进汉族与少数民族、不同地区少数民族、少数民族之间特殊教育的均衡发展。

（四）深化课程与教学改革，彰显特殊教育"全纳"品质

"质量"是特殊教育改革发展的生命线。新中国成立以来，我国特殊教育发展战略十分重视特殊教育课程与教学改革，强调特殊教育的针对性与实效性。然而，我国特殊教育发展仍不充分、不均衡，人才培养质量不能有效满足日益多样的特殊教育需求，需进一步深化课程与教学改革，彰显特殊教育服务的"全纳"品质。

---

① 杨波：《探索"互联网+"特殊教育精准扶贫新途径——以福建省农村儿童为例》，《领导科学论坛》2016 年第 17 期。

② 王显豪：《少数民族地域特殊教育发展问题研究》，《才智》2018 年第 5 期。

③ 蒋士会、施雪莉：《民族地区特殊教育学校文化建设论纲》，《教育观察》2018 年第 4 期。

④ 胡伟斌、陈婷：《民族地区特殊教育校本课程开发的价值与对策》，《现代特殊教育》2017 年第 6 期。

1. 进一步创新教育模式，彰显特殊教育"本真"

特殊教育是为特殊需要个体提供"个性化教育"，促进其健康成长的实践活动。我国"全纳"特殊教育需特殊教育机构为特殊需要个体提供多样化安置方式、促进"医教康"一体化和提供个别化教育服务。

首先，提供多样化的安置方式。目前，世界各国特殊教育对象的安置方式日益多样，其中，德国、荷兰、拉脱维亚等国特殊教育对象主要安置在特殊教育学校，意大利、西班牙、挪威、斯洛文尼亚、希腊、爱沙尼亚等国特殊教育对象主要安置在普通学校，英国只有40%的特殊需要学生安置在特殊教育学校，芬兰特殊教育学校只面向身体与感知障碍学生[1]；美国则采用特殊教育学校、普通学校特教室、资源教室、普通教室等多元安置形式，教育服务机构则作为补充[2]。我国现在主要有特殊教育学校、特教班、随班就读、送教上门等多种安置形式，已形成了以普通学校随班就读为主体、特殊教育学校为骨干、送教上门为补充的全纳教育安置方式。然而，安置只是手段，只有将治疗、教育与康复有机渗透到全纳教育安置之中，才能切实促进特殊儿童全面融入学校与社区生活。

其次，实践特殊儿童"医教康"协同培养模式。模式是指在理论指导下形成一种可操作性的活动范式。按历史影响的顺序，特殊教育需要模式可分为神秘模式（Magical Model）、道德模式（Moral Model）、医学模式（Medical Model）、智力模式（Intellectual Model）、社会能力模式（Social Competence Model）和社会谋略模式（Social Conspiracy Model）六种[3]。目

---

[1] S.Ebersold, M.J.Schmitt, M.Priestley, *Inclusive Education for Young Disabled People in Europe: Trends, Issues and Challenges*, ANED: University of Leeds, 2011, p. 45.

[2] 李泽慧、赵艳霞：《教育体系与多元安置》，《现代特殊教育》2017年第1期。

[3] 神秘模式认为"残疾"是上帝的行为或魔鬼的行为，是个人无法控制的；道德模式将残疾与人的个人责任联系起来，认为所有人都是有意图的生物，有残疾或学习困难的人可以做一些事情来补救；医学模式认为"障碍"存在于儿童或个体内部，任何"治疗"主要是指医疗专业的领域，儿童或个人更需要住院、护理和"保护"而不是教育；智力模式建立在智力决定论的基础上，根植于优生学的能力和人格两个方面；社会能力模式认为个人被社会接受的程度取决于他们能够遵守一套商定的社会规则或协议，教育机构或其他机构可以向学生提供社会技能和行业，使他们能够作为"有用的"社会成员参与；社会谋略模式是基于正常和不正常的概念，认为社会规范的存在带来描述和量化那些不符合这些规范人的方式的需要，"残疾"人数迅速增加由此而产生了"特殊需求产业"（参见 P.Garner, *Special Educational Needs: The Key Concepts*, London: Routledge, 2009, pp. 26–28）。

前，我国学者提出"康教结合""医教结合"等特殊儿童教育模式。我们认为特殊儿童"全纳"教育应坚持"医教康"协同培养模式（见下图）。其中，"治疗""教育""康复"是特殊儿童健康成长必不可分的三个要素，其中，"治疗"是"教育"的基础，"康复"是"教育"的辅助，随着特殊儿童年龄的增长，"治疗""康复"逐步减少。此模式提倡"早发现""早治疗""早康复"，坚持"以人为本""零拒绝"原则，依托特殊教育专家委员会、特殊教育资源管理与教学指导中心，充分借助医院、学校、康复机构的专业资源与技术，政府、学校、家庭、社区协同促进特殊儿童的健康成长。

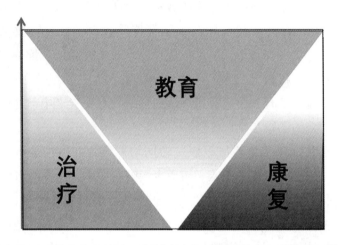

注：竖轴代表年龄，颜色渐变表示医教康三者随年龄变化而变化的情况，不同颜色区域表示医教康三部分的比重。

最后，提供"个别化"教育服务。个别化教育服务是特殊教育的重要特质，它要求特殊教育应尊重特殊需要个体的独特个性与人格，为他们提供适宜的个性化教育项目，促进其个性化成长。"全纳"对复杂支持需求的人确实是一项挑战，需要一种非常个性化的方法来满足每个学习者的需求，以确保真正的"全纳"，而不仅仅是"融合"或"参与"[1]；好的特殊教育者应认识到每个学生的"个性美"，知道尊重和尊重每个有特殊需要的学生的

---

① The European Union, "Inclusion Europe: Exploratory Study on the Inclusion of Pupils with Complex Support Needs in Mainstream Schools", www.inclusion-europe.org, 2018-12-30.

重要性，根据学生的个人需要规划教学，并以学生学习最好的方式提供教学[1]。目前，我国"个别化"教育计划常因顶层设计不充分、教师专业水平不高，其实施面临诸多困难。因此，我国需进一步优化特殊教育发展战略中有关"个别化教育"的顶层设计，增强"个别化教育项目"实施的可操作性；加强"个别化教育"的理论研究、舆论宣传与实践指导，加强特殊教育机构"个别化教育"的基本条件建设和教师"个别化教育"意识与能力的培养，从而不断提升"个别化教育"的实效性，促进特殊儿童、青少年的个性化成长。

2. 不断优化课程结构，凸显地方与校本特色

课程是"全纳"特殊教育的核心。全纳教育政策应提供多样化的课程和教育系统[2]。我国"全纳"特殊教育实践需进一步丰富与全面落实特殊教育国家课程与教材体系，积极开发地方课程与教材，努力打造校本课程与教材。

首先，丰富与全面落实国家课程与教材。新中国成立以来，我国十分重视特殊教育课程标准的顶层设计，目前已形成了比较完善的三类特殊儿童义务教育课程标准与教材体系，但是，特殊教育学校课程标准以单一障碍类型和中重度残疾儿童为对象，惠及对象十分有限。盲、聋学校大多数学科内容可以与义务教育教材一致，需要根据盲、聋学生的特点和特殊需要配套盲文版教材和手语、听力言语训练等教科书，同时编写全套的以义务教育的教材为蓝本的，根据盲、聋学生学习的特点和注意事项拟定的盲、聋教育的教学指南；智障教育教材和义务教育教材系统既有交叉又有不同，交叉体现在与义务教育基本要求相同的思想品德、基本的学科知识等内容上，不同体现在对智障儿童开展的基本感官能力的教育、生活自理的教育和较难的学科知识的内容上[3]；重视非义务教育阶段特殊教育和超常教育，加强个别化教育理

---

① B.H. Johns, M.Z. McGrath, S.R. Mathur, *The many Faces of Special Education: Their Wnique Talents in Working with Students with Special Needs and in Life*, Lanham: Rowman & Littlefield Education, 2009, pp. 8-12.

② UNESCO, *Dakar Framework for Action, Education for All: Meeting our Collective Commitments*, Paris: UNESCO Publishing, 2000, p. 37.

③ 刘全礼：《关于我国特殊教育课程建设的几点思考》，《现代特殊教育》2018 年第 5 期。

念和提升特殊教育课程的人性化、生活化、实用化,提高特殊教育课程质量①。同时,目前,特殊教育教师课程意识淡薄,依据教科书实施课程的观念难以破除,基于课程标准开展教学的能力不足②。因此,我国不仅需要加强三类以外特殊儿童以及非义务教育阶段国家课程与教材的研制,进一步丰富与完善国家课程与教材体系,而且需要加强现有国家课程标准与教材的宣传教育与研习,提升特殊教育学校教师的"国标"意识与能力,确保国家课程标准与教材的有效实施。

其次,积极开发地方课程与教材。地方课程是根据国家教育方针政策,在考虑当地优弱势和传统的情况下,充分利用当地课程资源,自主开发、实施和管理的课程,具有"地域性""针对性""多样性"特点③。新中国成立以来,我国基础教育地方课程建设历经"孕育""迷茫""雏形""成型""成熟"五个阶段,体现了基础教育课程管理权限逐步下放与变革的过程,推进了基础教育课程形态、结构和体系渐趋完善,建构了三级课程管理运行机制,造就了"以育人为本","在注重全面发展的基础上""促进了个性发展"的基础教育课程之"中国治理"④。20世纪90年代,我国明确将地方课程纳入特殊教育课程体系。但是,地方课程与教材建设的顶层设计较少,研究成果较少,地方课程与教材建设比较迟缓。2017年,中共中央办公厅、国务院办公厅印发了《关于实施中华优秀传统文化传承发展工程的意见》,强调"文化是民族的血脉,是人民的精神家园","文化自信是更基本、更深层、更持久的力量"。因此,我国未来需要做好地方课程与教材研制的顶层设计,加强地方课程与教材的研究与开发,建设更多更好的地方特殊教育课程与教材资源。

最后,努力打造校本课程与教材。全纳教育成功的关键是"个性化"

---

① 李欢、汪甜甜、彭燕:《中国大陆与台湾地区特殊教育课程标准的比较研究》,《教师教育学报》2017年第3期。

② 杨茹:《论特殊教育学校基于课程标准的教学》,《现代特殊教育》2017年第20期。

③ 许洁英:《国家课程、地方课程和校本课程的含义、目的及地位》,《教育研究》2005年第8期。

④ 殷世东、王笑地:《我国地方课程建设的历程、经验与反思》,《课程·教材·教法》2020年第1期。

的课程①。校本课程（ School-Based Curriculum）是"以学校为本""以学校为基础""以学校为主体"的课程②，是以学校教师为主体，在具体实施国家课程和地方课程的前提下，通过对本校学生的需求进行科学的评估，充分利用当地社区和学校的课程资源，根据学校的办学思想而开发的多样性的、可供学生选择的课程③；特校校本课程开发必须紧紧围绕学校的培养目标，从"做人""做事""做学问""谋职""谋生""谋幸福"出发，全面构建"六维"校本课程体系，形成鲜明的办学特色④。21 世纪初，我国实施三级课程管理，开启了校本课程研发的新征程。目前，我国特殊教育校本课程和教材管理与运行机制还不完善，校本课程与教材数量有限，一些校本课程与教材的特色还不鲜明。因此，我国未来需要教育部门形成合力互相帮助，组织专家团队巡回指导，完善特殊教育学校教学监督管理制度，提高教师校本课程开发的意识和能力⑤；特殊教育学校应从特殊儿童的现实需要出发，逐步构建"理念""制度""人员""资源""环境""品牌"全方位的现代校本课程支持体系⑥。

3. 密切关注生活现实，充分彰显特殊需要个体的生命价值

质量是特殊教育改革与发展的生命线与终极目标，全纳教育追求优质教育，注重每一个学生的积极参与，最大可能地发展他们的才能⑦。目前，我国"全纳"特殊教育应密切关注生活现实，充分彰显特殊需要个体的生命价值。

首先，密切关注生活现实。世界卫生组织认为主观体验的生活质量是，"在他们所生活的文化和价值体系的背景下，以及与他们的目标、期望、标

---

① The European Union, "Inclusion Europe: Exploratory Study on the Inclusion of Pupils with Complex Support Needs in Mainstream Schools", www.inclusion-europe.org, 2018-12-30.

② 徐玉珍：《校本课程开发：概念解读》，《课程·教材·教法》2001 年第 4 期。

③ 梅建青：《特殊学校校本课程开发的实践与思考》，《绥化学院学报》2013 年第 10 期。

④ 邹红霞：《试谈盲校六维校本课程体系的建设——以山东省烟台市特殊教育学校为例》，《现代特殊教育》2016 年第 7 期。

⑤ 罗娜、吴春艳、秦艳芳：《四川省特殊教育学校校本课程实施现状的调查研究》，《中国特殊教育》2015 年第 8 期。

⑥ 黄建行、陆瑾：《培智学校现代校本课程支持体系的构建》，《现代特殊教育》2014 年第 Z1 期。

⑦ 黄志成：《教育公平——全纳教育的基本理念探析》，《比较教育研究》2010 年第 9 期。

准和关系有关的情况下，对（个人）在生活中的地位的感知"①。特殊教育应确立合理的目标价值取向，既关注特殊儿童的未来生活，也关注其现实生活②，顺应生活生命中的"自然性"与"基本规律"③；教师应给学生更多的时间来解决问题、更多的机会来练习他们的技能、更多的例子来学习更多的经验，提供更多的策略来帮助其学习信息和技能④。目前，我国特殊教育的"生活"属性还不突出，特殊职业教育体系不完善，特殊教育学校职业教育课程目标针对性不强，课时设置缺乏客观依据，课序尚需规范，课程实现方式有待优化⑤。因此，我国未来"全纳"特殊教育应着力培养特殊学生的"自尊""自信""自立""自强"精神，建构个性化的生活课程，选择合适的教学模式、教学内容和体验方式，贴近学生的生活实际，契合学生的生活习惯，服务学生的真实生活，满足学生实际生活需要，为学生开辟一块"实验田"，打开一扇"信息窗"，汇聚一片"幸福地"，赢得一种"真人生"⑥，为他们未来职业生涯、继续学习和终身发展奠定基础。

其次，充分彰显特殊需要个体的生命价值。每个人都是独一无二的，在个性、态度、价值观、兴趣和技能上都有别于其他人⑦。"全纳"意味着普通教育教师将改变其教学方法，使所有学生都能从教学中受益，并充分参与学术和社会活动⑧；生命教育的核心是师生生命发展和学校特色发展，侧重点是"认识生命现象""正视生理障碍"，"敬畏生命尊严""包容生命存在"，"注重自我保护""关怀生命世界"，"欣赏生命价值""树立积极心

---

① WHO, *Programme on Mental Health*, Geneva: WHO Press, 1998, p. 11.

② 熊利平：《未来性与现实性的统一——关于特殊教育课程理念和课程的思考》，《重庆师范大学学报（哲学社会科学版）》2005年第1期。

③ 张文京：《特殊教育和谐课程探新》，《中国特殊教育》2005年第8期。

④ J.Wearmouth, *Special Educational Needs and Disability: The Basics*, New York: Routledge, 2016, p. 33.

⑤ 郭文斌、何溪：《特殊教育学校职业教育课程设置现状及对策研究》，《现代特殊教育》2018年第13期。

⑥ 王淑琴：《研发生活教育课程 引领学校特色发展——浅谈以"生活能力"为核心的特校课程建设》，《现代特殊教育》2012年第11期。

⑦ A.Knackendoffel, P.Dettmer, L.P.Thurston, *Collaborating, Consulting, and Working in Teams for Students with Special Needs*, New York: Pearson, 2018, p. 31.

⑧ D.Bateman, C.F.Bateman, *A Principal's Guide to Special Education*, Arlington: Council for Exceptional Children, 2001, p. 75.

态","感恩生命关怀""感受生命美好","激越生命智慧""提升生命价值"①；特殊教育是个别计划、专门化、集中化、目标导向的教学②，有爱心的特殊教育工作者要最大限度地努力发挥特殊儿童的社会、学术和认知潜力③。目前，我国还没有真正建立起完整系统的适合特殊儿童的生命教育体系，"全纳'特殊教育实践还面临理论指导、教材及管理评价等诸多问题和挑战。因此，我国未来"全纳"特殊教育应强化特殊需要个体的生命意识与生存能力，充分发掘他们的个体潜能，充分彰显每个个体的生命价值。

总之，新中国成立 70 多年来，我国十分重视特殊教育发展战略的顶层设计与理论创新，已建立了比较成熟的"全纳"特殊教育发展战略体系，特殊教育改革发展重心逐步实现了从"重数量"到"重质量"、从"隔离"向"融合"与"全纳"的新跨越。但是，我国特殊教育发展仍不充分、不均衡，未来需进一步健全"全纳"特殊教育生态、完善"全纳"特殊教育体系与提升"全纳"特殊教育品质，促进特殊教育的"无障碍化""全纳化""终身化""个性化""优质化"。

---

① 李瑞江、马丽霞：《特教学校多维度生命教育课程内容体系的构建》，《现代特殊教育》2011 年第 Z1 期。

② W.L. Heward, *Exceptional Children: An Introduction to Special Education*, Pearson Education, Inc., 2013, p. 40.

③ M.Strax, C.Strax, B.S.Cooper, *Kids in the Middle: The Micropolitics of Special Education*, Plymouth: Rowman & Littlefield Education, 2012, p. 21.

附　　录

表1-1　新中国成立以来我国特殊教育决策文件一览表

序号	名称	发文机关	发文时间
1	关于改革学制的决定	政务院	1951.08.10
2	关于聋哑学校使用手势教学的班级的学制和教学计划问题的指示	教育部	1956.06.23
3	关于聋哑学校学制和教学计划问题指示中的若干有关问题的补充说明	教育部	1956.07.21
4	关于盲童学校、聋哑学校经费问题的通知	教育部	1956.11.23
5	关于聋哑学校口语教学班级教学计划（草案）的通知	教育部	1957.04.22
6	关于办好盲童学校、聋哑学校的几点指示	教育部	1957.04.25
7	全日制十年制聋哑学校教学计划（草稿）	教育部	1962.01.12
8	全日制六年制盲童学校教学计划（草稿）	教育部	1962.01.12
9	关于中等专业学校、盲聋哑学校班主任津贴试行办法	教育部	1981.03.17
10	全日制六年制聋哑学校教学计划（征求意见稿）、全日制八年制聋哑学校教学计划（征求意见稿）	教育部	1984.07.27
11	关于做好高等学校招收残疾青年和毕业分配工作的通知	教育部等	1985.02.25
12	高等教育自学考试残疾人应考者奖励暂行办法	国家教育委员会等	1986.06.15
13	全日制盲校小学教学计划（初稿）	国家教育委员会	1987.01.15
14	全日制弱智学校（班）教学计划（征求意见稿）	国家教育委员会	1987.12.30
15	特殊教育补助费使用办法	国家教育委员会等	1989.02.03

序号	名称	发文机关	发文时间
16	关于发展特殊教育的若干意见	国家教育委员会等	1989.05.07
17	中华人民共和国残疾人保障法	全国人民代表大会	1990.12.28
18	全国残疾儿童少年义务教育工作"八五"实施方案	国家教育委员会等	1992.05.12
19	全日制盲校课程计划（试行）	国家教育委员会	1993.10.12
20	全日制聋校课程计划（试行）	国家教育委员会	1993.10.12
21	关于开展残疾儿童少年随班就读工作的试行办法	国家教育委员会	1994.07.21
22	残疾人教育条例	国务院	1994.08.23
23	全日制盲校小学、初级中学课程计划	国家教育委员会	1994.10.22
24	全日制聋校课程计划	国家教育委员会	1994.10.22
25	全日制弱智学校（班）课程计划	国家教育委员会	1994.10.22
26	残疾儿童少年义务教育"九五"实施方案	国家教育委员会等	1996.05.09
27	特殊教育学校暂行规程	教育部	1998.12.02
28	关于"十五"期间进一步推进特殊教育改革和发展的意见	教育部等	2001.11.27
29	残疾人职业教育与培训"十五"实施方案	国务院	2001.11.28
30	特殊教育学校建筑设计规范	建设部等	2003.12.18
31	残疾人康复中心建设标准	残联	2006.11.22
32	盲校义务教育课程设置实验方案	教育部	2007.02.02
33	聋校义务教育课程设置实验方案	教育部	2007.02.02
34	培智学校义务教育课程设置实验方案	教育部	2007.02.02
35	残疾人中等职业学校设置标准（试行）	残联等	2007.04.18
36	"十一五"期间中西部地区特殊教育学校建设规划（2008—2010年）	教育部等	2007.09.24
37	中华人民共和国残疾人保障法（修订）	全国人民代表大会	2008.04.24

续表

序号	名称	发文机关	发文时间
38	关于进一步加快特殊教育事业发展意见	教育部等	2009.05.07
39	特殊教育学校建设标准	教育部	2011.10.18
40	农村残疾人扶贫开发纲要（2011—2020年）	国务院	2012.01.03
41	中华人民共和国精神卫生法	全国人民代表大会	2012.10.26
42	无障碍环境建设条例	国务院	2012.06.28
43	关于加强特殊教育教师队伍建设的意见	教育部等	2012.11.08
44	特殊教育提升计划（2014—2016年）	国务院	2014.01.20
45	残疾人参加普通高等学校招生全国统一考试管理规定（暂行）	教育部等	2015.04.27
46	特殊教育教师专业标准（试行）	教育部	2015.08.06
47	国家手语和盲文规范化行动计划（2015—2020年）	残疾人联合会	2015.10.13
48	特殊教育补助资金管理办法	财政部等	2015.11.14
49	普通学校特殊教育资源教室建设指南	教育部	2016.01.27
50	残疾人职业技能提升计划（2016—2020年）	人社厅等	2016.05.17
51	聋校义务教育课程标准	教育部	2016.11.25
52	盲校义务教育课程标准	教育部	2016.11.25
53	培智学校义务教育课程标准	教育部	2016.11.25
54	残疾人教育条例（修订）	国务院	2017.02.01
55	残疾人参加普通高等学校招生全国统一考试管理规定	教育部等	2017.04.11
56	第二期特殊教育提升计划（2017—2020年）	教育部等	2017.07.28
57	着力解决因残致贫家庭突出困难的实施方案	中共中央、国务院	2018.01.07
58	关于加快发展残疾人职业教育的若干意见	教育部等四部门	2018.04.23
59	关于建立残疾儿童康复救助制度的意见	国务院	2018.07.10
60	特殊教育专业认证标准	教育部	2019.10.10
61	加强残疾儿童少年义务教育阶段随班就读工作的指导意见	教育部	2020.06.17

表 2-1　我国 2001—2019 年特殊教育总投入一览表

（单位：亿元）

年度	2001	2002	2003	2004	2005	2006	2007
教育经费总投入	4637.7	5480	6208.3	7242.6	8418.8	9815.3	12148.1
特殊教育经费投入	13	14.9	16.4	17.1	23.5	24.6	26.2
特殊教育所占比例	0.0028	0.0027	0.0026	0.0024	0.0028	0.0025	0.0022
年度	2008	2009	2010	2011	2012	2013	2014
教育经费总投入	14500.7	16502.7	19561.9	23869.3	27696	30364.7	32806.5
特殊教育经费投入	29.5	46.3	68.8	76.2	84.7	91.9	101.805
特殊教育所占比例	0.002	0.0028	0.0035	0.0031	0.0031	0.003	0.0029
年度	2015	2016	2017	2018	2019		
教育经费总投入	36129.19	38888.39	42562.01	46143.00	50178.12		
特殊教育经费投入	121.06	135.74	129.10	153.09	/		
特殊教育所占比例	0.0034	0.0035	0.0030	0.0033	/		

表 2-2　我国高校 2020 年特殊教育学位点及招生情况统计表

地区	总数		本科		硕士研究生		博士研究生	
	学位点（个）	招生数（人）	学位点（个）	招生数（人）	学位点（个）	招生数（人）	学位点（个）	招生数（人）
北京	3	151	3	100	3	47	2	6
湖北	3	108	3	96	2	11	1	1
上海	1	54	1	12	1	38	1	4
山东	5	249	5	239	3	10	0	0
广东	5	179	5	173	2	6	1	3
四川	4	312	4	305	2	7	0	0
云南	4	129	4	112	1	17	0	0
重庆	2	135	2	97	2	38	0	0
浙江	2	100	2	70	2	30	0	0
安徽	2	134	2	110	2	24	0	0
广西	2	63	2	70	1	7	0	0
陕西	2	53	2	42	2	11	1	1
新疆	2	57	2	65	1	2	0	0
甘肃	1	49	1	40	1	9	0	0

地区	总数		本科		硕士研究生		博士研究生	
	学位点（个）	招生数（人）	学位点（个）	招生数（人）	学位点（个）	招生数（人）	学位点（个）	招生数（人）
辽宁	1	39	1	15	1	24	0	0
河北	5	293	5	293	0	0	0	0
贵州	4	340	4	340	0	0	0	0
内蒙古	2	54	2	54	0	0	0	0
吉林	1	80	1	80	0	0	0	0
江苏	1	379	1	379	0	0	0	0
河南	1	81	1	81	0	0	0	0
黑龙江	1	70	1	70	0	0	0	0
海南	2	100	1	100	1	4	0	0
福建	1	41	1	41	0	0	0	0
湖南	1	38	1	38	0	0	0	0
天津	1	28	1	28	0	0	0	0
江西	2	55	2	55	0	0	0	0
合计	61	3371	60	3105	27	285	6	15

表 2-3　我国 1989—2019 年特殊教育基本情况统计表

年度	1989	1990	1991	1992	1993	1994	1995
特教学校数（个）	662	764	886	1077	1123	1241	1379
特殊儿童数（万人）	6.34	7.17	8.50	12.95	16.86	21.14	29.56
特教教师数（万人）	1.22	1.38	1.60	1.84	2.04	2.27	2.52
年度	1996	1997	1998	1999	2000	2001	2002
特教学校数（个）	1428	1440	1535	1520	1539	1531	1540
特殊儿童数（万人）	32.11	34.06	35.84	37.16	37.76	38.64	37.45
特教教师数（万人）	2.70	2.85	2.99	3.14	3.20	3.89	4.04
年度	2003	2004	2005	2006	2007	2008	2009
特教学校数（个）	1551	1560	1593	1605	1618	1640	1672
特殊儿童数（万人）	36.47	37.18	36.44	36.29	41.30	41.74	42.81
特教教师数（万人）	4.09	4.14	4.23	4.36	4.49	4.60	4.75

年度	2010	2011	2012	2013	2014	2015	2016
特教学校数（个）	1706	1767	1853	1933	2000	2053	2080
特殊儿童数（万人）	42.56	39.87	37.88	36.81	39.49	44.22	49.17
特教教师数（万人）	4.92	5.12	5.36	5.51	5.74	5.95	6.25
年度	2017	2018	2019				
特教学校数（个）	2107	2152	2194				
特殊儿童数（万人）	57.88	66.99	79.46				
特教教师数（万人）	5.60	5.87	6.24				

表 2-4　我国 2001—2019 年各级特殊教育基本情况统计表

年度	普通高中教育		义务教育				中等职业教育		高等教育		
			特教学校		普校在校生数（万人）	送教上门人数（万人）					
	学校数（个）	在校生数（人）	学校数（个）	在校生数（万人）			学校数（个）	在校生数（人）	特教学院人数（人）	普通高校人数（人）	合计（人）
2001	18	1521	1691	11.65	27.47	/	76	—	585	2166	2751
2002	27	1117	1624	11.88	25.90	/	215	9109	909	2547	3465
2003	31	1698	1655	12.32	24.47	/	190	11311	827	3072	3899
2004	53	2416	1679	12.88	24.57	/	145	11259	842	4104	4946
2005	66	3891	1662	13.44	23	/	158	11960	904	4335	5239
2006	69	4192	1648	14.11	22.43	/	116	8732	986	4148	5134
2007	83	4978	1667	14.73	27.48	/	148	9028	1086	5234	6320
2008	95	5464	1672	15.57	26.45	/	162	9932	1032	6273	7305
2009	104	6339	1697	15.9	27.19	/	174	11448	1196	6585	7781
2010	99	6067	1705	16.6	26.24	/	147	11506	1057	7674	8731
2011	179	7207	1767	17.35	22.52	/	131	11572	877	7150	8027
2012	186	7043	1853	18.9	19.98	/	152	10442	1134	7229	8363
2013	194	7313	1933	17.73	19.08	/	198	11350	1388	7538	8926
2014	187	7227	2000	15.58	20.91	/	197	11671	1678	7864	9542
2015	109	7488	2053	20.26	23.96	/	100	8134	1678	8508	10186
2016	111	7686	2080	22.09	27.08	/	118	11209	1941	9592	11533
2017	112	8466	2107	27.48	30.4	/	132	12968	1845	10818	12663

续表

年度	普通高中教育		义务教育				中等职业教育		高等教育		
	学校数（个）	在校生（人）	特教学校		普校在校生数（万人）	送教上门人数（万人）	学校数（个）	在校生（人）	特教学院人数（人）	普通高校人数（人）	合计（人）
			学校数（个）	在校生数（万人）							
2018	102	7666	2152	27.15	33.24	11.64	133	19475	1873	11154	13027
2019	103	8676	2192	30.35	39.43	10.78	145	17319	2053	12362	14415

表4-1　我国2001—2019年特校专任教师学历情况统计表

年度	2001	2002	2003	2004	2005	2006	2007
总体	38906	40378	40853	41384	42256	43572	44862
全职	28494	29805	30349	31058	31937	33396	34990
研究生	30	/	48	77	60	101	123
本科	2232	/	3757	5061	6621	8425	10630
专科	12280	/	15023	16240	17041	17679	18010
年度	2008	2009	2010	2011	2012	2013	2014
总体	45990	47466	49249	51189	53615	55096	57360
全职	36306	37945	39650	41311	43697	45653	48125
研究生	219	270	405	482	614	703	846
本科	12872	15160	17479	20,012	22480	25068	27833
专科	17772	17697	17612	17335	17665	17569	17473
年度	2015	2016	2017	2018	2019		
总体	59548	62468	65138	68087	72108		
全职	50334	53213	55979	58656	62358		
研究生	957	1085	1246	1428	1632		
本科	30244	33386	36624	39809	43618		
专科	17414	17307	16952	16418	16186		

表 5-1　我国 2006—2020 年义务教育阶段学龄残疾
儿童人数、在读人数及三种入学率推算表

年度	中国大陆人口（万人）	残疾人口（万人）	6—14 岁学龄残疾儿童（万人）	持残疾证残疾儿童（万人）	显性纯入学率（%）	学龄残疾儿童在读人数推算（万人）	隐性入学率（%）	七类学龄残疾儿童毛入学率（%）
2006	131448	8334	三类 100.00 七类 246.00	36.29	三类 36.30 七类 14.80	三类 69.4 七类 155.44	三类 69.40 七类 63.20	52.13
2007	132129	8377	三类 100.11 七类 246.28	34.99	三类 34.90 七类 14.00	三类 61.06 七类 150.23	三类 66.90 七类 61.10	57.11
2008	132802	8420	三类 100.62 七类 247.53	41.74	三类 41.50 七类 16.80	三类 73.05 七类 179.70	三类 79.80 七类 72.60	56.87
2009	133450	8461	三类 101.12 七类 248.75	42.81	三类 42.30 七类 17.20	三类 75.38 七类 185.44	三类 81.40 七类 74.50	61.11
2010	134091	8502	三类 101.60 七类 249.94	42.56	三类 41.80 七类 17.00	三类 75.30 七类 185.25	三类 81.30 七类 74.10	63.23
2011	134735	8542	三类 102.08 七类 251.14	39.87	三类 39.10 七类 15.70	三类 70.54 七类 173.54	三类 76.20 七类 69.10	75.46
2012	135404	8585	三类 102.59 七类 252.38	37.87	三类 36.70 七类 15.00	三类 67.62 七类 166.35	三类 73.70 七类 65.90	80.19
2013	136072	8627	三类 103.81 七类 255.35	36.8	三类 35.40 七类 14.40	三类 66.31 七类 163.13	三类 70.30 七类 63.80	81.09
2014	136782	8672	三类 103.84 七类 255.47	39.49	三类 38.00 七类 15.40	三类 71.13 七类 174.99	三类 69.50 七类 68.50	82.62
2015	137462	8715	三类 104.86 七类 257.96	44.22	三类 42.10 七类 17.20	三类 80.49 七类 198.02	三类 84.60 七类 76.80	85.09
2016	138271	8766	三类 105.47 七类 259.48	49.2	三类 46.60 七类 18.90	三类 91.13 七类 224.19	三类 94.00 七类 86.40	88.16
2020	140000	8960	三类 106.78 七类 262.70	57.98	三类 54.20 七类 22.10	三类 100.50 七类 249.56	三类 95.00 七类 95.00	/

表 7-1 我国 2001—2019 年残疾人职业教育发展状况统计表

年份	残疾人职业教育				职业培训		
	中职校（个）	在校生数（人）	毕业生数（人）	获得职业资格证数（人次）	残联职业培训机构（个）	其他残疾人职业培训机构（个）	培训总人数（万人次）
2001	76	/	/	/	1209	2898	48
2002	215	9109	/	/	1162	2709	45
2003	190	11311	/	/	987	3156	49
2004	145	11259	/	/	1078	2257	57
2005	158	11960	/	/	1044	2206	59
2006	116	8732	4984	4268	4457	2044	64.7
2007	148	9028	5647	4345	4032	2114	73
2008	162	9932	6033	4460	1757	1974	77.4
2009	174	11448	5833	4386	1852	2132	78.5
2010	147	11506	6148	4685	2504	2220	82.9
2011	131	11572	6449	4781	2368	2886	29.9
2012	152	10442	7354	5816	1927	3344	29.9
2013	198	11350	7772	6200	2022	3335	37.8
2014	197	11671	7240	5530	2211	3943	38.2
2015	100	8134	5123	3761	/	/	39.3
2016	118	11209	3855	2206	/	/	60.5
2017	132	12968	3501	1802	/	/	62.5
2018	133	19475	4837	1199	/	/	/
2019	145	17319	4337	1705	/	/	/

表 8-1　我国 2001—2019 年残疾人高等教育招生情况统计表

年份	高校总数	高校毛入学率（%）	普通高校招生数		
			招生总数（人）	残疾大学生数（人）	残疾大学生所占比例（%）
2001	1911	13.3	2848000	2751	0.097
2002	2003	15.0	3407600	3465	0.102
2003	2110	17.0	4090600	3899	0.095
2004	2236	19.0	4799700	4946	0.103
2005	2273	21.0	5409400	5239	0.097
2006	2311	22.0	5858400	5134	0.088
2007	2321	23.0	6077800	6320	0.104
2008	2663	23.3	6523000	7305	0.112
2009	2689	24.2	6905800	7781	0.113
2010	2723	26.5	7155800	8731	0.123
2011	2762	26.9	7375200	8027	0.109
2012	2790	30.0	7478000	8363	0.112
2013	2788	34.5	7609700	8926	0.116
2014	2824	37.5	7835300	9542	0.122
2015	2852	40.0	8023600	10186	0.127
2016	2880	42.7	8249184	11533	0.140
2017	2613	45.7	7614893	12663	0.171
2018	2663	48.1	7909900	12991	0.164
2019	2688	51.6	9149026	14415	0.158

表 9-1　我国 2008—2019 年少数民族特殊教育基本情况统计表

年度	在校生数			专任教师数			生师比	
	全国总数（万人）	少数民族（万人）	少数民族所占比例（%）	全国总数（万人）	少数民族（万人）	少数民族所占比例（%）	全国（%）	少数民族（%）
2008	41.74	/	/	3.63	0.21	5.79	11.50	/
2009	42.81	/	/	3.79	0.22	5.80	11.30	/
2010	42.56	/	/	3.96	0.25	6.31	10.75	/
2011	39.88	1.18	2.96	4.13	0.28	6.78	9.66	4.21
2012	37.88	2.76	7.29	4.37	0.3	6.86	8.67	9.20
2013	36.81	2.85	7.74	4.56	0.33	7.24	8.07	8.64
2014	39.49	3.15	7.98	4.81	0.35	7.28	8.21	9.00
2015	44.22	3.96	8.96	5.03	0.41	8.15	8.79	9.66
2016	49.17	4.65	9.46	5.32	0.46	8.65	9.24	10.11
2017	57.88	5.89	10.18	5.6	0.55	9.82	10.34	10.71
2018	66.59	8.69	13.05	5.87	0.51	8.69	11.34	17.04
2019	79.46	11.36	14.30	6.24	0.56	8.97	12.73	20.29

表 10-1　我国 2010—2019 年农村特殊教育基本情况统计表

年度	学校数（个/%）			在校生数（万人/%）		
	全国	农村	农村所占比例	全国	农村	农村所占比例
2010	1706	956	0.56	42.56	29.46	0.69
2011	1767	860	0.49	39.87	24.41	0.61
2012	1853	928	0.50	37.88	22.45	0.59
2013	1933	991	0.51	36.81	21.22	0.58
2014	2000	1036	0.52	39.49	23.77	0.60
2015	2053	1078	0.53	44.22	27.57	0.62
2016	2080	1082	0.52	49.17	31.14	0.63
2017	2107	1080	0.51	57.88	37.78	0.65
2018	2152	1096	0.51	66.59	44.40	0.67
2019	2192	1107	0.51	79.46	53.49	0.67

表 11-1　特殊教育决策方案中的核心概念统计表

法规名称	特殊教育	全纳教育	终身教育（学习、发展）	残疾人（中等、职业、高等）教育	残疾	残疾学生（儿童、青少年）	特殊（教育）需要	特殊（需要）学生（儿童、青少年）	障碍
《关于发展特殊教育的若干意见》（1989）	41	0	0	4	60	33	0	0	3
《残疾人保障法》（1990）	16	0	0	6	160	11	0	0	2
《残疾人教育条例》（1994）	14	0	1	41	115	38	1	0	0
《关于"十五"期间进一步推进特殊教育改革和发展的意见》（2001）	99	0	0	4	83	69	0	0	0
《残疾人保障法》（2008）	17	0	0	5	236	14	0	0	16
《关于进一步加快特殊教育事业发展意见》（2009）	64	0	0	10	67	36	1	0	0
《特殊教育提升计划（2014—2016年）》（2014）	79	2	0	6	61	39	1	0	2
《残疾人教育条例》（2017）	74	0	3	30	176	83	3	0	6
《第二期特殊教育提升计划（2018—2020年）》（2017）	83	0	2	8	69	58	1	0	2
合计	487	2	6	114	1027	381	7	0	31

参 考 文 献

一、著作类

杜晓新、宋永宁编著:《特殊教育研究方法》,北京大学出版社 2011 年版。

方俊明编著:《特殊教育的哲学基础》,北京大学出版社 2011 年版。

方俊明主编:《特殊教育学》,人民教育出版社 2017 年版。

高书国:《教育战略规划——复杂—简单理论》,教育科学出版社 2009 年版。

郭卫东:《中国近代特殊教育史研究》,高等教育出版社 2012 年版。

郝克明:《教育·社会·未来:郝克明教育文集》,广东教育出版社 2008 年版。

黄培森:《中国特殊教育史略》,西南交通大学出版社 2015 年版。

李尚卫:《中捷特殊教育教师培养体系比较研究》,人民出版社 2019 年版。

李尚卫:《"全纳"视域中的基础教育质量评价》,人民出版社 2019 年版。

梁纪恒:《特殊儿童早期鉴别、评估与干预》,中国轻工业出版社 2015 年版。

刘国瑞、赵昕:《区域教育发展战略规划创新研究》,辽宁人民出版社 2014 年版。

联合国粮农组织和联合国教科文组织:《教育与农村发展——政策与经验》,于富增、王力译,河北教育出版社 2006 年版。

盛永进:《特殊教育学基础》,教育科学出版社 2011 年版。

王培峰:《特殊教育哲学——本体论与价值论的研究》,山东人民出版社 2012 年版。

王培峰:《特殊教育政策:正义及其局限》,南京大学出版社 2015 年版。

《学习——内在的财富:国际 21 世纪教育委员会向联合国教科文组织提交的报告》,联合国教科文组织总部中文科译,教育科学出版社 1998 年版。

杨天平:《教育战略规划与管理》,重庆大学出版社 2010 年版。

朱宗顺:《特殊教育史》,北京大学出版社 2011 年版。

（美）尼尔·哈拉汉等：《特殊教育导论》，肖非等译，中国人民大学出版社 2010 年版。

（英）芬坦·奥里甘等：《现代特殊教育实用手册》，郑维廉编译，重庆出版社 2013 年版。

（英）H. K. 科尔巴奇：《政策》，张毅、韩志明译，吉林人民出版社 2005 年版。

（英）彭尼·塔索尼：《支持特殊需要：理解早期教育中的全纳理念》，张凤译，南京师范大学出版社 2008 年版。

Bateman, D., Bateman, C. F., *A Principal's Guide to Special Education*, Arlington: Council for Exceptional Children, 2001.

Carlson, R. V., Awkerman, G., *Educational Planning: Concepts, Strategies and Practices*, New York: Longman, 1991.

Coombs, P. H., *What is Educational Planning?* Paris: UNESCO: International Institute for Educational Planning, 1970.

Dalio, R., *Principles*, New York: Simon & Schuster, 2017.

Danniels, H., *Special Education Reformed: Beyong Rhetoric?* London: Farlmer Press, 2000.

Ebersold, S., Schmitt, M. J., Priestley, M., *Inclusive Education for Young Disabled People in Europe: Trends, Issues and Challenges*, ANED: University of Leeds, 2011.

Friend, M., *Special Education: Contemporary Perspectives for School Professionals*, Boston: Pearson Education, Inc., 2005.

Garner, P., *Special Educational Needs: The Key Concepts*, London: Routledge, 2009.

Hardman, M., Egan, M. W., Drew, C. J., *Human Exceptionality: School, Community and Family*, Boston: Cengage Learning, 2017.

Heward, W. L., *Exceptional Children: An Introduction to Special Education*, Pearson Education, Inc., 2013.

Johns, B. H., McGrath, M. Z., Mathur, S. R., *The many Faces of Special Education: Their Unique Talents in Working with Students with Special Needs and in Life*, Lanham: Rowman & Littlefield Education, 2009.

Knackendoffel, A., Dettmer, P., Thurston, L. P., *Collaborating, Consulting and Working in Teams for Students with Special Needs*, New York: Pearson, 2018.

Lengrand, P., *An Introduction to Lifelong Education*, London: Croom Helm Ltd, 1975.

Lewis, A., Norwich, B., *Special Teaching for Special Children? Pedagogies for Inclusion*, New York: Open University Press, 2005.

O' Hanlon, C., *Special Education Integration in Europe*, London: David Fulton Publishers, 1993.

Paris, J. L., *Cliffs Test Prep Praxis II: Special Education* (0351, 0352, 0690, 0371, 0381, 0321), Hoboken: Wiley Publishing, Inc., 2008.

Reynolds, C., Fletcher-Janzen, E., *Concise Encyclopedia of Special Education: A Reference for the Education of the Handicapped and other Exceptional Children and Adults*, New York: John Wiley & Sons, Inc., 2002.

Rotatori, A. F., Obiakor, F. E., Bakken, J. P., *History of Special Education*, Emerald Group Publishing Limited Howard House, 2011.

Richard, J. G., Powell, J. J. W., *Comparing Special Education: Origins to Contemporary Paradoxes*, Stanford, California: Stanford University Press, 2011.

Strax, M., Strax, C., Cooper, B. S., *Kids in the Middle: The Micropolitics of Special Education*, Plymouth: Rowman & Littlefield Education, 2012.

Terzi, L., *Justice and Equality in Education: A Eapability Perspective on Disability and Special Educational Needs*, London: Continuum International Publishing Group, 2010.

UNESCO, *Rethinking Education: Towards a Global Common Good?* Paris: UNESCO Publishing, 2015.

UNESCO, *Dakar Framework for Action, Education for All: Meeting our Collective Commitments*, Paris: UNESCO Publishing, 2000.

Wearmouth, J., *Special Educational Needs and Disability: The Basics*, New York: Routledge, 2016.

WHO, *World Report on Disability*, Geneva: WHO Press, 2011.

WHO, *Programme on Mental Health*, Geneva: WHO Press, 1998.

二、论文类

陈红:《发展学前特殊教育的探析》,《教育与教学研究》2013 年第 5 期。

陈琴霞:《新中国 70 年残疾人高等教育:突破与挑战》,《现代特殊教育》2019 年第 18 期。

陈云凡、周燕:《以需要为中心:中国残疾儿童义务教育政策创新研究》,《贵州师范大学学报(社会科学版)》2018 年第 3 期。

邓猛：《关于全纳学校课程调整的思考》，《中国特殊教育》2004 年第 3 期。

丁勇：《我国特殊教育现代化的发展趋势和特点》，《中国特殊教育》2017 年第 2 期。

丁勇：《让每一个残疾孩子都能接受合适的教育——关于区域贯彻落实〈特殊教育提升计划（2014—2016 年）〉的思考》，《现代特殊教育》2015 年第 2 期。

董奇、方俊明、国卉男：《从融合到全纳：面向 2030 的融合教育新视野》，《中国教育学刊》2017 年第 10 期。

方俊明：《对我国学龄残疾儿童人数与入学率的分析》，《现代特殊教育》2018 年第 10 期。

方俊明：《努力构建残疾人终身教育体系》，《中国特殊教育》2014 年第 2 期。

冯滨鲁、李健、王淑荣：《我国特殊教育发展规划：实践现状与研究取向》，《中国特殊教育》2017 年第 1 期。

冯元、俞海宝：《我国特殊教育政策变迁的历史演进与路径依赖——基于历史制度主义分析范式》，《教育学报》2017 年第 3 期。

高利、朱楠、雷江华：《中小学与特殊教育教师专业标准的比较及启示》，《中国特殊教育》2018 年第 6 期。

高黎阳：《质量评价维度下学前融合教育现状述评》，《教育与教学研究》2015 年第 12 期。

高宇翔、刘艳红：《中国残疾人职业教育体系发展现状综述》，《职业教育研究》2014 年第 11 期。

顾定倩：《对〈义务教育法〉有关特殊教育条款的分析》，《中国特殊教育》2007 年第 5 期。

官群：《发展中国农村特殊教育：基点、焦点、接点、支点》，《中国特殊教育》2009 年第 3 期。

郭文斌、何溪：《特殊教育学校职业教育课程设置现状及对策研究》，《现代特殊教育》2018 年第 13 期。

郭文斌、张梁：《残疾人职业教育研究热点及发展趋势》，《残疾人研究》2018 年第 13 期。

胡伟斌、陈婷：《民族地区特殊教育校本课程开发的价值与对策》，《现代特殊教育》2017 年第 6 期。

黄汝倩：《地方贯彻〈特殊教育提升计划（2014—2016 年）〉的政策研究》，《中国特殊教育》2015 年第 8 期。

黄伟：《特殊教育学校课程标准制订研究》，《中国特殊教育》2017 年第 4 期。

黄志成:《教育公平——全纳教育的基本理念探析》,《比较教育研究》2010 年第 9 期。

蒋士会、施雪莉:《民族地区特殊教育学校文化建设论纲》,《教育观察》2018 年第 4 期。

雷江华、罗司典、亢飞飞:《中国高等融合教育的现状及对策》,《残疾人研究》2017 年第 1 期。

李桂荣、李向辉:《中国义务教育均衡发展政策的演进历程及其制度逻辑》,《河南师范大学学报(哲学社会科学版)》2017 年第 5 期。

李欢、彭燕、汪甜甜等:《近十年中国特殊教育均衡发展实证分析——基于广义熵指数的测度与分解》,《教育学报》2017 年第 4 期。

李欢、汪甜甜、彭燕:《中国大陆与台湾地区特殊教育课程标准的比较研究》,《教师教育学报》2017 年第 3 期。

李静郧、孙玉梅:《地方贯彻〈特殊教育提升计划(2014—2016)〉的政策文本分析》,《绥化学院学报》2017 年第 4 期。

李军超、樊慧玲:《实现中国义务教育均衡发展的模式构建——战略部署、路径选择与机制创新》,《教育学术月刊》2011 年第 6 期。

李龙梅:《盲校课程现状分析及其对策》,《中国特殊教育》2017 年第 7 期。

李瑞江、马丽霞:《特教学校多维度生命教育课程内容体系的构建》,《现代特殊教育》2011 年第 Z1 期。

李尚卫:《我国特殊教育发展战略的回顾与展望》,《井冈山大学学报(社会科学版)》2020 年第 5 期。

李尚卫:《我国义务特殊教育发展战略 40 年:回顾与展望》,《当代教育论坛》2019 年第 6 期。

李尚卫、沈有禄:《我国特殊职业教育发展战略:回顾与展望》,《中国职业技术教育》2019 年第 16 期。

李尚卫:《我国特殊教育课程发展战略:回顾与展望》,《现代特殊教育》2019 年第 12 期。

李尚卫:《我国特殊教育教师发展战略 70 年:回顾与展望》,《教育与教学研究》2019 年第 9 期。

李尚卫:《我国民族特殊教育研究现状、局限与建议》,《现代特殊教育(高等教育研究)》2018 年第 24 期。

李天顺:《在〈第二期特殊教育提升计划(2017—2020 年)〉部署会上的发言》,《中国特殊教育》2017 年第 8 期。

李泽慧、赵艳霞：《教育体系与多元安置》，《现代特殊教育》2017年第1期。

李泽慧：《对随班就读师资培养中现有政策法规的思考》，《教育理论与实践》2013年第5期。

康翠萍：《"治策"、"知策"、"行策"：教育发展规划决策模式及其选择》，《教育研究》2015年第9期。

刘福泉：《提升天津市特殊教育整体水平的发展战略》，《天津市教科院学报》2009年第6期。

刘俊卿：《改革开放以来我国特殊教育学校职业教育政策的分析与思考》，《中国职业技术教育》2015年第6期。

刘全礼：《关于我国特殊教育课程建设的几点思考》，《现代特殊教育》2018年5期。

刘文雅：《生命关怀视阈下残疾人高等教育价值取向探究》，《教育探索》2013年第2期。

刘雪斌：《我国残疾儿童个性化教育权利的保障：限于义务教育阶段的考察》，《人权》2017年第4期。

陆莎、傅王倩：《论社会公平视野下的残疾人高等教育》，《中国特殊教育》2014年第3期。

庞文：《我国残疾人教育公平的数据分析与讨论》，《教育导刊》2016年第8期。

彭华民、冯元：《中国特殊教育福利：从补缺到组合普惠的制度创新》，《社会科学辑刊》2016年第6期。

彭霞光：《"攻坚克难"提高残疾儿童少年义务教育普及水平》，《中国特殊教育》2017年第8期。

彭霞光：《实现特殊教育现代化的主要障碍及政策建议》，《中国特殊教育》2016年第11期。

朴永馨、郝文武、卜凡帅：《融合、共享：本土化特殊教育创新发展》，《当代教师教育》2017年第4期。

佘丽、冯帮：《近二十年我国民族地区特殊教育的文献分析》，《民族教育研究》2018年第3期。

宋佳：《全纳教师教育的困境与走向：政策、课程和方法——基于联合国教科文组织〈促进全纳教师教育〉报告的解读》，《教育文化论坛》2014年第2期。

谈秀菁：《0—6岁特殊儿童教育体系建构策略研究》，《中国特殊教育》2009年第8期。

汤贞敏：《我国教育规划的基本特性及"十三五"教育规划的制订》，《中国教育学刊》2016 年第 3 期。

滕祥东：《稳步发展残疾人高等教育》，《中国特殊教育》2017 年第 8 期。

王得义、马建莲：《我国残疾人高等教育专业设置趋同现象探析》，《现代特殊教育》2016 年第 8 期。

王培峰：《教育发展战略研究：路径、特征与议题——兼及特殊教育发展战略研究综述》，《现代特殊教育》2017 年第 2 期。

王培峰：《我国特殊教育政策：总体结构及其问题——基于特殊教育政策文本的分析》，《现代教育论丛》2015 年第 6 期。

王培峰、丁勇：《我国特殊教育发展转向及其改革逻辑与重点领域》，《中国特殊教育》2015 年第 2 期。

王庭照、张群超、韩玉亭等：《我国特殊教育课程改革研究热点与趋势分析》，《教师教育学报》2015 年第 4 期。

王星霞：《义务教育发展政策变迁：制度分析与政策创新》，《河南大学学报（社会科学版）》2017 年第 2 期。

王雁、顾定倩、陈亚秋：《对高等师范特殊教育师资培养问题的探讨》，《教师教育研究》2004 年第 4 期。

王振洲：《普校教师融合教育素养养成中的现实困境与对策》，《现代特殊教育》2017 年第 14 期。

毋改霞、易连云：《特殊教育学校校园文化建设的价值旨归与路径建构》，《中国特殊教育》2014 年第 1 期。

夏峰、徐玉珍：《全民终身学习视野下区域终身特殊教育服务体系建设研究——来自上海市长宁区的探索》，《中国特殊教育》2016 年第 10 期。

许佳宾、李维：《义务教育阶段特殊教育师资队伍建设的问题及破解思路》，《教育探索》2017 年第 3 期。

杨克瑞：《改革开放 40 年我国特殊教育政策的顶层设计与战略推进》，《中国教育学刊》2018 年第 5 期。

杨润勇：《关于地方特殊教育发展的政策文本分析——以各省市〈中长期教育改革与发展纲要〉为例》，《中国特殊教育》2011 年第 8 期。

杨小丽、汪红烨、郭玲：《全国 20 个省（市、自治区）〈特殊教育提升计划（2014—2016）〉实施效果及影响因素》，《现代教育管理》2018 年 11 期。

吴浩：《福建：以扎实举措推进学前特殊教育发展》，《现代特殊教育》2016 年第 15 期。

伊丽斯克、邓猛：《多元文化视野下少数民族特殊教育发展的思考》，《中国特殊教育》2016 年第 1 期。

张伟锋、杜晓新：《特殊教育与医学的关联性考察及启示：基于西方历史进程》，《外国中小学教育》2017 年第 10 期。

张兴华、张玉龙、朱光燕：《新中国 70 年残疾人高等教育的探索历程及其展望》，《中国高等教育》2019 年第 19 期。

张旺：《用科学发展观指导教育发展战略研究》，《中国教育学刊》2008 年第 5 期。

赵小红：《地方特殊教育立法的进展、问题与建议》，《中国特殊教育》2018 年第 7 期。

朱传耿、盛永进、王培峰等：《中国特殊教育发展战略的若干问题》，《现代特殊教育》2017 年第 2 期。

朱永新：《特殊教育的战略目标和政策方向》，《现代特殊教育》2017 年第 13 期。

朱宗顺：《学前特殊教育：创建和谐社会不应忽视的领域》，《中国特殊教育》2005 年第 5 期。

Kratochvílová, J., Havel, J., "Application of Individualization and Differentiation in Czech Primary Schools: One of the Characteristic Features of Inclusion", *Procedia-Social and Behavioral Sciences*, 2013 (93).

Li, S.W., "Special Education Assurance System in Mainland China: Status, Problems and Strategies", *Journal of Special Education Research*, 2017(1).

Stadlerová, H., "The Development of Psycho-Didactic Skills Within Special Art Education Projects", *Acta Technologica Dubnicae*, 2014, 4(2).

Strnadová, I., Topinková, R., "Teacher Education for Inclusion Country Report (Czech Republic)", https://www. european-agency. org/agency-projects/ Teacher-Education-for-Inclusion/country-info #country-reports, 2010-04-30.

The European Union, "Inclusion Europe: Exploratory Study on the Inclusion of Pupils with Complex Support Needs in Mainstream Schools", www.inclusion-europe.org, 2018-12-30.

Vrabcova, D., Vacek, P., Lašek, J., "Educational Policies that Address Social Inequality Country Report: The Czech Republic", http://www. epa si. eu /Country Report CZ. pdf. 2008-12-30.

Watkins, A., Donnelly, V., "Core Values as the Basis for Teacher Education for Inclusion", *Global Education Review*, 2014 (1).

陈晓伟：《教育的义务与义务教育——论我国〈义务教育法〉的义务配置》，中共中央党校博士学位论文，2017 年。

曹婕滢：《我国特殊教育学校教育质量评价体系研究》，南京财经大学硕士学位论文，2017 年。

高书国：《教育战略规划研究——复杂—简单理论》，北京师范大学博士学位论文，2007 年。

何云霞：《残疾人职业教育问题及对策研究——一种基于个案的分析》，湖南师范大学硕士学位论文，2011 年。

黄建辉：《公平与卓越的追求：美国特殊教育发展与变革研究》，福建师范大学博士学位论文，2015 年。

景时：《中国式融合教育：随班就读的文化阐释与批判》，华中师范大学博士学位论文，2013 年。

李军超：《政府推进城乡义务教育均衡发展的制度逻辑——基于新制度主义视角的理论与实证研究》，华中师范大学博士学位论文，2012 年。

李拉：《对新中国特殊师范教育制度建设的考察》，南京师范大学博士学位论文，2015 年。

李莎：《残疾儿童特殊教育法律问题研究》，西南大学硕士学位论文，2012 年。

李小波：《从终身教育、全民教育到全纳教育——战后国际教育思潮发展历程研究》，华东师范大学硕士学位论文，2003 年。

刘建娥：《湖南省特殊教育学校发展研究》，湖南师范大学硕士学位论文，2013 年。

柳欣源：《义务教育公共服务均等化的制度构建》，华东师范大学博士学位论文，2017 年。

罗勤：《儿童福利机构学前特殊教育模式回顾与展望》，华中师范大学硕士学位论文，2011 年。

马宇：《我国残疾人高等融合教育支持体系研究》，南京师范大学博士学位论文，2014 年。

石丽娜：《美国联邦政府学前残疾儿童教育政策的发展历程研究（1965—2012)》，东北师范大学博士学位论文，2015 年。

涂向阳：《战略系统论——基于战略思想史的研究》，中共中央党校博士学位论文，2012 年。

万慧颖：《学前特殊儿童教育补偿研究》，东北师范大学博士学位论文，2014 年。

王芳：《澳大利亚〈早期儿童教育与保育国家质量标准〉研究》，西南大学硕士学位论文，2012 年。

王晓棠：《质量监测背景下早期儿童评价的国际比较研究》，华东师范大学硕士学位论文，2016 年。

夏茂林：《我国义务教育资源配置差距的制度述源及变革研究》，西南大学博士学位论文，2014 年。

杨运强：《梦想的陨落：特殊学校聋生教育需求研究》，华东师范大学博士学位论文，2013 年。

张翼：《基于特殊儿童障碍特征的我国特殊教育学校建筑设计研究》，华南理工大学博士学位论文，2017 年。

郑晓坤：《中国特殊教育师资培养研究》，东北师范大学博士学位论文，2017 年。

后　记

　　时光荏苒，三年不知不觉已成过去。在海南师范大学三年工作、学习与生活之余，笔者热心于我国特殊教育政策法规的学习与研究，先后从不同层次与类型多个角度对我国特殊教育发展战略进行了梳理与探究。本研究正是对已发表与未发表成果的集结与再思考，以期对我国未来特殊教育发展战略的理性构思及实践探索提供一些借鉴。

　　本研究是海南师范大学教授（博士）启动基金项目成果，得到了海南师范大学的人力与经费支持，得到了海南师范大学教育学科团队、特殊教育专业同事们以及省内外特殊教育专家、朋友们的诸多鼓励与帮助，更离不开亲人们的关心与支持以及国内外学者睿智的启迪，在此深表感谢。

　　诚然，发表成果是一件值得欣喜的事，因为它是一个学术交流的平台与桥梁，笔者能有更多机会得到更多专家、朋友们的帮助与指导。然而，正当著作出版之际，又深感惶恐。因为笔者尽管想竭力从多角度对我国特殊教育发展战略做一个系统的梳理与探究，但受自身学识与能力之限，难免存在一些偏颇与错误，敬请批评指正！

　　学术之路漫长而修远，吾仍将力往而求索。

李尚卫

2021 年 2 月

责任编辑：韦玉莲
封面设计：林芝玉

图书在版编目(CIP)数据

我国"全纳"特殊教育发展战略研究/李尚卫 著. —北京：人民出版社，2021.6
ISBN 978-7-01-023492-2

Ⅰ.①我… Ⅱ.①李… Ⅲ.①特殊教育-研究-中国 Ⅳ.①G769.2

中国版本图书馆 CIP 数据核字(2021)第 113441 号

我国"全纳"特殊教育发展战略研究
WOGUO QUANNA TESHU JIAOYU FAZHAN ZHANLÜE YANJIU

李尚卫 著

人民出版社 出版发行
(100706 北京市东城区隆福寺街 99 号)

天津文林印务有限公司印刷 新华书店经销

2021 年 6 月第 1 版 2021 年 6 月北京第 1 次印刷
开本：710 毫米×1000 毫米 1/16 印张：15.75
字数：235 千字

ISBN 978-7-01-023492-2 定价：49.80 元

邮购地址 100706 北京市东城区隆福寺街 99 号
人民东方图书销售中心 电话 (010)65250042 65289539